国家出版基金项目
NATIONAL PUBLICATION FOUNDATION

国家出版基金项目
“十四五”时期国家重点出版物出版专项规划项目

川藏铁路拉林段·勘察设计关键技术

拉林铁路
轨道工程关键技术

谢 毅 曾晓辉 潘自立 等 著

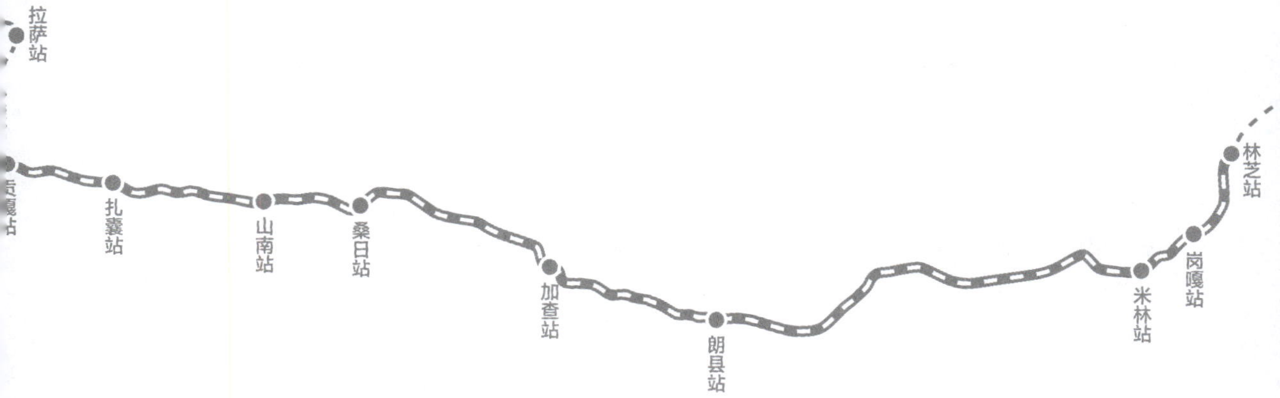

中国铁道出版社有限公司
CHINA RAILWAY PUBLISHING HOUSE CO., LTD.
北 京

内 容 简 介

本书针对拉林铁路高原客货运输需求特点，对无砟轨道结构型式进行了比选，优化了弹性支承块式无砟轨道部件；针对高海拔、低气压、强冻融、剧烈河谷风等现场不利因素，通过现场实验探明了高原低气压环境对混凝土性能影响规律，研发了无砟轨道混凝土抗裂性综合提升技术；针对高原地区跨区间无缝线路理论系统研究和铺设的技术空白，开展了跨区间无缝线路理论与试验研究，为高原铁路跨区间无缝线路的设计、施工及养护维修打下了坚实的理论基础。

本书可供铁路轨道工程设计、施工和研究人员借鉴和参考，也适合科研单位或高等院校道路与铁道工程专业学生学习。

图书在版编目(CIP)数据

拉林铁路轨道工程关键技术 / 谢毅等著. -- 北京 ：中国铁道出版社有限公司，2025. 6. --（川藏铁路拉林段·勘察设计关键技术）. -- ISBN 978-7-113-32040-9

Ⅰ. U215

中国国家版本馆 CIP 数据核字第 2025AD2202 号

书　　名： 拉林铁路轨道工程关键技术
作　　者： 谢　毅　曾晓辉　潘自立　等

策　　划： 张卫晓
责任编辑： 张卫晓　　　　**编辑部电话：**(010)51873193
封面设计： 崔丽芳
责任校对： 安海燕
责任印制： 赵星辰

出版发行： 中国铁道出版社有限公司（100054，北京市西城区右安门西街 8 号）
网　　址： https://www.tdpress.com
印　　刷： 北京联兴盛业印刷股份有限公司
版　　次： 2025 年 6 月第 1 版　2025 年 6 月第 1 次印刷
开　　本： 787 mm×1 092 mm 1/16　**印张：** 11.5　**字数：** 216 千
书　　号： ISBN 978-7-113-32040-9
定　　价： 128.00 元

前　言

拉林铁路位于我国西藏自治区东南部，线路跨越冈底斯山与念青唐古拉山、喜马拉雅山之间的藏南谷地，最高海拔 3 700 m，线路从拉日铁路的协荣站引出，向南穿过冈底斯山脉进入雅鲁藏布江河谷，向东经过山南市的贡嘎、扎囊、乃东、桑日、加查和林芝市的朗县、米林之后沿尼洋河直抵林芝市市区，线路全长 435.48 km，于 2014 年 12 月 19 日开工建设，2021 年 6 月 25 日开通运营。拉林铁路是我国青藏高原首条电气化铁路，也是世界上海拔最高的电气化铁路，是西藏自治区对外运输通道的重要组成部分，对于促进西藏经济社会发展、增进民族团结具有重要意义。

拉林铁路沿线山高谷深，低气压、大日温差、剧烈河谷风等特征显著，在此极端环境下修建的无砟轨道道床极易开裂；大日温差、温度骤变环境下跨区间无缝线路难以保持稳定；兼顾高速动车和大轴重货车运行的特殊需求加剧了轨道平顺性的保持难度。以上问题都是轨道工程在设计中亟须解决的技术难题，但国内外高原高寒铁路轨道工程尚未开展过此类系统研究。

自 2013 年以来，在国铁集团工程设计鉴定中心、西藏铁路建设有限公司支持下，中铁二院工程集团有限责任公司与中南大学、西南交通大学等单位，对拉林铁路轨道工程关键技术难题进行联合攻关。在沃卡和朗县两个现场实验室，研制了高原抗裂混凝土配合比，模拟道床小样及足尺模型，在桑珠岭隧道、东嘎山隧道内正线上进行了无砟道床试铺，采用胶接冻结接头方式对热当车站桥上道岔进行无缝化，在加查和朗县间铺设了 50 多公里跨区间无缝线路进行试验。研究团队针对轨道工程修建中的“难点”与“痛点”，采取现场调研、理论分析、线下线上室内外试验、现场铺设无砟轨道及跨区间无缝线路试验段、长期观测等方法进行了系统研究，解决了系列重难点技术问题，取得了以下重要成果：

(1)针对拉林铁路客货运输需求，设计过程中通过比选无砟轨道型式和优化弹性支承块式无砟轨道部件，在长大隧道内铺设弹性支承块式无砟轨道

190 多公里，经联调联试和 3 年多的客货共线运营，实现了大轴重货物列车和快速高原动车组的平稳运行。

(2)探明了高原低气压环境对混凝土性能的影响规律，研发了基于低热水泥与内养外护的无砟轨道道床抗裂性提升技术，并首次实现了高抗裂混凝土在高原无砟轨道道床的正线应用，混凝土道床裂纹减少近 70%。

(3)填补了西藏地区跨区间无缝线路理论系统研究和铺设的技术空白。通过胶冻结接头技术对热当站道岔及缓冲区钢轨接头进行无缝化，在加查和朗县间铺设 50 多公里跨区间无缝线路。该区间钢轨、道岔历经超过 40 ℃日温差的局部温度骤变和 70 ℃年温差，无缝道岔稳定性、轨道的几何形位保持良好。

(4)综合采用机器视觉等技术对道岔尖轨、心轨关键部位进行远程在线监测，统计分析无缝道岔力学和位移数据，揭示了海拔超过 3 500 m 高原高寒跨区间无缝线路高频变化温度力和位移规律，完善了高原铁路轨道温度力、位移等基础数据。

拉林铁路轨道工程关键技术为高原铁路的无砟轨道和跨区间无缝线路设计、施工及养护维修打下了坚实的理论基础，并积累了丰富的工程技术经验，有效解决了高原高寒环境下轨道工程耐久性、可施工性、养护维修工作量大等一系列问题。

本书共 6 章，包括绪论、长大隧道地段无砟轨道选型与结构设计、无砟道床混凝土抗裂与耐久性提升设计、高原大温差复杂环境无缝线路研究、高原高寒区跨区间无缝线路研究、跨区间无缝线路试验与长期监测。本书编写时参阅和引用了相关参考资料，在此向相关作者表示感谢！

鉴于本书编写时间仓促及著者水平有限，书中难免存在疏漏和不足之处，敬请各位专家、读者批评指正。

著　者

2024 年 9 月

目　　录

第1章　绪　　论 …… 1

1.1　线路概述 …… 1

1.1.1　气候条件 …… 1

1.1.2　地质地貌 …… 2

1.2　轨道工程建设面临的挑战 …… 2

1.2.1　混凝土抗裂技术面临的挑战 …… 3

1.2.2　西藏地区跨区间无缝线路面临的挑战 …… 3

1.3　轨道工程设计需求 …… 4

1.3.1　旅客列车快速运行和货运量巨大对无砟轨道结构的需求 …… 4

1.3.2　复杂地质与极端环境无砟轨道结构混凝土耐久性的需求 …… 4

1.3.3　高原大温差复杂环境无缝线路的需求 …… 5

1.4　轨道工程设计概况 …… 5

第2章　长大隧道地段无砟轨道选型与结构设计 …… 7

2.1　长大隧道地段无砟轨道选型 …… 7

2.1.1　选型背景 …… 7

2.1.2　隧道内无砟轨道方案研究 …… 8

2.1.3　无砟轨道结构特点分析 …… 9

2.2　弹性支承块式无砟轨道结构设计 …… 12

2.2.1　弹性支承块式无砟轨道铺设概况 …… 12

2.2.2　弹性支承块式无砟轨道结构设计 …… 13

第3章　无砟道床混凝土抗裂与耐久性提升设计 …… 17

3.1　无砟轨道道床板混凝土开裂状况调研 …… 17

3.1.1　双块式无砟轨道裂纹 …… 17

3.1.2　长枕埋入式轨道裂纹 …… 19

3.1.3　弹性支承块式无砟轨道裂纹 …… 20

3.2　高原环境抗裂混凝土试验研究 …… 21

3.2.1　试验方案 …… 21

3.2.2　高原环境对水泥基材料抗裂性能的影响及机理研究 …… 26

3.2.3　高原环境水泥基材料抗裂性能提升技术研究 …… 32

3.3　无砟轨道混凝土现场试验 …… 56

3.3.1 高抗裂足尺无砟道床混凝土线下试验 …… 57
3.3.2 高抗裂无砟道床混凝土正线工程应用 …… 62
3.3.3 试验及应用结论 …… 70
第4章 高原大温差复杂环境无缝线路研究 …… 73
4.1 高原铁路无缝线路铺设概况 …… 73
4.1.1 青藏铁路无缝线路铺设概况 …… 73
4.1.2 拉林铁路无缝线路复杂性与研究必要性 …… 76
4.2 无缝线路评价指标和方法 …… 78
4.2.1 动弯应力 …… 78
4.2.2 钢轨最大温度压力 …… 78
4.2.3 钢轨最大附加拉应力 …… 78
4.2.4 钢轨强度计算 …… 79
4.2.5 有砟轨道铁路设计锁定轨温 …… 79
4.2.6 拉林铁路轨温及线路参数 …… 81
4.3 拉林铁路无缝线路设计研究 …… 82
4.3.1 一般路段无缝线路设计研究 …… 82
4.3.2 桥上无缝线路设计研究 …… 83
4.3.3 隧道内无缝线路设计研究 …… 90
4.3.4 大坡道地段无缝线路设计研究 …… 92
4.3.5 坡道上制动力计算方法 …… 99
4.4 地震作用下桥上无缝线路纵向力学行为评估 …… 99
4.4.1 研究背景 …… 99
4.4.2 桥上无缝线路纵向地震响应计算理论 …… 102
4.4.3 加查2号雅鲁藏布江特大桥上无缝线路纵向地震响应计算 …… 111
4.5 无缝线路轨道结构动静态评估 …… 119
4.5.1 桥上无缝线路存在的问题 …… 119
4.5.2 周期性纵向荷载下散粒体道床阻力试验 …… 120
4.5.3 桥面振动对道床稳定性影响 …… 128
4.5.4 道床仿真分析 …… 131
第5章 高原高寒区跨区间无缝线路研究 …… 136
5.1 无缝道岔设计 …… 136
5.1.1 循环温度荷载作用下无缝道岔计算模型 …… 136
5.1.2 轨温变化幅度对无缝道岔受力与变形的影响 …… 137

5.1.3　循环温度荷载下病害机理分析 …… 139
5.2　桥上无缝道岔受力变形计算 …… 140
5.2.1　不同梁跨布置的连续梁 …… 141
5.2.2　桥墩刚度的影响 …… 142
5.3　大坡道上铺设无缝道岔纵向力计算分析 …… 144
5.3.1　制动荷载作用 …… 144
5.3.2　伸缩与制(启)动组合荷载 …… 146
第6章　跨区间无缝线路试验与长期监测 …… 148
6.1　国内外研究现状 …… 148
6.1.1　国外研究现状 …… 148
6.1.2　国内研究现状 …… 150
6.2　热当车站道岔无缝化胶接冻结试验 …… 151
6.2.1　钢轨接头胶接冻结材料 …… 152
6.2.2　钢轨接头布置 …… 152
6.2.3　钢轨接头胶接冻结 …… 154
6.2.4　钢轨接头状态 …… 155
6.3　道岔服役状态监测系统 …… 156
6.3.1　总体方案 …… 156
6.3.2　系统指标 …… 156
6.3.3　传感器 …… 157
6.3.4　数据采集设备 …… 159
6.3.5　电源供电系统 …… 159
6.4　无缝道岔状态监测 …… 160
6.4.1　监测方案 …… 160
6.4.2　监测结果 …… 161
参考文献 …… 167

第1章 绪　论

1.1 线路概述

拉林铁路为新建Ⅰ级单线客货共线铁路，采用重型轨道结构设计，铺设60 kg/m钢轨，采用Ⅲ型轨枕，弹条Ⅱ型扣件，一级道砟。1 km及以上的长大隧道内铺设弹性支承块式无砟轨道191.39 km，跨越活动断裂地段、伸入隧道中的车站范围内和其余地段按有砟轨道设计。主要技术标准：设计行车速度160 km/h，限制坡度12‰；最小曲线半径，一般地段2 000 m，困难地段1 600 m。拉林铁路受独特的气候、地质地貌影响，其轨道工程存在特殊的需求。

1.1.1 气候条件

1. 复杂的气候条件

拉林铁路穿行的西藏东南地区位于我国的西南边疆，介于北纬26°52′～36°32′，东经78°24′～99°06′之间，处于高原地区。高原地区独特的地形地貌和高空大气环境以及天气系统的影响，形成了复杂多样的独特高原气候带。不仅具有西北严寒干燥到南亚湿热气候分布特点，还有多种多样的局地和区域小气候特点，尤其是高原高山的垂直气候带谱分布十分明显。由于海拔高，地面气温远比同温度平原地区低，年均温度－2.8～12.0 ℃之间，呈东南向西北递减分布规律。月平均温度6、7月最高，1份最低。根据当地气温资料记载，极端最高气温达32.4 ℃，极端最低气温达－44.6 ℃。

(1)气温低、年温差小、日温差大、积温少

气温年变化小，日照变化大的特点明显。根据均温标准来划分气候四季变化：藏东南四季气候变化明显，藏北高寒地带和高原高山几乎无明显的季节变化，具有冬季漫长，无夏季，春秋极短，常年冰雪覆盖时间长等特点。西藏其余大多数地方，也没有真正意义的夏季，具有冬长夏短、春秋相连、冬无严寒、春秋无酷暑的特点。

(2)空气稀薄、气压低；日照时间长、太阳辐射强

由于海拔高，空气稀薄，所含尘埃和水汽少，干季云量少，雨季中白天也很少云层密布，太阳辐射强，日照长，是我国太阳辐射高值中心区，光能资源居于全国第一。日

照时数一般5月最大、12月最小，春、夏季最大，秋、冬季最小；年平均日照时数在1 475～3 555 h之间，西部最多，依次向东南方向减少。

2. 不同的气候带

(1)气温类型复杂，垂直变化大

西藏高原幅员辽阔，地势西北高、东南低，藏北高原海拔4 500～5 000 m，藏东南谷地海拔1 000 m以下。复杂的地形，破坏了气候的纬度地带性，使气候的水平变化与垂直变化交织在一起，气候类型复杂多样。不仅具有西北严寒、东南温暖湿润的特点，而且呈现出由东南向西北的带状更替。

(2)气候带差异大

根据西藏各地的水热条件和干湿情况，可把西藏划分为2个气候区，5个气候带，10个气候地区，6个气候小区。2个气候区是以喜马拉雅山主脊为界，主脊以南为非高原气候区，以北为高原气候区。5个气候带是由藏东南向西北依次为热带、亚热带、高原温带、高原亚寒带和高原寒带。气候的垂直变化在高原东南和东部高山地区峡谷特别明显，在水平距离仅数十公里的范围内，自下而上呈现出热、温、寒3带的自然景观，真是"一山有四季，十里不同天"。

1.1.2 地质地貌

拉林铁路位于青藏高原东南部雅鲁藏布江中游，属于冈底斯山与念青唐古拉山、喜马拉雅山之间的藏南谷地，海拔2 800～3 700 m。山脉呈东西向纵贯延展，谷岭相间，山高谷深，地势起伏跌宕，气候极端恶劣。总体地势由西北向东南倾斜，大致可分为四个大的地貌单元，分别为高山宽谷区、桑加峡谷区和藏南山原湖盆、高山河谷及山间河谷地貌区。

1.2 轨道工程建设面临的挑战

随着"一带一路"倡议和"西部大开发"这一世纪工程的深化实施，作为战略关键的西部铁路基础设施建设无疑是互联互通的重要基础之一；特别是拉林铁路的建设，对沿线的横断山区丰富的水能、森林、矿产、旅游等资源开发，和带动边区人民精准扶贫、快速致富具有重要的现实意义。但西部铁路工程沿线地质条件复杂，多年冻土、滑坡、高地震区、地热、岩爆等地质灾害严重，跨越横断山脉，线路穿行于高山峡谷之间；长大坡道、大跨桥梁、长大隧道首尾相连；部分路段处于无人区，后勤支援不易；高寒缺氧、昼夜温差大、紫外线辐射严重，复杂的环境给运营后的工务运维工作带来重重压力。

轨道结构与高速运营的列车相接触，是影响列车安全平稳运营的直接因素。拉林铁路轨道结构需适应高烈度活动断裂带超长隧道、超长大坡道、高墩大跨桥梁等多种复杂线下基础，同时面临着强紫外线、高日温差、隧道内高岩温、高湿等多重极端严酷环境的考验，为轨道结构的安全服役带来了前所未有的挑战。

1.2.1 混凝土抗裂技术面临的挑战

拉林铁路位于西藏高原，沿线多样的地形地貌形成了独特的高原温带干旱性气候，年降水量整体偏少且主要集中在雨季 6～9 月，同时沿线空气相对湿度较小，最大日温差可达 20 ℃，立体气候显著，气压仅为平原地区的 60%～65%。上述不利气候条件的影响，无砟轨道道床成形后的早期热量与水分散失加剧，现浇混凝土道床表面易出现开裂现象。

针对无砟轨道道床混凝土开裂情况，轨道专业从抗裂钢筋、混凝土配合比、混凝土养护等方面入手，开展了弹性支承块无砟轨道道床板高抗裂混凝土研究和弹性支承块式无砟轨道试验段道床板混凝土抗裂技术的科研试验。

(1)抗裂钢筋方面，通过在轨枕四周增设环向抗裂钢筋和轨枕四角增设斜向抗裂钢筋的方式实现。

(2)混凝土配合比方面，通过加强混凝土原材料和性能指标控制的方式实现，在对现有混凝土配合比进行优化的基础上，通过采用内、外养护技术或低水化热水泥等减缩技术，达到减小混凝土塑性收缩和长期干燥收缩，降低混凝土开裂驱动力的目的。

(3)混凝土养护方面，通过强化混凝土浇灌、振捣、抹面、养护等工艺措施的试验，达到提高混凝土的均质性、避免表面浮浆引起表层开裂的目的，从而实现复杂环境条件下轨道主体结构的耐久性提升。

在桑珠岭隧道和东嘎山隧道无砟轨道混凝土试验过程中，分别进行了弹性支承块无砟轨道道床板小尺寸模拟、混凝土圆环抗裂以及道床板足尺寸线下等试验，试验措施的整体效果良好，可有效减少道床板裂纹的数量及控制裂纹的发展。

1.2.2 西藏地区跨区间无缝线路面临的挑战

拉林铁路根据初设批复要求，正线按一次铺设温度应力式区间无缝线路进行设计，无缝线路起终点以及正线道岔前后设置缓冲区，缓冲区按 2～4 根 25 m 标准轨设置。按区间无缝线路设计主要是考虑到沿线温差大，特别是日温差大，局部存在温度骤变，且西藏高原区域铁路受沿线气候、地质等条件限制，跨区间无缝线路科学数据积累不够，尚未有一次性铺设跨区间无缝线路的先例，如已通车的青藏铁路格拉段和拉日铁路均为区间无缝线路。但道岔及其前后缓冲区钢轨接头是轨道养护维修的薄弱环节，考虑到铁路养护人员上道作业较为恶劣的作业条件，研究拉林铁路铺设少维修的跨区间无缝线路技术问题具有重要的现实意义。

为给高原铁路跨区间无缝线路积累宝贵的工程实践和现场试验数据资料，也为给高原铁路实现跨区间无缝线路打下坚实基础，通过对青藏、拉日等铁路无缝线路铺设情况、工务养护维修等线路现场调研，配合施工现场大量收集拉林铁路沿线气候、环境、地质等详细资料，在热当站开展了关于跨区间无缝线路方面的科学试验研究工作，热当站的跨区间无缝线路试验铺设工作于 2021 年 5 月完成，试验以在岔区及前后缓冲区采用胶接冻结接头并配合无缝线路监测的方式进行。

采用跨区间无缝线路可最大限度地消灭钢轨接头，改善轨道结构强度和平顺性，并显著减少轨道维护工作量；有利于高速行车，减少轮轨动力冲击，确保高速行车安全性、平稳性。依托拉林铁路在建工程开展高原峡谷区复杂气候条件下跨区间无缝线路铺设试验，通过现代信息技术和传感技术，对敏感区段进行监测，以期在理论研究和试验研究的基础上，在设计中贯彻建管一体化思路，既有利提升拉林铁路轨道质量，又可以减少工务维护工作量，提高行车品质。

1.3 轨道工程设计需求

1.3.1 旅客列车快速运行和货运量巨大对无砟轨道结构的需求

拉林铁路主要沿青藏高原的雅鲁藏布江走行，东端连接规划建设中的川藏、滇藏铁路，可通往西南及东中部地区，向北、向西连接既有青藏铁路和拉萨—日喀则铁路及规划的日喀则—亚东、日喀则—聂拉木等铁路，可通往西北广大地区及我国与尼泊尔、印度的主要口岸，是西藏自治区对外客货运输主通道，沿线地区资源丰富、铁路旅客及货物运输需求大，因此拉林铁路为客货共线铁路。其轨道结构的选型设计是影响线路运营品质的关键环节，在我国既有客货共线铁路隧道内铺设有现浇整体道床、支承块式、双块式、长枕埋入式、单元板式及弹性支承块式等不同类型的无砟轨道结构；配套采用 TF-Y 型、弹条Ⅰ、Ⅱ型分开式、无挡肩弹性不分开式等各类扣件系统。不同轨道结构特点各异，适用的运营条件也有一定的差别，我国未针对高原客货共线铁路的特点，系统开展隧道内无砟轨道结构的研究工作，这在一定程度上影响了高原铁路轨道结构的发展进程。

1.3.2 复杂地质与极端环境无砟轨道结构混凝土耐久性的需求

拉林铁路在高山峡谷区自然环境、施工技术、灾害环境非常复杂，需解决高原特有的极高岩(水)温、极高地应力、极复杂地质构造隧道(群)，高温差、高原冻土与风积沙、冰渍砂土层无砟轨道建造等系列技术难题。

高原铁路的强冻融、大温差、高紫外线、微区极端环境等给无砟轨道工程材料耐久性带来了极大挑战，导致普通混凝土在服役环境中迅速劣化。轨道结构直接暴露在大气中，除承受各种自然力破坏(包括冻融破坏)外，作为铁路工程结构重要的承力与传力部件，还需承受列车冲击、振动(高频)与疲劳荷载，导致其混凝土在多因素耦合作用下性能劣化大大加快，服役寿命难以满足设计需要。同时轨道结构对列车运行的平稳性、安全性有极大的影响，其状态的好坏直接决定铁路工程的运营质量。

高原环境下混凝土耐久性集中在冻融、温变、干湿循环、盐腐蚀等单因素作用领域，有关多因素耦合作用下混凝土的破坏，尤其是环境与列车高频高冲击动荷载耦合作用下的混凝土服役性能演变规律尚未见报道。亟需探明典型服役环境下轨道结构混凝土微结构伤损的形成、演变与机理，建立相应的混凝土性能评价与经时劣化模型，形成面向长寿命需求的混凝土微结构设计与调控体系，构建高原铁路轨道结构混凝土成套设计理论和精细化过程控制方法。

1.3.3 高原大温差复杂环境无缝线路的需求

无缝线路具有高平顺性，减小了轮轨振动使列车运行更平稳；钢轨、道床等部件养护维修工作量大大减少；增强了线路防爬能力；铁路的安全性和可靠性得到了很大的提高，我国铁路技术管理规程规定，新建、改建铁路正线采用 60 kg/m 钢轨的跨区间无缝线路。

但由于拉林铁路位于青藏高原，其独特的地形地貌和高空大气环境以及天气系统的影响，短距离内气候差异大，形成了藏东南地区复杂多样的独特高原气候。高原高山的垂直气候带谱分布十分明显，存在气温低、年温差不大、日温差大，积温少等特点。在该地区铺设无缝道岔除具有内地低海拔地区所有不利因素外，还要承受大日温差频繁作用的温度力和尖轨等关键部件的位移。温度力和位移的高频作用可能会使无缝道岔产生如间隔铁失效、长心轨位移过大、转换卡阻、尖轨侧拱、联结螺栓破坏等问题。由于独特的气候和高海拔对无缝道岔的不利影响，在青藏高原的西藏地区尚未开展过跨区间无缝线路的系统研究，尚未掌握该地区跨区间无缝线路的力学和变形规律。有必要对包括拉林铁路在内的高原大温差复杂环境无缝线路进行理论研究与试验。

1.4 轨道工程设计概况

拉林铁路为客货共线、单线Ⅰ级铁路，速度目标值 160 km/h，全线按重型轨道类型、一次铺设区间无缝线路设计。轨道设计采用有砟和无砟两种结构形式。正线以有砟轨道为主，在地质情况良好且长度大于 1 km 的隧道内铺设弹性支承块式无砟轨道，两相邻铺设无砟轨道隧道之间的短路基、桥梁以及隧道洞口范围内成段集中铺设少量双块式和轨枕埋入式无砟轨道，伸入隧道内的车站范围内按有砟轨道设计。

1. 有砟轨道

无缝线路地段采用 100 m 定尺长、60 kg/m、中下限含碳量的 U71Mn 热轧无孔新轨，缓冲区地段采用 60 kg/m、定尺长 25 m、中下限含碳量的 U71Mn 热轧有孔新轨，道岔内部钢轨采用 U71Mn 在线热处理钢轨。一般地段采用 2.6 m 长Ⅲa 型有挡肩混凝土轨枕，设置护轮轨地段采用新Ⅲ型桥枕，扣件采用弹条Ⅱ型扣件，桥上小阻力扣件地段采用客货共线有砟轨道小阻力扣件。正线无缝线路地段轨枕按1 667根/km 配置，缓冲区地段按 1 680 根/km 配置。采用一级碎石道砟，正线单线道床顶面宽度 3.4 m，砟肩堆高 15 cm，道床边坡 1∶1.75。土质路基地段采用双层道床，厚 50 cm，其中面砟厚 30 cm，底砟厚 20 cm；桥梁、隧道及硬质岩石路基地段采用单层道床，道砟厚35 cm。铺设Ⅲa 型轨枕地段道床顶面与轨枕中部顶面平齐，岔枕、桥枕等其他轨枕地段道床顶面低于轨枕承轨面 3 cm。拉林铁路有砟轨道如图 1.1 所示。

图 1.1　有砟轨道

2. 弹性支承块式无砟轨道

采用与有砟轨道地段一致的钢轨类型，扣件采用弹条Ⅶ型扣件，扣件间距不大于 600 mm。弹性支承块由钢筋混凝土支承块、橡胶套靴、块下橡胶垫板组成。道床板采用 C40 钢筋混凝土现场浇筑而成，宽度为 2.8 m，道床顶面设置 1%的横向排水坡。隧道内道床板分块浇筑，分块长度根据扣件间距合理确定。在距离隧道洞口往内小于 200 m 范围，道床板分块长度约 6 m，距离隧道洞口往内大于 200 m 范围，分块长度约 12 m。拉林铁路弹性支承块式无砟轨道如图 1.2 所示。

图 1.2　弹性支承块式无砟轨道

第2章　长大隧道地段无砟轨道选型与结构设计

无砟轨道是一种在坚实基底上直接浇筑混凝土或者铺设预制轨道板以取代传统道砟层的轨下基础。无砟轨道结构具有如下特点：轨道稳定性好，几何形位能持久保持，线路养护维修工作量显著减少；长波不平顺性好，轨道弹性均衡稳定，可提高乘坐舒适度；耐久性好，轨道使用寿命长；横向阻力提高，可获得高运营安全性；结构高度低，自重轻，可降低隧道净空，减少桥梁二期恒载；通过少维修，提高线路使用率，减少对运输的干扰，从而减少事故隐患等，无砟轨道在其使用期内具有显著的经济效益。

结合无砟轨道的上述特点，隧道内铺设无砟轨道相对于有砟轨道具有良好的经济效益和综合效益。特别是在长大隧道内，通风照明条件差，工作面狭小，维修作业困难。拉林铁路最长隧道长度为 17.324 km，全线隧道占比为 53.68%，长大隧道地段采用无砟轨道后，可以大量减少隧道内轨道维修工作量。同时铺设无砟轨道要求有坚实稳固的基础，而隧道内混凝土仰拱或基础又为无砟轨道铺设提供了良好的条件。

2.1　长大隧道地段无砟轨道选型

2.1.1　选型背景

随着铁路行业的快速发展，我国无砟轨道的建设和运营里程已经居世界首位，在无砟轨道结构的研究设计、施工运营等方面积累了丰富经验。其中高速铁路采用的无砟轨道形式主要包括 CRTSⅠ型、CRTSⅡ型板式、双块式，CRTSⅢ型板式以及道岔区长枕埋入式和板式无砟轨道等轨道结构已基本成熟，并逐步形成通用参考图。重载铁路方面，自 2011 年在中国铁路总公司（现称中国国家铁路集团有限公司，简称国铁集团）的组织下，由中国铁道科学研究院集团有限公司（简称铁科院）牵头开展 30 t 轴重重载铁路隧道内无砟轨道关键技术研究工作，研发了重载弹性支承块式、双块式、长枕埋入式 3 种无砟轨道结构及配套扣件系统。上述三种重载无砟轨道结构已经在山西中南部铁路通道 30 t 轴重重载铁路综合试验段内试铺，并开展了相关实车试验研究。对于客货共线铁路的运营条件，国内也已经在隧道内铺设了不同类型的无砟轨道结构，具备一定的前期工程实践经验。

可以看出，客货共线铁路无砟轨道结构研究具有较好的前期工作基础，具体结构方案研究应针对不同的线路运营条件，确定无砟轨道方案研究的原则，并对国内较为成熟的无砟轨道结构方案进行技术经济性分析，从而选定合理的轨道结构形式。

2.1.2 隧道内无砟轨道方案研究

无砟轨道结构方案研究的基本原则是以成熟的无砟轨道结构形式为基础，以技术先进和经济合理为原则，选择一种或两种结构形式，结合实际运输条件对技术体系进行优化，逐步形成标准设计。

1. 技术先进性原则

(1)适用性好。能够与隧道工程和轨道电路等站后工程相协调，保持轨道平顺性和稳定性，同时满足隧道内无砟轨道结构高度低、易修复、易施工等要求。

(2)耐久性好、少维修、使用寿命长。能够满足轨道纵横向阻力、抗拔力和适当变形能力的要求。在客货列车荷载作用下，轨道结构能够保持安全和可靠的几何状态、均衡稳定的弹性、足够的承载强度储备，使无砟轨道结构满足使用寿命要求。

(3)可修复性。在隧道工程变形超限、结构部件损坏时，无砟轨道结构应具有一定的调整量和可修复性。

(4)良好的施工性能。针对隧道条件，无砟轨道结构应便于组织和施工，制造和施工精度应易于保证，同时应能较易实现与有砟轨道的过渡。

2. 经济合理性原则

(1)结构高度低。

(2)施工效率高。

(3)初期投资低。

(4)维修费用少。

(5)生命周期成本低。

国内外客货共线铁路中主要铺设有双块式、弹性支承块式、长枕埋入式、弹性长枕式和单元板式五种无砟轨道结构形式，国铁集团科技研究开发计划课题“山西中南部铁路通道工程建设关键技术研究——30吨轴重重载铁路隧道内无砟轨道关键技术研究”(2011G028-C)曾针对上述无砟轨道结构开展理论计算分析，并结合不同轨道结构自身的特点进行综合对比分析。主要结论如下：

(1)一般情况下，在下部基础满足无砟轨道铺设条件的前提下，各种无砟轨道结构通过调整型式尺寸、加强结构配筋、提升材料性能均可适用于线路承载要求。

(2)单元板式无砟轨道结构中轨道板下水泥乳化沥青砂浆，对于大轴重货物列车运营条件的适应性仍有待研究，且考虑隧道内轨道结构施工的便利性、养护维修的专业性和技术经济性，隧道内采用单元板式无砟轨道结构不具优势。

(3)弹性长枕式无砟轨道结构在我国地铁线路上有少量铺设，国外也仅在客运专线及地铁运营线路上进行过铺设，主要作为城市轨道交通的减振结构进行考虑，后期弹性长枕橡胶套靴易受粉尘污染，养护维修难度较大。

(4)弹性支承块式无砟轨道结构综合性能良好，在我国客货共线铁路隧道内有一定规模的工程应用，在施工和养护维修方面已积累了较多经验。从现场调研和美国试验情况来看，总体状态较好，是一种较为成熟的无砟轨道结构形式。

(5)双块式、长枕埋入式无砟轨道均为现浇枕式整体道床结构，两者受力体系相同，并在我国客货共线铁路有一定的应用经验，总体使用状态良好。

另外，结合国内应用情况的调研可以看出，我国客货共线铁路隧道内也主要采用弹性支承块式、双块式和长枕埋入式三种无砟轨道结构。以下将对上述三种无砟轨道结构的特点进行总结分析，并针对高原客货共线铁路不同运营条件开展动力学仿真计算分析。

2.1.3　无砟轨道结构特点分析

1. 弹性支承块式无砟轨道

弹性支承块式无砟轨道是在两个独立混凝土支承块的下部及四周设橡胶套靴，支承块底部与套靴间设弹性垫层，套靴周围灌注混凝土而成形的一种无砟轨道结构形式，如图 2.1 所示。

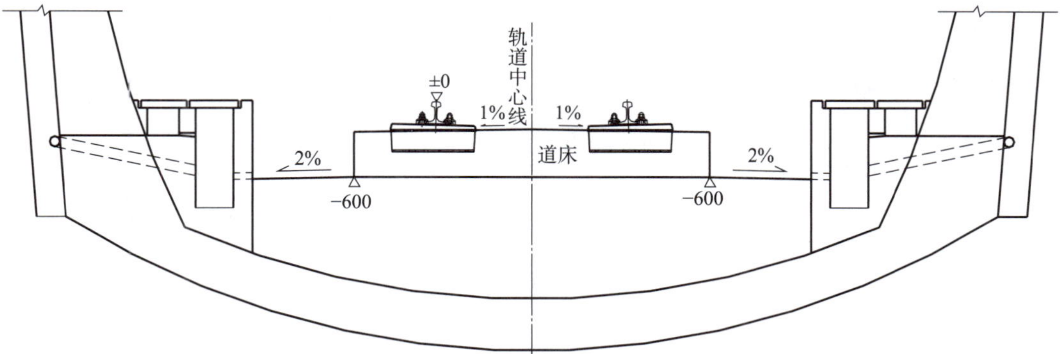

图 2.1　隧道内弹性支承块式无砟轨道结构示意图(单位：mm)

弹性支承块式无砟轨道作为一种低振动轨道结构，在国外高速铁路、客货共线铁路和城市轨道交通领域均有广泛应用。前期在我国干线铁路隧道内[如秦岭隧道(图 2.2)、乌鞘岭隧道等]累计铺设 300 余公里，并在 2014 年底新开通的瓦日铁路(山西中南部铁路通道)隧道内铺设约 220 km。

结构主要优点有：

(1)扣件和枕下垫板共同提供弹性，轨道结构弹性较好；

(2)支承块之间相互独立，曲线适应性好；

(3)采用“自上而下”施工，工艺简单，国内有前期施工及使用经验；

图 2.2　秦岭隧道弹性支承块式无砟轨道

(4)轨道结构可修复性较好。

存在的不足有：

(1)橡胶套靴防水、防尘性能需进一步研究；

(2)结构中弹性元件耐久性问题；

(3)轨道几何形位的保持能力略弱。

2. 双块式无砟轨道

双块式无砟轨道主要由混凝土道床板、双块式轨枕及配套扣件等部件构成。工厂内预制以桁架钢筋相连的双块式轨枕，施工时将双块式轨枕组装成轨排，与现浇混凝土形成整体结构，如图 2.3 所示。

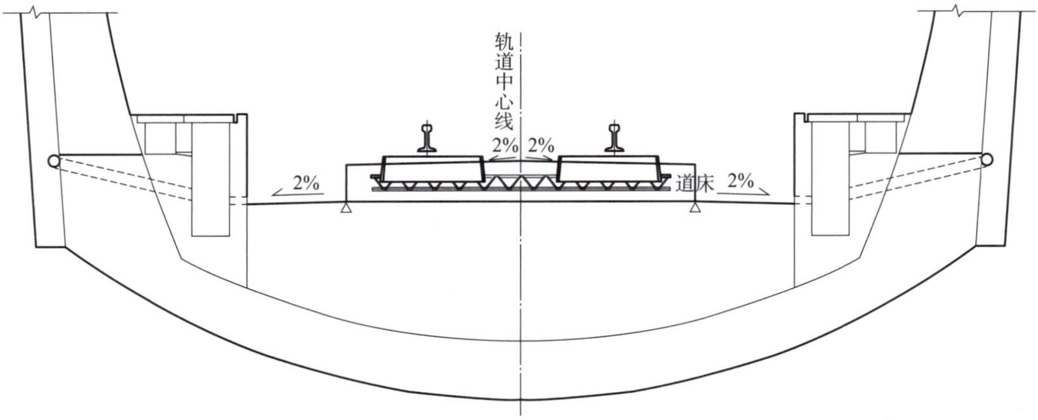

图 2.3　隧道内双块式无砟轨道结构示意图

双块式无砟轨道铺设于襄渝线、遂渝线无砟轨道综合试验段等客货共线线路，如图 2.4 所示。

结构主要优点有：

(1)结构整体性较强；

(2)道床混凝土灌注成形，为常规施工工艺，便于施工；

图 2.4　遂渝线双块式无砟轨道

(3)预制轨枕生产工艺利于掌握,具备成套生产设备;

(4)预制件较小,运输吊装方便;

(5)经济性较好。

存在的不足有:

(1)新老混凝土接合面易产生裂纹,控制较困难;

(2)工具轨施工,施工质量受工具轨、扣件等因素影响;

(3)可修复性一般。

3. 长枕埋入式无砟轨道

长枕埋入式无砟轨道主要由混凝土道床板、整体式轨枕及配套扣件等部件构成。长枕埋入式无砟轨道结构以现浇混凝土的方式将整体预应力混凝土轨枕埋入道床板中,使之成为整体,为保证轨枕与现浇道床的牢固连接,在轨枕上设横向预留孔方式,使道床上层纵向钢筋穿过,以增强其整体性,如图 2.5 所示。

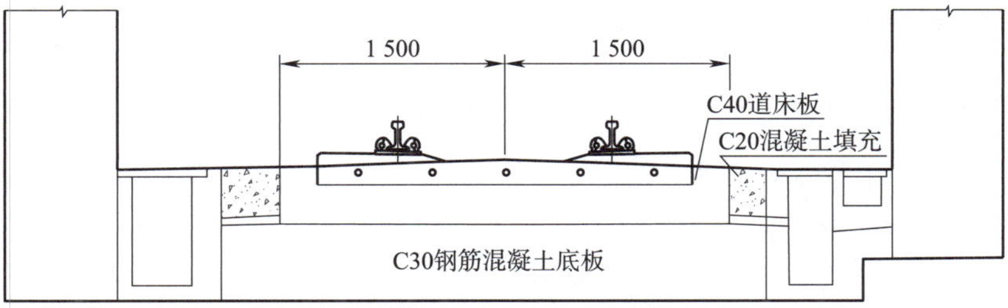

图 2.5　隧道内长枕埋入式无砟轨道结构示意图(单位:mm)

长枕埋入式无砟轨道铺设于客货共线铁路渝怀线鱼嘴二号隧道、圆梁山隧道和遂渝线无砟轨道综合试验段道岔区,如图 2.6 所示。

结构的主要优点有:

(1)结构形式简单,整体性好,轨距保持能力强;

图 2.6 鱼嘴二号隧道及遂渝线岔区长枕埋入式无砟轨道

(2)经济性较好;

(3)道床混凝土灌注成形,均为常规施工工艺,利于掌握,轨枕单根设置,曲线适应能力强;

(4)可利用现有轨枕工厂,制造方便;

(5)轨枕的运输吊装方便。

存在的不足有:

(1)新老混凝土接合面较大;

(2)轨道结构高度相对较大;

(3)施工质量易受工具轨、扣件等因素影响;

(4)可修复性一般。

2.2 弹性支承块式无砟轨道结构设计

2.2.1 弹性支承块式无砟轨道铺设概况

拉林铁路正线拜珍—加查区间、朗县—米林区间长大隧道所占比例达到 90%以上,综合考虑国内无砟轨道技术发展现状及线路运行条件,拉林铁路在地质情况良好且长度大于 1 km 的隧道内铺设弹性支承块式无砟轨道 191.39 km,跨越活动断裂地段、伸入隧道中的车站范围内和其余地段,按有砟轨道设计。隧道内弹性支承块式无砟轨道结构高度为 600 mm,无砟轨道结构横断面图如图 2.1 所示。

拉林铁路弹性支承块式无砟轨道具有如下结构设计特点:

(1)稳定、可靠,结构减振性能好,对客货共线铁路有更好的适应性。由于结构的垂向弹性由轨下和块下双层弹性橡胶垫板提供,最大程度模拟了弹性点支承传统碎石道床的结构承载状态,可达到减振、降噪的目的。

(2)结构简单,施工相对容易。支承块为钢筋混凝土结构,工厂预制,在现场只需要将钢轨、扣件、弹性支承块组装成轨排，并精确定位后，就地灌注道床混凝土即可成形。可以发挥轨排施工的优势，采用“钢轨支撑架”法“由上向下”进行施工，能够确保钢轨或轨排的高精度，从而保证整个无砟轨道的高精度。

(3)混凝土支承块、橡胶套靴及胶垫易于更换，对线路正常运营影响较小。

(4)轨道结构高度较低，可减少隧道开挖面积。

(5)弹性支承块式无砟轨道与有砟道床弹性最为接近，可降低振动及减少噪声，提高乘坐舒适度，且初期投资相对较低。

2.2.2　弹性支承块式无砟轨道结构设计

1. 结构组成

隧道内弹性支承块式无砟轨道主要由 60 kg/m 钢轨、弹条Ⅶ型扣件、弹性支承块、道床板组成，弹性支承块式无砟轨道整体道床断面如图 2.7 所示。

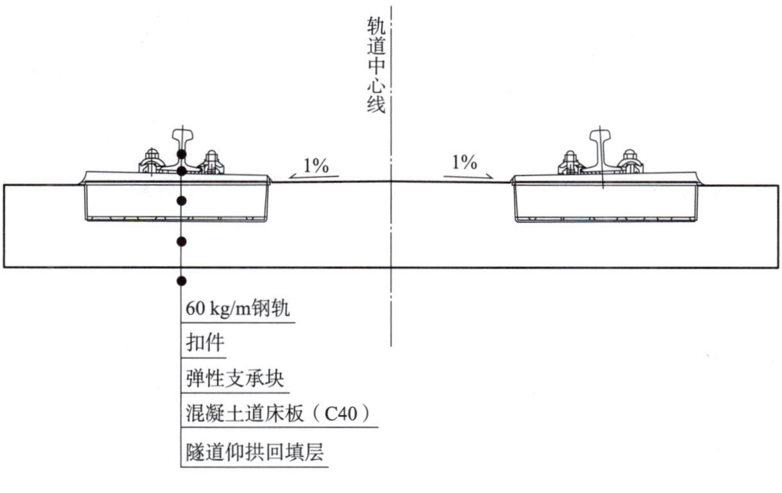

图 2.7　弹性支承块式无砟轨道断面

弹性支承块式无砟轨道结构高度见表 2.1。

表 2.1　弹性支承块式无砟轨道结构高度表　　单位：mm

基础类型	钢轨高度 h_1	扣件高度 h_2	承轨面至道床板面高差 h_3	道床板厚度 h_4	结构高度 $H=\sum_{i=1}^{4}h_i$
隧道	176	10	71	343	600

2. 结构设计

(1)钢轨

采用 100 m 定尺长、60 kg/m、中下限含碳量的 U71Mn 热轧无孔新轨，钢轨质量应符合《43 kg/m～75 kg/m 钢轨订货技术条件》(TB/T 2344)的规定。

(2)扣件

采用弹条Ⅶ型扣件(图 2.8),扣件节点间距不大于 600 mm。扣件应满足《30 t 轴重重载铁路弹条Ⅶ型扣件》(Q/CR 481—2015)中的相关技术要求,其中轨下垫板的静刚度为 100~120 kN/mm。

(3)弹性支承块

由钢筋混凝土支承块、橡胶套靴、块下橡胶垫板组成,按 1 667 对/km 铺设。弹性支承块的原材料、制造工艺、外形尺寸、质量、检验方法和规则、组装方法和储运等要求应满足《客货共线铁路隧道内弹性支承块式无砟轨道用部件暂行技术条件》(TJ/GW 152—2016)的相关规定。弹性支承块如图 2.9 所示。

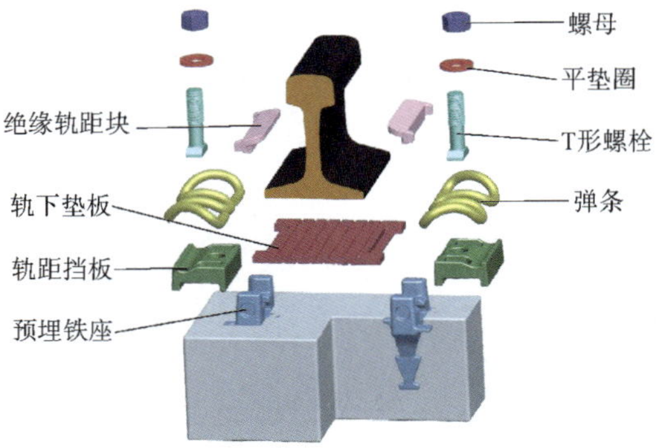

图 2.8 弹条Ⅶ型扣件

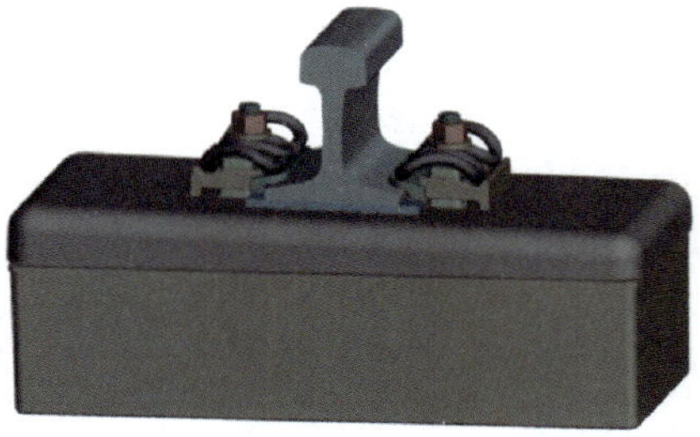

图 2.9 弹性支承块

(4)道床板

道床板采用 C40 钢筋混凝土现场浇筑而成,宽度为 2.8 m,道床顶面设置 1%的横向排水坡。隧道内道床板分块浇筑,分块长度根据扣件间距合理确定,道床伸缩缝应位于两枕之间。在距离隧道洞口往内小于 200 m 范围,道床板分块长度约 6 m,距离隧道洞口往内大于 200 m 范围,分块长度约 12 m。

①道床板配筋

道床板配筋采用双层配筋,纵向采用 24 根 HRB400ϕ16 钢筋,横向采用 HRB400ϕ12 钢筋,架立筋采用 HRB400ϕ10 钢筋。弹性支承块式无砟轨道道床板配筋如图 2.10 所示。

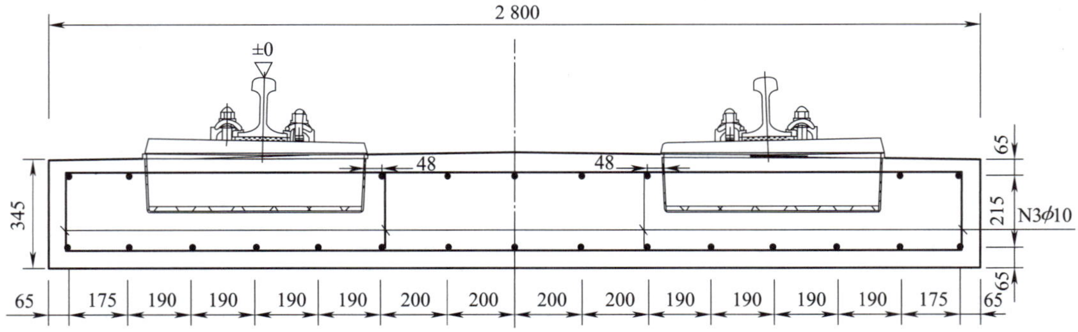

图 2.10 弹性支承块式无砟轨道道床板配筋(单位:mm)

②道床板钢筋绝缘

道床板内的纵、横向钢筋(包括架立筋)相交处及纵向钢筋搭接处设置绝缘卡进行绝缘处理。所有的电气绝缘应在立模前全部施工完成,在道床板混凝土浇筑前应进行轨道电路传输距离的测试,绝缘钢筋的绝缘电阻实测值应大于 2 MΩ。

③伸缩缝设置

道床板分块处设横向伸缩缝(图 2.11),缝宽 20 mm,用闭孔聚乙烯塑料泡沫板填充,硅酮填缝密封材料抹面,在硅酮填缝密封材料与混凝土接触面刷涂界面剂。道床板分块遇隧道变形缝时可适当调整长度和扣件间距,使道床伸缩缝与变形缝对齐,伸缩缝位于扣件间距正中,板长允许调整范围宜为±1.2 m。曲线地段道床板伸缩缝垂直于线路中心线布置。嵌缝材料的参数、性能、施工及验收等应符合《铁路无砟轨道嵌缝材料》(Q/CR 601—2017)的技术条件要求。

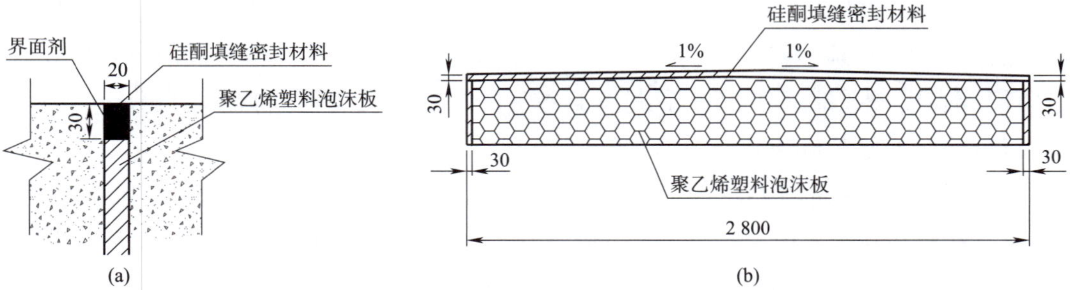

图 2.11　道床板伸缩缝(单位:mm)

3. 特殊设计

(1)道床板与板下结构连接

距隧道洞口大于 200 m 范围,道床板通过预埋钢筋与隧道仰拱回填层或者钢筋混凝土底板连接,预埋钢筋采用 HPB300ϕ12 钢筋。隧道地段预埋钢筋布置如图 2.12 所示。

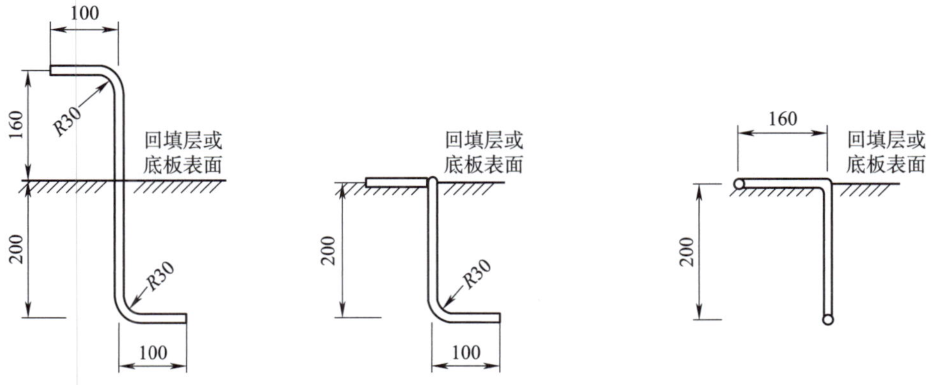

图 2.12　隧道地段预埋钢筋布置(单位:mm)

距隧道洞口 200 m 范围内，通过植筋的方式加强道床与基础的连接，每隔一个扣件间距植入 4 根 HRB400ϕ20 钢筋，如图 2.13 所示。现场发现的其他道床板与基础有剥离隐患的地段应上报建设、设计部门以确定是否需要增加植筋。植筋质量应符合《混凝土结构加固设计规范》(GB 50367)和《建筑结构加固工程施工质量验收规范》(GB 50550)等相关规范的要求及规定。

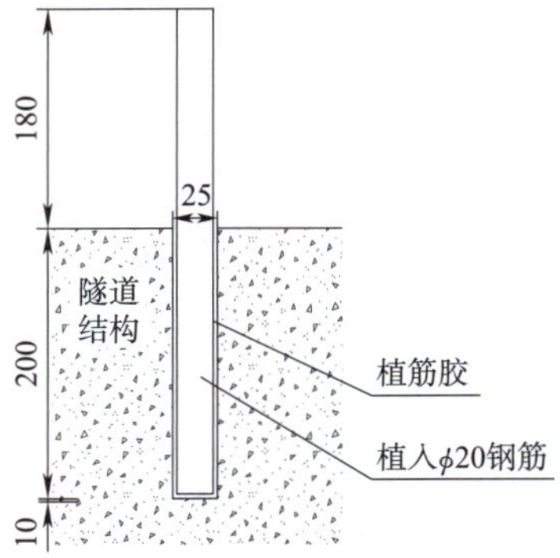

图 2.13　隧道地段洞口植筋图(单位:mm)

轨道中心线两侧各 1.3 m 范围内的隧道仰拱回填层或钢筋混凝土底板表面需进行不规则拉毛或者凿毛处理。

(2)过渡段

有砟轨道与弹性支承块式无砟轨道衔接处铺设 25 m 长有砟轨道与无砟轨道过渡段。过渡段采用与区间相同的有砟轨道结构，结构高度为 766 mm，并分段设置道砟胶。过渡段应在同一下部基础上进行设置，且过渡段区域不应设置工地焊接接头。

(3)曲线地段超高设置

曲线超高采取抬高外轨的办法进行设置，弹性支承块式无砟轨道在道床板上实现，超高设置应满足《铁路轨道设计规范》(TB 10082—2017)的相关要求。外轨超高应在缓和曲线全长范围内递减顺接，超高顺坡率不大于 2‰，实设超高取 5 mm 的整倍数，曲线外轨最大超高不应大于 150 mm。

第3章 无砟道床混凝土抗裂与耐久性提升设计

3.1 无砟轨道道床板混凝土开裂状况调研

无砟轨道以其高平顺、高稳定和少维修的特点成为高速铁路上的主要轨道结构形式，随着我国客运专线的大量兴建，无砟轨道得到了快速发展与广泛应用。一般来讲，无砟轨道具有较高的稳定性和耐久性，建成后很少需要维护。但是，无砟轨道作为行车的基础，且一直暴露于复杂的大气环境中，受多种因素（无砟轨道结构特性、列车荷载、环境条件等）长期作用的影响，无砟道床产生裂纹是难以避免的。双块式、长枕埋入式及弹性支承块式无砟轨道在现场浇筑，受环境和施工水平的影响较大，产生的病害也较多，个别线路需整治后才能正常运营。

3.1.1 双块式无砟轨道裂纹

双块式轨道作为典型的有枕式无砟轨道，主要由钢轨、扣件系统、预制混凝土双块式轨枕、现浇混凝土道床板、水硬性支承层（或底座板）等部件组成。其主体结构采用钢筋混凝土、水硬性支承材料，部分构件采用橡胶等有机材料。受自身材料特性、结构特性、外部工作环境影响，双块式无砟轨道道床出现轨枕四周"八"字形裂纹、挡肩破损、道床板裂缝、支承层裂缝、道床板上拱、层间连接破坏等，有裂纹特征的主要病害及成因见表3.1。

表3.1 双块式无砟轨道裂纹及原因分析表

伤损类型	伤损图示	裂纹描述及主要原因
轨枕周边开裂松动		现象： （1）轨枕周边现浇混凝土碎裂、掉块； （2）混凝土枕边冒白浆。 原因： （1）动荷载作用，特别是重车； （2）枕下填充不密实； （3）现浇混凝土收缩； （4）水的侵入。 危害： （1）影响结构整体性，使道床板迅速破坏； （2）行车轨枕空吊，影响行车平稳性和安全性

续上表

伤损类型	伤损图示	裂纹描述及主要原因
支承层开裂		现象： (1)支承层正常的温度收缩裂纹； (2)道床板假缝或道床板裂缝处的通裂。 原因： (1)环境降温； (2)混凝土收缩徐变； (3)道床板反射裂纹； (4)局部断面削弱。 危害： 形成上下层通裂后，形成轨道横向薄弱面，在降温时形成较大裂缝，影响结构整体性
道床板与支承层离缝冒浆		现象： 道床板与支承层有离缝，道床板下缘冒白浆，下雨天有水挤出。 原因： (1)施工时界面处理不干净或拉毛粗糙度不足，层间黏结力不够； (2)浇筑道床混凝土时，模板与支承层的拼缝不严或加固不够，导致底面跑浆，在道床板底部形成烂根、疏松等病害； (3)排水不畅导致水的侵入。 危害： (1)加快道床板和支承层的损坏，大幅度缩短无砟轨道使用寿命； (2)形成高低不平顺，影响行车平稳性和安全性
道床板上拱		现象： 在路桥、路隧过渡段或施工后浇带，出现道床板上拱现象，上拱量最大有10 mm左右。 原因： (1)路桥或路隧过渡段，由于结构断开，形成连续道床板自由端，当道床板与支承层黏结强度不足时，纵向限位锚梁不足以抵抗道床板纵向位移，因而在锚梁附近形成上拱； (2)在施工后浇带，由于两侧道床板施工温度不一致，造成类似无缝线路锁定轨温不均衡现象，进而引起道床板纵向位移，若在过渡段处加了锚固销钉，则在销钉附近形成上拱。 危害： (1)造成轨道高低不平顺，影响行车平稳性，限制列车速度； (2)挤坏道床板，影响轨道结构稳定性

3.1.2　长枕埋入式轨道裂纹

根据调查，长枕埋入式轨道主要有轨枕四周裂纹、道床板横向裂纹、转辙机坑积水等病害，其中跟裂纹有关的病害及主要成因分析见表3.2。

表3.2　长枕埋入式无砟轨道裂纹

伤损类型	伤损图示	裂纹描述及主要原因
道床板裂纹		现象： 道床板出现通裂，裂纹多沿轨枕边向外扩展，裂纹宽度一般为0.15～0.2 mm，个别裂纹达0.3 mm。 原因： (1)混凝土收缩； (2)新旧混凝土黏结不良； (3)列车动荷载作用； (4)温度变化。 危害： 过大的裂纹会引起钢筋锈蚀和混凝土碳化，影响结构耐久性
道床板板缝挤碎		现象： (1)预留板缝处道床板表面及边缘被挤碎； (2)新旧混凝土裂缝边缘道床板被挤碎。 原因： (1)预设缝处置不当，伸缩缝材料弹性不足或吸水膨胀； (2)泥土、沉渣等进入预设板缝，使其丧失弹性，致使升温时板缝压力太大； (3)轨枕露出部分升温较其他部分快，膨胀后挤压道床边缘； (4)列车动荷载。 危害： 板缝破损后，水容易侵入路基，造成路基病害
轨枕四周裂纹		现象： (1)轨枕周边现浇混凝土碎裂、掉块； (2)混凝土枕边冒白浆。 原因： (1)动荷载作用，特别是重车； (2)枕下填充不密实； (3)现浇混凝土收缩； (4)水的侵入。 危害： (1)影响结构整体性，使道床板迅速破坏； (2)行车轨枕空吊，影响行车平稳性和安全性

3.1.3 弹性支承块式无砟轨道裂纹

弹性支承块式无砟轨道由钢轨、扣件、道床板、混凝土支承块、支承块下垫板以及橡胶套靴组成。施工时受无砟轨道道床结构截面多变、外界环境、混凝土配合比、混凝土养护措施、施工水平及结构自身特点等因素的影响，施工中不可避免会产生道床裂纹等病害。随着列车轴重及速度的增大，轮轨间冲击作用变大，轨道几何形态恶化、轨道结构伤损破坏加快、轨道部件使用寿命及维修周期缩短、养护维修工作量变大。

我国正在运营兰新线乌鞘岭隧道、黔桂线定水坝隧道和银洞坡隧道等弹性支承块无砟轨道均出现了较为严重的轨道病害，主要有整体道床下沉、道床伸缩缝及轨枕四周冒浆、支承块空吊、道床裂纹等病害。

在成昆、玉磨、蒙华、中南部通道等线路在建设期也不同程度地发生了支承块帽檐裂缝、道床裂纹、轨底坡设置不准确、道床板低于帽檐过大等病害，其中最为严重的裂缝其宽度超过 1 mm。部分线路弹性支承块式无砟轨道开裂现象如图 3.1 所示。

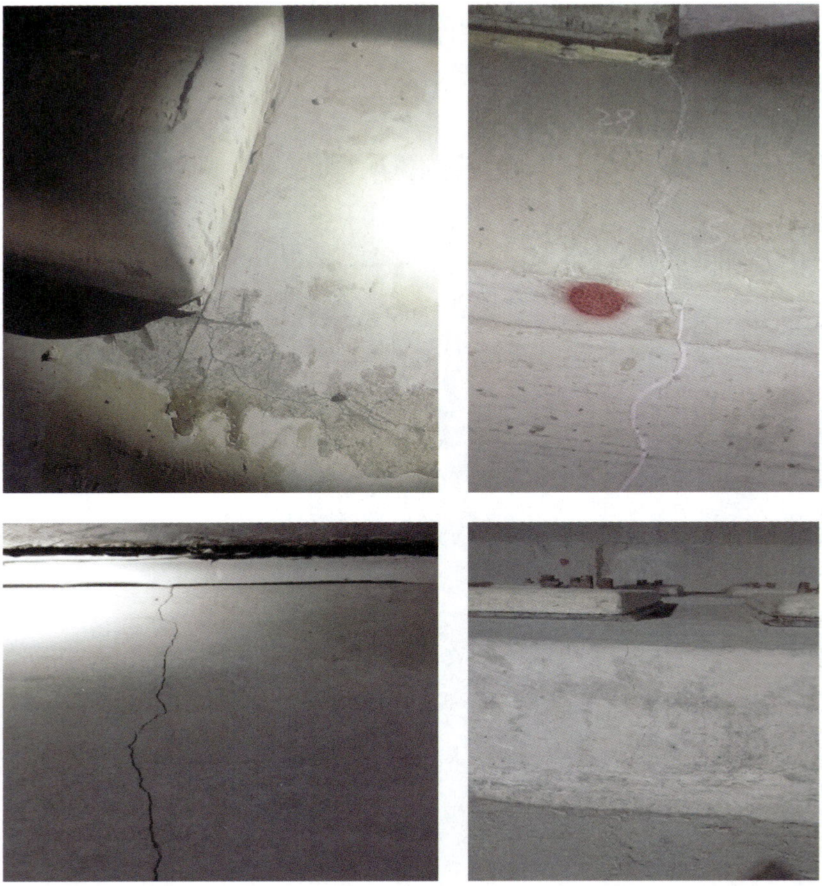

图 3.1 部分线路弹性支承块式无砟轨道开裂现象

3.2 高原环境抗裂混凝土试验研究

针对拉林铁路地处高原环境对于混凝土早期抗裂性能的不利影响，探究高原环境对混凝土抗裂性能的影响机理，并通过研究膨胀剂、高吸水树脂(简称 SAP)、减缩剂以及低热水泥在高原环境下对水泥基材料体积变形、抗裂性能的影响，形成拉林铁路高原环境下混凝土的抗裂性能提升技术。

3.2.1 试验方案

1. 技术方案设计

通过现场调研分析，总结得出了混凝土开裂主要原因在于：

(1)环境温湿度变化较大与风速较高导致混凝土内部水分散失过快，进而使得混凝土产生较大的干燥收缩变形。

(2)环境温度变化较快、昼夜温差大，导致混凝土局部产生由温度梯度应力变化引起的收缩应力。

(3)混凝土早期强度不足，不足以抵抗上述收缩变形，进而混凝土开裂。

首先，对于环境温湿度变化较大与风速较高导致混凝土内部水分散失过快的问题，可从提高混凝土密实度与保水性角度解决。合适的骨料级配与矿物掺合料使用可增大混凝土密实度；含有吸水保水组分材料的内养护剂掺入混凝土，也可提高混凝土的保水性。外部涂抹表面强化材料也可大大降低混凝土的水分蒸发。

其次，对于环境温度变化较快，昼夜温差大的问题，可从采用不同放热速率的胶凝组分来解决。高原低气压环境昼夜温差大，普通水泥混凝土早期水化放热快，因此混凝土早期温度较高，而至于温度较低的夜晚，自身水化放热低加上环境温度低，混凝土极易产生收缩裂纹。低热水泥水化放热具有先慢后快的特点，加水拌和 10 h 后开始大量放热，达到最高温度。因此采用低热水泥可弥补现场混凝土夜晚温度较低的缺陷。此外，采用主要成分为硫铝酸钙的膨胀剂，可为早龄期混凝土提供微膨胀，也可抵消一部分因温度较低导致的收缩变形。

最后，对于混凝土早期强度不足的问题，可从内掺矿物掺合料与优化骨料级配着手。诸如硅灰、矿粉之类的高水化活性火山灰质矿物，适当掺入可提高混凝土早期强度，但掺量过大会增大化学收缩，因此应控制矿物掺合料的掺量。

综上所述，对于低气压环境高抗裂混凝土制备技术的研究，可从胶凝材料、矿物掺合料、骨料级配、外加剂等方面着手，基于室内试验与现场试验结果确定道床混凝土的抗裂性能提升技术。

2. 试验原材料

(1)普通硅酸盐水泥

试验所用水泥为甘肃××普通硅酸盐水泥(P·O42.5)与四川××低热水泥(P·LH42.5),其化学组成见表3.3,物理性能见表3.4。

表3.3 水泥化学成分及矿物含量

水泥类型	CaO	SiO_2	Na_2O	f-CaO	MgO	Fe_2O_3	SO_3
P·O42.5	64.82%	23.48%	0.69%	0.98%	1.66%	2.45%	1.27%
P·LH42.5	58.22%	22.77%	0.45%	0.42%	4.42%	4.85%	2.0%

表3.4 水泥物理力学性能

水泥类型	比表面积/(m^2/kg)	标准稠度	安定性	抗折强度/MPa		抗压强度/MPa	
				3 d	28 d	3 d	28 d
P·O42.5	352	27.5%	合格	6.1	9.3	25.2	51.2
P·LH42.5	340	26.3%	合格	4.7	8.2	22.6	47.5

(2)粉煤灰

试验采用宁夏×× F类Ⅱ级粉煤灰,其性能指标见表3.5。

表3.5 粉煤灰性能指标

检验项目	技术要求	检验结果	单项判定
细度(45 μm)	≤12.0%	11.4%	合格
需水量比	≤95%	94%	合格
烧失量	≤5.0%	2.5%	合格
含水率	≤1.0%	0.5%	合格
三氧化硫	≤3.0%	1.7%	合格
游离 CaO 含量	≤1.0%	0.02%	合格

(3)矿粉

矿粉为宁夏××磨细S95级矿粉,化学组成见表3.6。

表3.6 矿粉化学组成分析结果

化学成分	SiO_2	Al_2O_3	Fe_2O_3	CaO	MgO	Na_2O	K_2O
含量	91.25%	0.57%	0.81%	0.53%	0.83%	0.15%	1.20%

(4)细骨料

细骨料采用机制中砂,细度模数为2.7,含泥量为1.3%,表观密度2 600 kg/m^3。

(5)粗骨料

粗骨料采用5~10 mm、10~20 mm二级配碎石,表观密度2 700 kg/m^3。

(6)拌和用水

自来水。

(7)膨胀剂

膨胀剂为郑州××公司生产的 HCSA 型高性能膨胀剂。比表面积为 229 m^2/kg，其性能见表 3.7。

表 3.7　膨胀剂的性能

凝结时间/min		抗压强度/MPa		限制膨胀率	
初凝	终凝	7 d	28 d	水中 7 d	水中 28 d
45	600	22.5	—	0.161%	—

(8)高吸水树脂

采用山东××公司生产的高吸水树脂，丙烯酸聚合交联物，外观为纯白色颗粒、粉末状，粒径在 120～180 目。

(9)减缩剂

采用的减缩剂为无锡市××公司生产的乙二醇溶液，乙二醇含量为 99.9%，为无色透明有黏稠性液体，无机械杂质。

(10)减水剂

试验所用减水剂为四川××公司生产的 Jx-GBNHY2 型液体减水剂，基本性能指标满足《混凝土外加剂》(GB 8076—2008)要求，见表 3.8。

表 3.8　减水剂的性能指标

颜色	减水率	含固量	含气量	泌水率比
淡黄色	27%	22.18%	2.6%	14%

3. 试验方法

(1)基本性能试验

为满足现场施工要求，混凝土往往需具备一定的和易性。和易性是一项综合的技术性质，它与施工工艺密切相关。通常包括有流动性、保水性和黏聚性等三个方面。混凝土和易性通常由坍落度来表征。据《普通混凝土拌合物性能试验方法标准》(GB/T 50080—2016)测试了新拌混凝土的坍落度。此外，混凝土的力学强度也是现场混凝土施工的一个重要性能指标，据《混凝土物理力学性能试验方法标准》(GB/T 50081—2019)测试了 100 mm×100 mm×100 mm 立方体混凝土强度。混凝土和易性与力学性能测试如图 3.2 所示。

(2)混凝土平板开裂试验

平板开裂试验具体实施步骤：使用 800 mm×600 mm×100 mm 尺寸的混凝土模具；新拌混凝土测试坍落度后立即装入模具内，通过振动台将其振捣密实；振捣结束后抹平混凝土表面，保证其表面平整且无骨料突出；试件成形 30 min 后调整风扇位于混凝土上方的 100 mm 处，风速为(5±0.5)m/s，风向与裂缝诱导器、混凝土表面平行；混凝土成形后(24±0.5)h 读取裂缝数据；使用钢尺测量并记录裂缝的长度，使用放大倍

（a）坍落度测试　　（b）力学性能测试

图 3.2　混凝土和易性与力学性能测试

数为 100 倍的放大镜观测并记录裂缝的最大宽度。

试验用平板抗裂模具与 100 倍带刻度放大镜如图 3.3 所示。

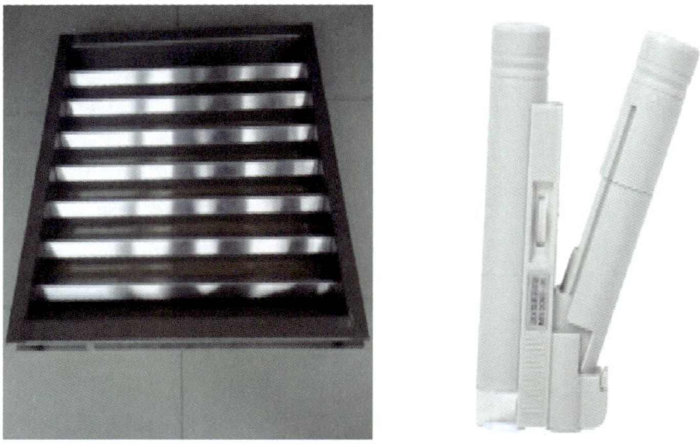

图 3.3　平板抗裂模具与 100 倍带刻度放大镜

(3)模拟弹性支承块混凝土开裂试验

在无砟轨道道床混凝土施工过程中，弹性支承块四周为薄弱环节，应力集中，裂缝也多产生于此处。因此，设计了尺寸为 300 mm×300 mm×100 mm 的木制方盒，中央内置尺寸 150 mm×150 mm 混凝土试块。试验过程中，将新拌混凝土浇筑于混凝土试块的四周。浇筑完成后，将制备好的模拟弹性支承块试件立即放置于露天环境中自然养护，模拟道床混凝土施工现场环境。模拟弹性支承块试件模具如图 3.4 所示。

(4)砂浆干燥收缩率及质量损失率试验

砂浆试件成形尺寸为 25 mm×25 mm×280 mm，试件带模在 20 ℃、相对湿度大于 95%的标准养护室内养护 1 d 后拆模，拆模后试件在 20 ℃水中预养 2 d，预养护到龄期后将试件从水中取出并马上测量其初始长度 l_0 和质量 m_0，测试结束后将试件放置在温

图 3.4　模拟弹性支承块木制方盒

度为(20±1)℃、相对湿度为 50%的养护室内继续养护，此后测定试件不同龄期 t 的长度 l_t 和质量 m_t，并计算其各龄期的干燥收缩率及质量损失率。水泥砂浆试件龄期 t 时的干缩率 S_t 计算见式(3.1)。

$$S_t = \frac{l_0 - l_t}{250} \times 10^{-6} \tag{3.1}$$

干燥龄期 t 时水泥砂浆的质量损失率 ω_t 计算见式(3.2)。

$$\omega_t = \frac{m_0 - m_t}{m_0} \times 100\% \tag{3.2}$$

水泥砂浆干燥收缩率测试如图 3.5 所示。

(5)混凝土圆环抗裂试验

采用圆环抗裂试验方法进行混凝土的受限开裂情况如图 3.6 所示。混凝土圆环抗裂性能的评价方法是试件环立面裂缝出现的间隔时间越长，说明混凝土的抗裂性能越好。因此记录第一条裂缝出现时间很重要，开裂后测定混凝土环的最大裂缝宽度、裂缝数量和分布，观察并记录最大裂缝宽度与混凝土龄期的发展情况。

(6)水泥混凝土水化温升测试试验

试验中测试了混凝土浇筑后的水化温升，如图 3.7 所示，通过其温度变化来评价其因温升导致混凝土开裂等的风险，并分析水泥早期水化情况。

图 3.5　水泥砂浆干燥收缩率测试

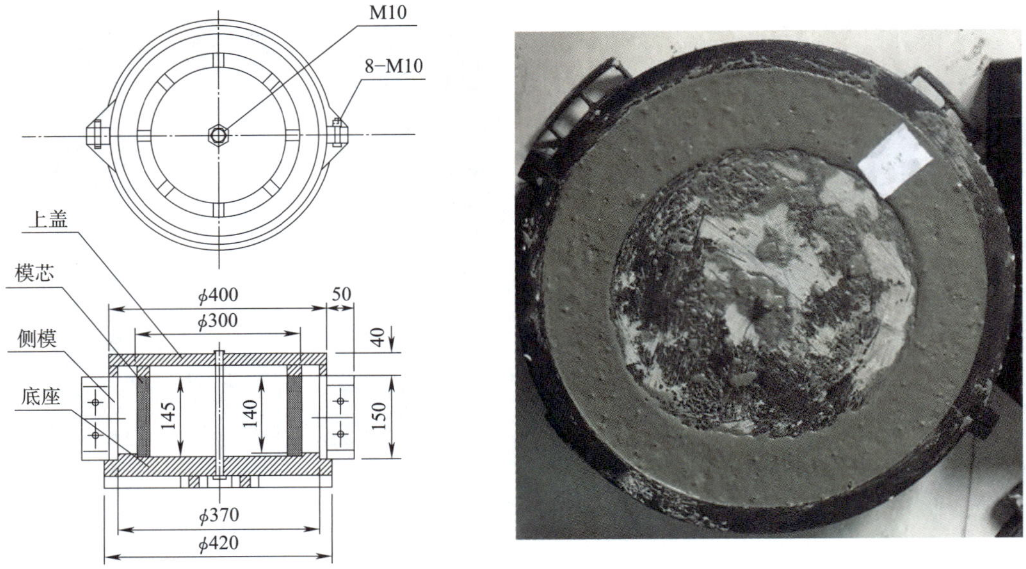

(a) 圆环抗裂试模及尺寸　　(b) 圆环抗裂混凝土浇筑

图 3.6　圆环抗裂试验(单位:mm)

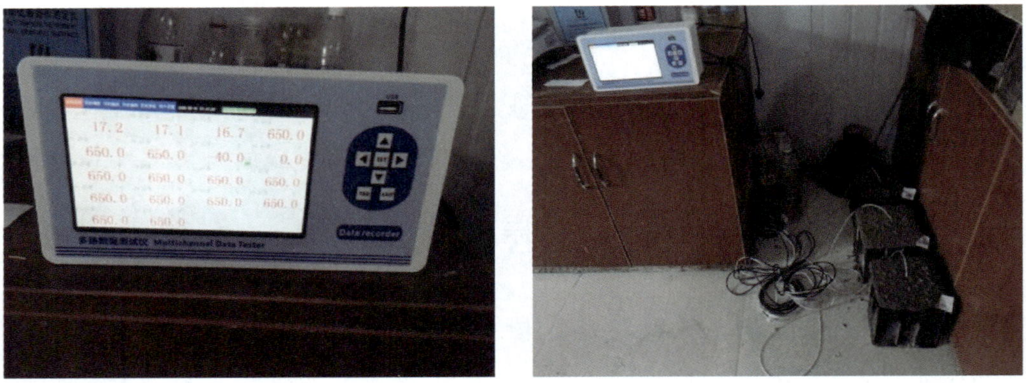

图 3.7　混凝土水化温升测量

3.2.2　高原环境对水泥基材料抗裂性能的影响及机理研究

收缩变形作为水泥基材料的一种固有属性,其引起的裂缝会导致外部环境中有害介质(氯离子、二氧化碳等)侵入水泥基材料。由于体积变形等非荷载因素导致混凝土出现的裂缝约占到了混凝土总裂缝的 80%,因此控制混凝土的收缩变形尤为重要。通过试验对比两种高原气压条件下混凝土早期开裂性能与水泥砂浆干燥收缩率的差异,测试水泥砂浆的质量损失率表征其水分蒸发,并结合微观结构分析,研究高原环境对水泥基材料收缩开裂性能的影响及机理。

1. 试验配合比

水泥砂浆配合比见表 3.9，混凝土平板开裂试验配合比见表 3.10，所用水泥均为普通硅酸盐水泥。

表 3.9　水泥砂浆配合比　　单位：g

编　组	水泥	粉煤灰	水	砂	减水剂
基准组	448	112	189	1 096	2

表 3.10　混凝土平板抗裂配合比　　单位：kg/m³

编　组	水泥	粉煤灰	水	砂	减水剂	碎石	
						5～10 mm	10～20 mm
基准组	320	80	135	783	4	292	790

2. 高原环境对混凝土早期开裂的影响

常压（101 kPa）与低气压（71 kPa）两种不同气压条件下混凝土早期开裂结果如图 3.8 所示。试验结果表明气压降低加剧了混凝土的早期开裂，低气压条件下混凝土早期裂缝条数、最大裂缝宽度以及最长裂缝长度均高于常压条件。不同气压条件下混凝土平板开裂试验 24 h 裂缝数据见表 3.11。相比于常压条件，低气压条件下混凝土每条裂缝平均开裂面积增幅 47.3%，单位面积裂缝数目增幅 49.9%，单位面积总裂缝面积增幅 54.6%，初裂时间提早了 70 min。

(a) 常压（101 kPa）

(b) 低压（71 kPa）

图 3.8　不同气压对混凝土 24 h 平板开裂的影响

表 3.11　不同气压条件下基准组混凝土平板开裂试验 24 h 裂缝数据

气压条件	每条裂缝平均开裂面积/(mm²/条)	单位面积裂缝数目/(条/m²)	单位面积总裂缝面积/(mm²/m²)	初裂时间
101 kPa	42.16	0.041 7	1.76	260 min
71 kPa	62.08	0.062 5	3.88	190 min

3. 高原环境对砂浆体积变形的影响

图 3.9 为常压(101 kPa)与低气压(71 kPa)两种不同气压条件下水泥砂浆基准组 28 d 干燥收缩率变化曲线。从图 3.9 可以看出,随着龄期增长,两种气压条件下水泥砂浆干燥收缩率呈现不同变化趋势。7 d 龄期前,常压条件下水泥砂浆干燥收缩率增长速率与低气压条件下水泥砂浆干燥收缩率增长速率接近,至 7 d 龄期,低气压条件下水泥砂浆干燥收缩率对比常压条件仅增幅 13.4%。至 28 d 龄期,常压条件下水泥砂浆基准组干燥收缩率为 0.096%,低气压条件下水泥砂浆基准组干燥收缩率为 0.156%,低气压条件下水泥砂浆 28 d 干燥收缩率较之常压条件增幅 64.5%,7～28 d 龄期,低气压条件下水泥砂浆干燥收缩率增长速率远高于常压条件,造成低气压条件下水泥砂浆 28 d 干燥收缩率更大。

4. 高原环境对砂浆质量损失率的影响

图 3.10 为常压(101 kPa)与低气压(71 kPa)两种不同气压条件下水泥砂浆基准组干燥收缩试件干燥 28 d 的质量损失率变化曲线。常压条件下水泥砂浆质量损失率变化曲线表现为两个阶段:第一个阶段为 0～7 d,质量损失率迅速增加,质量损失率大且损失速度较快;第二个阶段为 7～28 d,此阶段曲线趋于水平,随着龄期增长,水泥砂浆质量损失率基本不发生变化,其 28 d 质量损失率为 0.036%。低气压条件下水泥砂浆质量损失率未出现不同阶段,其增长速度随龄期增长缓慢下降,28 d 质量损失率为 0.048%,较之常压条件增幅 33.3%。

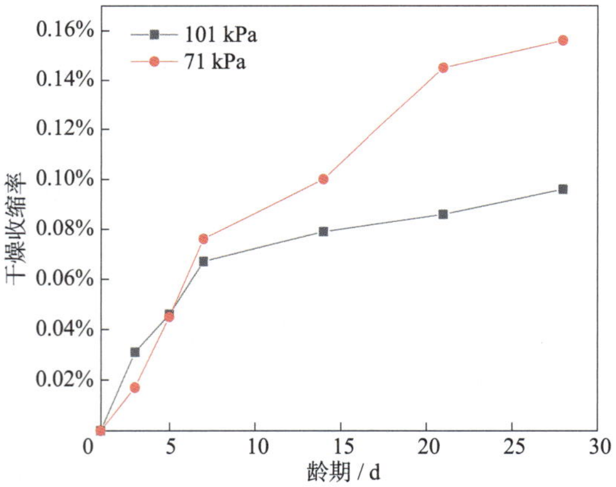

图 3.9 气压对于水泥砂浆体积变形的影响

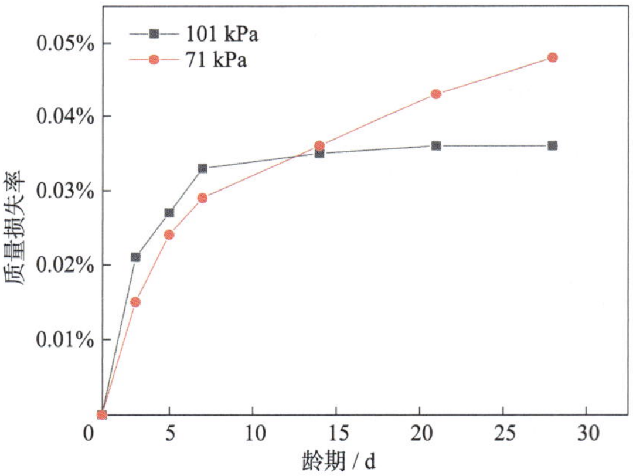

图 3.10 气压对于水泥砂浆质量损失率的影响

两种不同气压条件下水泥砂浆基准组干燥 28 d 的质量损失率与干燥收缩率关系如图 3.11 所示。线性拟合结果表明水泥砂浆的干燥收缩率与质量损失率呈正比关系,且常压条件下水泥砂浆干燥收缩率随质量损失率的变化速度要慢于低气压条件,即低气压条件下相同的水分蒸发会引起更大的干燥收缩。

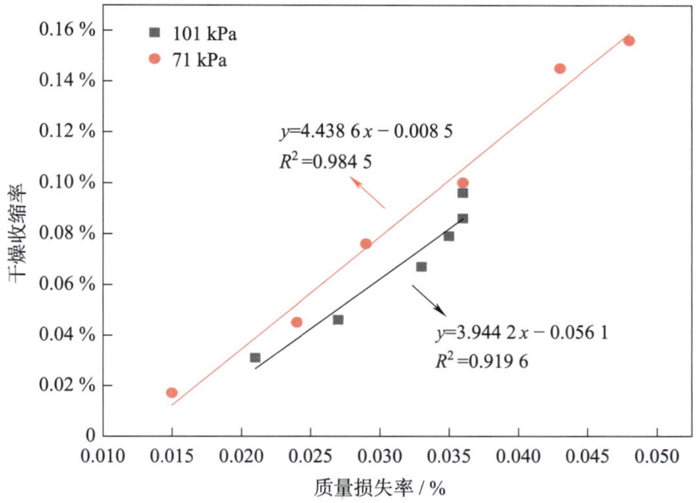

图 3.11　不同气压条件下水泥砂浆质量损失率与干燥收缩率关系

5. 不同高原环境条件下砂浆微观结构分析

水泥基材料的宏观性能取决于其内部微观结构，通过压汞试验（MIP）扫描电镜分析（SEM），分析不同气压条件对于水泥基材料微观结构的影响。

（1）孔结构分析

水泥基材料内部孔结构对材料的各项性能有着重要影响，通过压汞法测水泥砂浆内部的孔结构。由于液体汞难以浸润水泥砂浆内部孔壁，需通过外加压力将汞溶液压入水泥砂浆内部，孔径越小所需施加的压力越大。在外加压力作用下，汞被压入的孔径可通过式（3.3）计算。测出在不同压力下水泥砂浆孔结构中的汞体积，即可测得不同孔径孔的体积。

$$r_0 = -\frac{2\gamma_0 \cos\theta_0}{P_0} \tag{3.3}$$

式中　r_0——孔隙半径，μm；

P_0——气压，MPa；

γ_0——液体表面张力，N/m；

θ_0——接触角，(°)。

试验压力达到最大时，半径大于 6 nm 的孔均被汞溶液填充。

（2）孔隙率

压汞法测得不同气压条件下水泥砂浆基准组 28 d 孔隙率见表 3.12，常压条件下水泥砂浆基准组孔隙率为 9.90%，低气压条件下水泥砂浆基准组孔隙率为 10.95%，低气压条件下水泥砂浆孔隙率有所增大。

表 3.12　气压对水泥砂浆 28 d 孔隙率的影响

气压	孔隙率	气压	孔隙率
101 kPa	9.90%	71 kPa	10.95%

(3)孔径分布

不同气压条件下水泥砂浆基准组 28 d 孔径分布曲线如图 3.12 所示。水泥砂浆在不同气压条件下的孔径分布规律基本一致,低气压条件下孔径分布整体略有左移,微分进汞量最大值对应的孔径均在 10～50 nm 范围之内。

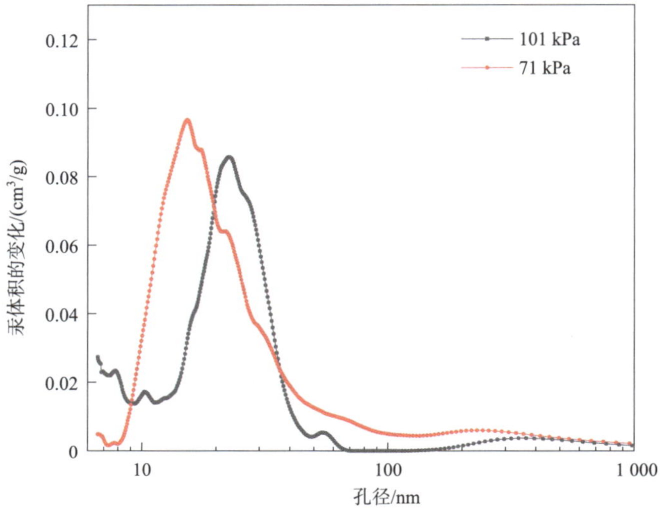

图 3.12　不同气压条件下水泥砂浆 28 d 孔径分布曲线

(4)扫描电子显微镜分析

图 3.13 为不同气压条件下水泥砂浆基准组 28 d 龄期的 1 000 倍扫描电子显微镜(SEM)分析图。从图 3.13 中可以看出,低气压条件下水泥砂浆内部结构更为疏松。

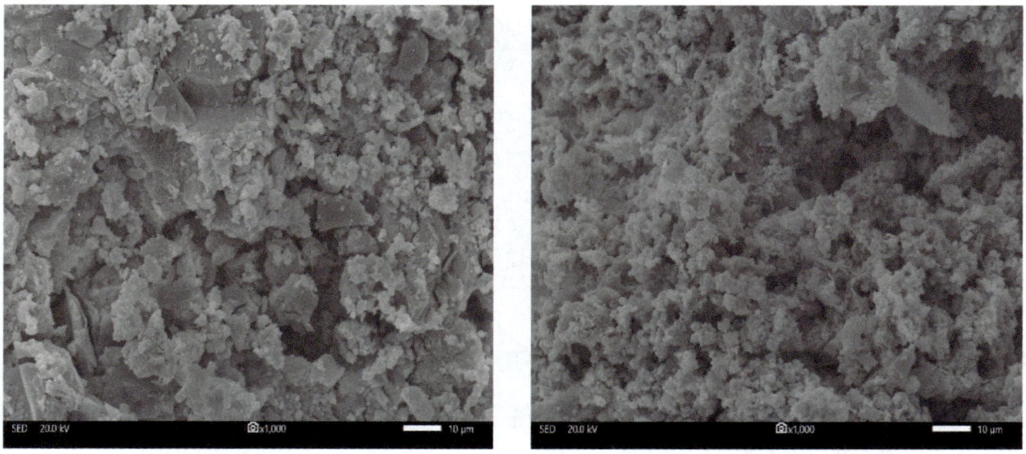

(a) 常压—基准组(101 kPa)　　(b) 低压—基准组(71 kPa)

图 3.13　不同气压基准组 28 d 水泥砂浆 SEM 图

6. 高原环境对水泥基材料抗裂性能影响机理分析

根据道尔顿蒸发定律，水分蒸发速率与环境气压成反比，见式(3.4)。

$$W_0 = \frac{C_0(E_0 - e_0)}{P_0} \tag{3.4}$$

式中　W_0——蒸发速率；

C_0——与风速有关的蒸发系数；

$(E_0 - e_0)$——蒸气压的差值，kPa；

P_0——气压，kPa。

由此可知，低气压环境会加速水泥基材料的水分散失，造成了低气压条件下水泥砂浆质量损失率增大。

研究表明相同的水体温度下，气压与水体表面张力系数间呈现良好的线性关系，气压越低，水体表面张力系数越大。根据杨-拉普拉斯方程，水泥砂浆内部毛细孔内弯液面所产生的收缩应力与表面张力有关，当孔溶液表面张力增大时，收缩应力也随之增大，见式(3.5)，低气压条件下水泥砂浆内部孔溶液表面张力更大，即低气压条件下相同水分散失会产生更大的毛细孔收缩应力，相同的质量损失率条件下，水泥砂浆在低气压条件下干燥收缩率更大。

$$\Delta P = \gamma_0 \left(\frac{1}{R_1} + \frac{1}{R_2} \right) \tag{3.5}$$

式中　ΔP——界面压力差，MPa；

γ_0——液体表面张力，N/m；

R_1，R_2——曲面曲率半径，μm。

小于 50 nm 的毛细孔对于水泥基材料的收缩有着重要影响，其内部因毛细张力固定的水分的散失将会引起水泥基材料的收缩，微观分析得知，低气压条件下水泥砂浆孔隙率较之常压增大，尤其是内部 10～50 nm 的毛细孔明显增多，根据杨-拉普拉斯公式，毛细孔内弯液面半径越小，产生的毛细管张力越大。低气压条件下水泥砂浆内部 10～50 nm 的毛细孔增多，这部分小孔的增多导致水泥砂浆内部产生了更大的收缩应力。

结合以上分析可知，在低气压条件下水泥基材料水分散失更快，其内部孔溶液表面张力更大，孔隙率增大且对收缩影响最大的 10～50 nm 毛细孔增多，造成干燥收缩率的增大并加剧了混凝土的早期开裂。高原环境对水泥基材料抗裂性能的影响及机理方面有如下研究结论：

(1)高原气压的降低会使水泥砂浆干燥收缩率增大，对比平原常压条件，低气压条件下水泥砂浆干燥收缩率在 7 d 龄期增幅 13.4%，28 d 龄期增幅 64.5%。

(2)气压的降低加速了水泥砂浆的水分蒸发速率，低气压条件下水泥砂浆 28 d 质量损失率较之常压条件增幅 33.3%。

(3)高原低气压条件下混凝土早期开裂更为严重，混凝土平板开裂试验结果表明低气压条件下混凝土早期裂缝条数、宽度与长度均有所提高，且初裂时间更早。

(4)由压汞试验与扫描电子显微镜分析结果可知,气压的降低导致水泥砂浆的孔隙率增大,并使水泥砂浆内部孔径为 10～50 nm 的毛细孔增多。

(5)高原低气压条件下,水泥基材料出现更严重开裂现象的原因有低气压条件下水泥基材料水分散失更快、内部孔溶液表面张力更大、孔隙率增大尤其是 10～50 nm 的毛细孔增多。

3.2.3　高原环境水泥基材料抗裂性能提升技术研究

研究不同外加剂对水泥砂浆干燥收缩率的影响,并通过室内混凝土平板开裂试验以及室外模拟弹性支承块开裂试验,研究低气压下水泥基材料抗裂性能提升技术。

1. 外加剂对高原环境下水泥砂浆体积变形的影响

(1)试验配合比

水泥砂浆配合比见表 3.13,所用水泥为普通硅酸盐水泥,选用膨胀剂、SAP 以及减缩剂作为外加剂。

表 3.13　单掺外加剂水泥砂浆配合比　　单位:g

编　组	水泥	粉煤灰	膨胀剂	SAP	减缩剂	水	砂	减水剂
基准组	448	112	0	0	0	189	1 096	2.0
6%膨胀剂	448	112	33.6	0	0	189	1 096	2.5
8%膨胀剂	448	112	44.8	0	0	189	1 096	3.0
10%膨胀剂	448	112	56.0	0	0	189	1 096	3.0
0.1%SAP	448	112	0	0.56	0	189	1 096	2.0
0.2%SAP	448	112	0	1.12	0	189	1 096	2.0
0.4%SAP	448	112	0	2.24	0	189	1 096	2.5
0.5%减缩剂	448	112	0	0	2.8	189	1 096	2.0
1%减缩剂	448	112	0	0	5.6	189	1 096	1.5
2%减缩剂	448	112	0	0	11.2	189	1 096	1.0

(2)膨胀剂对水泥砂浆体积变形的影响

图 3.14 为常压条件下与低气压条件下不同膨胀剂掺量的水泥砂浆 28 d 干燥收缩率变化曲线。

由图 3.14(a)可知,在常压条件下膨胀剂的掺入可以在一定程度上减少水泥砂浆的干燥收缩率,随着膨胀剂掺量的增加,减少水泥砂浆干燥收缩率的效果不断提升;与基准组相比,膨胀剂掺量为 6%、8%、10%三组水泥砂浆的 28 d 干燥收缩率分别减幅 12.5%、15.6%、16.6%。由图 3.14(b)可知,低气压条件下膨胀剂的掺入能较为明显地减少水泥砂浆的干燥收缩率,随着膨胀剂掺量的增加,减少水泥砂浆干燥收缩率的效果也不断提升;与基准组相比,膨胀剂掺量为 6%、8%、10%三组水泥砂浆的 28 d 干燥收缩率分别减幅 14.1%、26.3%、35.3%。

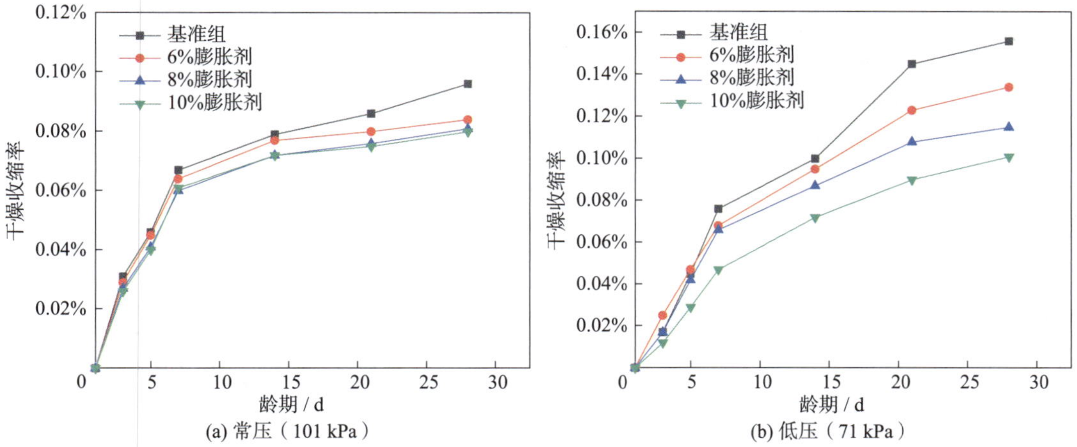

图 3.14　膨胀剂掺量对水泥砂浆体积变形的影响

对比图 3.14(a)和图 3.14(b)可知，气压的降低明显增大了水泥砂浆的 28 d 干燥收缩率，且在两种气压条件下膨胀剂均能起到减少水泥砂浆干燥收缩率的作用。与常压条件下基准组、膨胀剂掺量为 6%、8%、10%四组水泥砂浆相比，低气压条件下基准组、膨胀剂掺量为 6%、8%、10%四组水泥砂浆的干燥收缩率分别增幅 38.5%、37.3%、29.6%、20.8%。随着膨胀剂掺量的增加，气压对于水泥砂浆干燥收缩率的影响逐渐减弱，这说明对比常压环境，在低气压环境下膨胀剂减少水泥砂浆干燥收缩率的作用更加明显。

膨胀剂通过水化反应生成钙矾石和 $Ca(OH)_2$ 等水化产物，可以填充水泥砂浆内部的孔隙，提升水泥砂浆的密实度，起到改善孔隙结构的作用；同时，随着水化反应的进一步进行，水化产物增多，产生微膨胀效应。在低气压条件下，掺加膨胀剂的水泥砂浆前期干燥收缩率变化不大，且对混凝土早期抗裂效果提升不大，因为膨胀剂在水化初期缺乏足够的水分参与反应，无法形成稳定有效的膨胀源，故早期减缩效果并不明显，然而随着水化反应的进行，膨胀剂以其膨胀效应显著减少了水泥砂浆 28 d 干燥收缩率。

(3)SAP 对水泥砂浆体积变形的影响

图 3.15 为常压条件下与低气压条件下不同 SAP 掺量的水泥砂浆 28 d 干燥收缩率变化曲线。

由图 3.15(a)可知，在常压条件下随着 SAP 掺量的增加，水泥砂浆干燥收缩率不断下降；与基准组相比，SAP 掺量为 0.1%、0.2%的试验组对于水泥砂浆干燥收缩率的影响较弱，分别减幅 7.3%、9.4%；当 SAP 掺量增加到 0.4%时，水泥砂浆 28 d 干燥收缩率减幅 22.9%。由图 3.15(b)可知，在低气压条件下 SAP 的掺入能较为明显地减少水泥砂浆 28 d 干燥收缩率，SAP 掺量越高，减少水泥砂浆干燥收缩率的效果越好；与基准组相比，SAP 掺量为 0.1%、0.2%、0.4%三组水泥砂浆的 28 d 干燥收缩率分别减幅 6.4%、15.4%、24.4%。

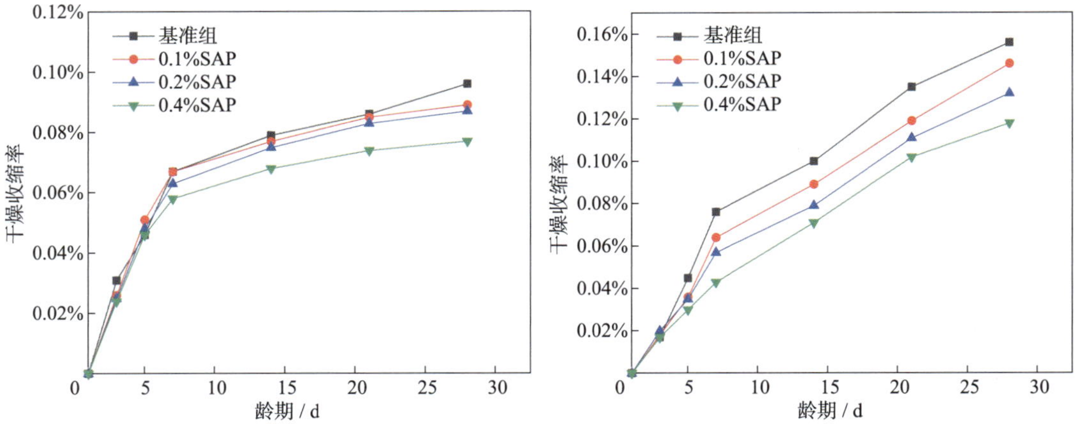

(a) 常压（101 kPa）　　(b) 低压（71 kPa）

图 3.15　SAP 掺量对水泥砂浆体积变形的影响

对比图 3.15(a)和图 3.15(b)可知，气压的降低明显增大了水泥砂浆的 28 d 干燥收缩率，两种气压条件下掺入 SAP 均能减少水泥砂浆的干燥收缩率。与常压条件下基准组、SAP 掺量为 0.1%、0.2%、0.4%四组水泥砂浆相比，低气压条件下基准组、SAP 掺量为 0.1%、0.2%、0.4% 四组水泥砂浆的干燥收缩率分别增幅 38.5%、39.0%、34.1%、34.7%。三组不同掺量 SAP 在两种气压条件下对于水泥砂浆干燥收缩率的影响差距很小，表明 SAP 在常压与低气压条件下对于减少水泥砂浆干燥收缩率的作用接近，气压对于 SAP 的减缩效果没有明显影响。

随着水泥水化、水泥基材料内部水分蒸发至外部环境，水泥基材料内部相对湿度逐渐降低，SAP 中的内养护水开始向水泥基体中释放水分，弥补水泥基材料内部湿度降低。另一方面 SAP 中内养护水的释放也为水泥基体的水化提供了水分，使水泥基材料内部结构更致密，起到了阻止水分散失的作用。0～7 d 龄期各组水泥砂浆干燥收缩率变化速率接近，这是因为水泥砂浆在早龄期内部相对湿度较高，SAP 未能充分释放其储存的内养护水分。随着龄期增长，水泥砂浆水分不断散失导致内部相对湿度降低，SAP 中的内养护水开始释放，达到了减缩效果。

(4)减缩剂对水泥砂浆体积变形的影响

图 3.16 为常压条件下与低气压条件下不同减缩剂掺量的水泥砂浆 28 d 干燥收缩率变化曲线。

由图 3.16(a)可知，在常压条件下减缩剂的掺入可以在一定程度上减少水泥砂浆的干燥收缩率，且随着减缩剂掺量的增加，减少水泥砂浆干燥收缩率的作用不断提高；与基准组相比，减缩剂掺量为 0.5%、1%、2%三组水泥砂浆的 28 d 干燥收缩率分别减幅 10.4%、13.5%、22.9%。由图 3.16(b)可知，低气压条件下减缩剂的掺入能比较明显地减少水泥砂浆的干燥收缩率，且随着减缩剂掺量的增加，减少水泥砂浆干燥收缩率的效果不断提升；与基准组相比，减缩剂掺量为 0.5%、1%、2% 三组水泥砂浆的 28 d 干燥收缩率分别减幅 21.8%、28.2%、35.3%。

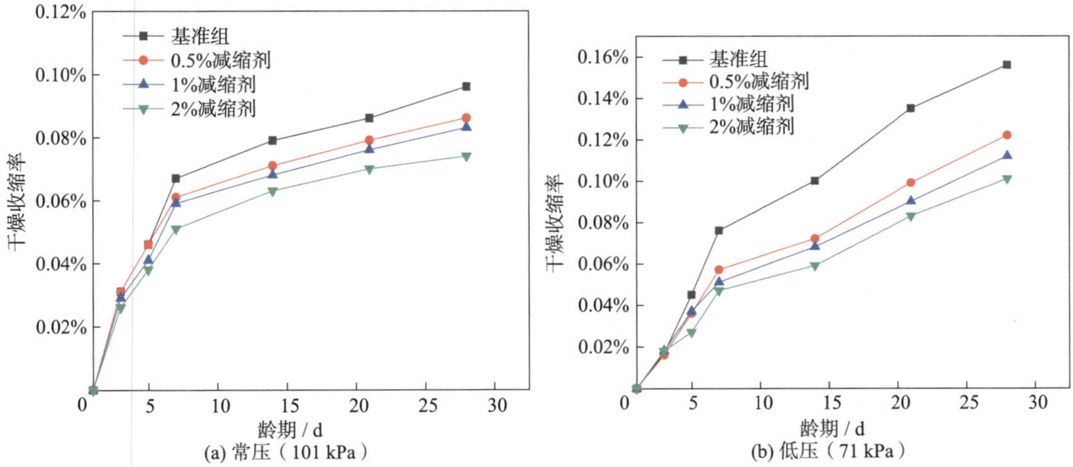

图 3.16　减缩剂掺量对水泥砂浆体积变形的影响

对比图 3.16(a)和图 3.16(b)可知，气压的降低明显增大了水泥砂浆的 28 d 干燥收缩率，两种气压条件下减缩剂均能降低水泥砂浆 28 d 干燥收缩率。与常压条件下基准组、减缩剂掺量 0.5%、1%、2%的四组水泥砂浆相比，低气压条件下基准组、减缩剂掺量 0.5%、1%、2%的四组水泥砂浆的干燥收缩率分别增幅 38.5%、29.5%、34.8%、26.7%。三组不同掺量减缩剂在低气压条件下对于水泥砂浆干燥收缩率的减少效果比在常压环境下更为有效。

减缩剂作为一种减少水泥基材料孔溶液表面张力的有机化合物，主要作用机理为降低水泥基材料毛细孔中液相的表面张力，使毛细管负压下降，从而减小对应产生的水泥基材料收缩应力。由杨-拉普拉斯公式可知，随着水泥砂浆孔溶液表面张力的减小，其毛细孔负压会相应减小，使得混凝土内部自干燥引起的收缩应力减小。掺入减缩剂后，水泥砂浆的干燥收缩率明显下降。

(5)外加剂复掺对水泥砂浆体积变形的影响

研究膨胀剂、SAP 和减缩剂三种外加剂复掺对于水泥砂浆干燥收缩率的影响，复掺外加剂水泥砂浆配合比见表 3.14，图 3.17 为常压条件下与低气压条件下不同种类外加剂复掺作用下水泥砂浆 28 d 干燥收缩率的变化曲线。

表 3.14　复掺外加剂水泥砂浆配合比　　单位：g

组　合	水泥	粉煤灰	膨胀剂	SAP	减缩剂	水	砂	减水剂
膨胀剂/SAP	448	112	33.6	0.56	0	189	1 096	3
膨胀剂/减缩剂	448	112	33.6	0	2.8	189	1 096	3
SAP/减缩剂	448	112	0	0.56	2.8	189	1 096	2

由图 3.17(a)可知,常压条件下,外加剂复掺能在不同程度上减少水泥砂浆的干燥收缩率;与基准组相比,复掺 6%膨胀剂与 0.1%SAP、复掺 6%膨胀剂与 0.5%减缩剂、复掺 0.1%SAP 与 0.5%减缩剂三组水泥砂浆的 28 d 干燥收缩率分别减幅 9.4%、21.9%、24.0%。由图 3.17(b)可知,低气压条件下,外加剂复掺对于减少水泥砂浆干燥收缩率亦有比较明显的效果;与基准组相比,复掺 6%膨胀剂与 0.1%SAP、复掺 6%膨胀剂与 0.5%减缩剂、复掺 0.1%SAP 与 0.5%减缩剂三组水泥砂浆的 28 d 干燥收缩率分别减幅 17.9%、27.6%、30.8%。

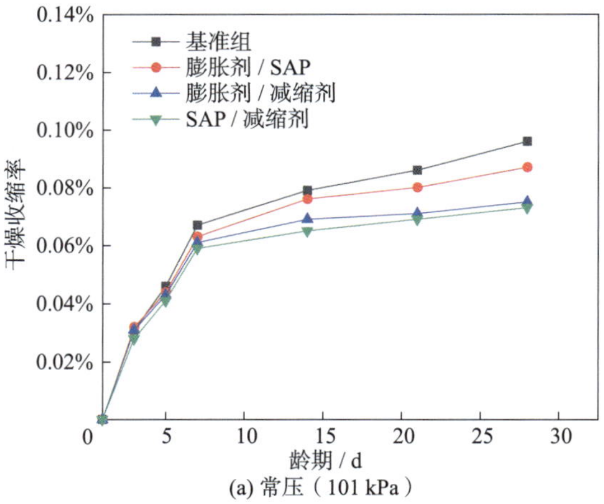

(a) 常压(101 kPa)

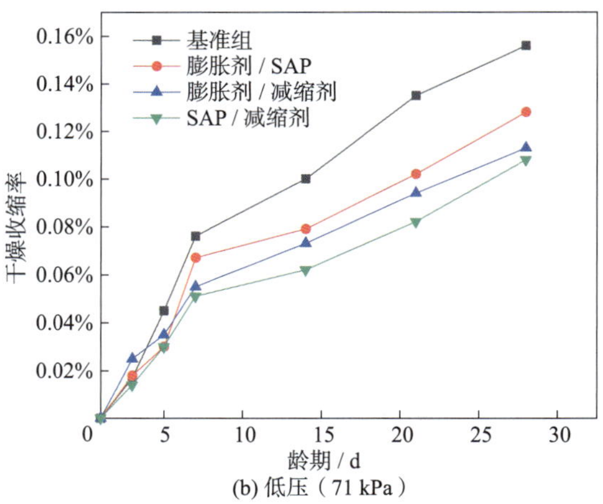

(b) 低压(71 kPa)

图 3.17 外加剂复掺兑水泥砂浆体积变形的影响

对比图 3.17(a)和图 3.17(b)可知,气压的降低明显增大了水泥砂浆 28 d 干燥收缩率,不同种类外加剂复掺在两种气压条件下均能降低水泥砂浆 28 d 干燥收缩率。与常压条件下基准组、复掺 6%膨胀剂与 0.1%SAP、复掺 6%膨胀剂与 0.5%减缩剂、复掺 0.1% SAP 与 0.5%减缩剂四组水泥砂浆相比,低气压条件下基准组、复掺 6%膨胀剂与 0.1% SAP、复掺 6%膨胀剂与 0.5%减缩剂、复掺 0.1%SAP 与 0.5%减缩剂四组水泥砂浆的干燥收缩率分别增幅 38.5%、32.8%、33.6%、32.4%。三组外加剂复掺水泥砂浆在低气压条件下对于水泥砂浆干燥收缩率的抑制效果比在常压条件下更好。

2. 外加剂对高原环境下混凝土抗裂性能的影响

(1)试验配合比

单掺外加剂混凝土平板抗裂试验配合比见表 3.15,所用水泥为普通硅酸盐水泥,选用膨胀剂、SAP 和减缩剂作为外加剂。

(2)膨胀剂对低气压下混凝土抗裂性能的影响

图 3.18 为不同膨胀剂掺量混凝土平板开裂试验 24 h 开裂情况,图 3.18 中分图(a)、(b)和(c)膨胀剂掺量分别为 6%、8%、10%,试验表明掺入膨胀剂对于提高低气压条件下混凝土的抗裂性具有一定效果。

表 3.15　单掺外加剂混凝土平板抗裂配合比

单位：kg/m^3

编　组	水泥	粉煤灰	膨胀剂	SAP	减缩剂	水	砂	减水剂	碎石	
									5～10 mm	10～20 mm
基准组	320	80	0	0	0	135	783	4	292	790
6%膨胀剂	320	80	24	0	0	135	783	5	292	790
8%膨胀剂	320	80	32	0	0	135	783	5	292	790
10%膨胀剂	320	80	40	0	0	135	783	6	292	790
0.1%SAP	320	80	0	0.4	0	135	783	4	292	790
0.2%SAP	320	80	0	0.8	0	135	783	4	292	790
0.4%SAP	320	80	0	1.6	0	135	783	5	292	790
0.5%减缩剂	320	80	0	0	2	135	783	4	292	790
1%减缩剂	320	80	0	0	4	135	783	4	292	790
2%减缩剂	320	80	0	0	8	135	783	3	292	790

(a) 6%膨胀剂

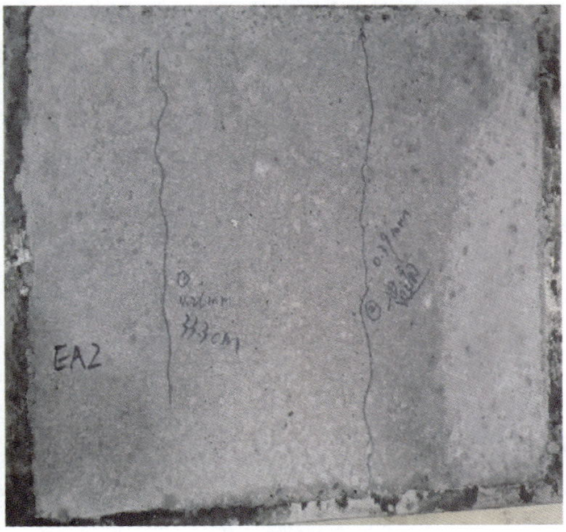

(b) 8%膨胀剂

(c) 10%膨胀剂

图 3.18　掺加膨胀剂混凝土平板开裂试验 24 h 开裂情况

不同掺量膨胀剂混凝土的 24 h 平板开裂试验裂缝数据见表 3.16。与低气压条件下基准组混凝土平板抗裂 24 h 的开裂情况相比：

表 3.16　膨胀剂混凝土平板开裂试验 24 h 裂缝数据

编　组	每条裂缝平均开裂面积/(mm^2/条)	单位面积裂缝数目/(条/m^2)	单位面积总裂缝面积/(mm^2/m^2)	初裂时间/min
6%膨胀剂	41.67	0.041 7	1.74	200
8%膨胀剂	80.15	0.041 7	3.34	200
10%膨胀剂	49.98	0.020 8	1.40	230

①膨胀剂掺量为 6%的混凝土平板每条裂缝平均开裂面积降幅 32.9%，单位面积裂缝数目降幅 33.3%，单位面积总裂缝面积降幅 55%，初裂时间仅延迟 10 min。

②膨胀剂掺量为 8%的混凝土平板每条裂缝平均开裂面积增幅 29.1%，单位面积裂缝数目降幅 33.3%，单位面积总裂缝面积降幅 14%，初裂时间仅延迟 10 min。

③膨胀剂掺量为 10%的混凝土平板每条裂缝平均开裂面积降幅 19.5%，单位面积裂缝数目降幅 66.6%，单位面积总裂缝面积降幅 64%，初裂时间延迟了 40 min。

由于混凝土平板开裂试验时间仅为 24 h，膨胀剂没有得到充分的水化，在掺量较低时对混凝土抗裂性能提升不大，但随着膨胀剂掺量的提高，水化产物也随之增多，产生了更多的膨胀源，提高了混凝土的抗裂性能。

(3)SAP 对低气压下混凝土抗裂性能的影响

图 3.19 为不同 SAP 掺量混凝土平板开裂试验 24 h 开裂情况，图 3.19 中分图(a)、(b)和(c)SAP 掺量分别为 0.1%、0.2%、0.4%，掺入 SAP 对于提高低气压条件下混凝土的抗裂性具有明显效果。

掺加 SAP 的混凝土 24 h 平板开裂试验裂缝数据见表 3.17。与低气压条件下基准组混凝土平板抗裂 24 h 的开裂情况相比：

(a) 0.1%SAP　　(b) 0.2%SAP

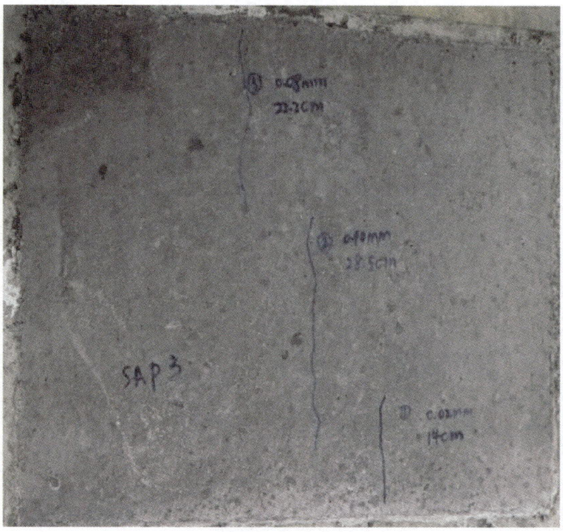

(c) 0.3%SAP

图 3.19　掺加 SAP 混凝土平板开裂试验 24 h 开裂情况

表 3.17　SAP 混凝土平板开裂试验 24 h 裂缝数据

编　组	每条裂缝平均开裂面积/(mm^2/条)	单位面积裂缝数目/(条/m^2)	单位面积总裂缝面积/(mm^2/m^2)	初裂时间/min
0.1%SAP	23.10	0.062 5	1.44	250
0.2%SAP	25.05	0.041 7	1.04	280
0.4%SAP	8.18	0.062 5	0.51	300

①SAP 掺量为 0.1%的混凝土平板每条裂缝平均开裂面积降幅 61.6%，单位面积裂缝数目没有发生变化，单位面积总裂缝面积降幅 50%，初裂时间延迟 60 min。

②SAP 掺量为 0.2%的混凝土每条裂缝平均开裂面积降幅 58.3%，单位面积裂缝数目降幅 33.3%，单位面积总裂缝面积降幅 73.2%，初裂时间延迟 90 min。

③SAP 掺量为 0.4%的混凝土每条裂缝平均开裂面积降幅 86.8%，单位面积裂缝数目未发生变化，单位面积总裂缝面积降幅 86.8%，初裂时间延迟了 110 min。

混凝土平板开裂试验通过增大混凝土表面风速从而加速混凝土表面水分蒸发，使得混凝土内部相对湿度下降得更快，SAP 能充分释水发挥其内养护作用，提高了混凝土的抗裂性能。

(4)减缩剂对低气压下混凝土抗裂性能的影响

图 3.20 为不同减缩剂掺量混凝土平板开裂试验 24 h 开裂情况，图 3.20 中分图(a)、(b)和(c)减缩剂掺量分别为 0.5%、1%、2%，掺入减缩剂对于提高低气压条件下混凝土的抗裂性具有十分显著的效果。

掺加减缩剂的混凝土 24 h 平板开裂试验裂缝数据见表 3.18。与低气压条件下基准组混凝土平板抗裂 24 h 的开裂情况相比：

(a) 0.5%减缩剂

(b) 1%减缩剂

(c) 2%减缩剂

图 3.20　掺加减缩剂混凝土平板开裂试验 24 h 开裂情况

表 3.18　掺加减缩剂混凝土平板开裂试验 24 h 裂缝数据

编　组	每条裂缝平均开裂面积/(mm^2/条)	单位面积裂缝数目/(条/m^2)	单位面积总裂缝面积/(mm^2/m^2)	初裂时间/min
0.5%减缩剂	30.21	0.041 7	1.26	260
1%减缩剂	22.1	0.020 8	0.46	320
2%减缩剂	23.8	0.020 8	0.50	300

①减缩剂掺量为 0.5%的混凝土平板每条裂缝平均开裂面积降幅 51.3%，单位面积裂缝数目降幅 33.3%，单位面积总裂缝面积降幅 67.5%，初裂时间延迟 70 min；

②减缩剂掺量为 1%的混凝土平板每条裂缝平均开裂面积降幅 64.4%，单位面积裂缝数目降幅 66.6%，单位面积总裂缝面积降幅 88.1%，初裂时间延迟 130 min；

③减缩剂掺量为 2%的混凝土平板每条裂缝平均开裂面积降幅 61.7%，单位面积

裂缝数目降幅 66.6%，单位面积总裂缝面积降幅 87.1%，初裂时间延迟 110 min。

当减缩剂掺量为 2%时，混凝土抗裂性能最优。

混凝土在早期塑性收缩阶段，收缩值可达数千微应变，通常认为这是由于水分蒸发引起毛细管压力增大所致。减缩剂降低了混凝土毛细孔中孔溶液的表面张力，使毛细管负压下降，从而减小对应产生的收缩应力，提高了混凝土的抗裂性。

(5)外加剂复掺对低气压下混凝土抗裂性能的影响

研究膨胀剂、SAP 和减缩剂三种外加剂复掺对于水泥砂浆抗裂性能的影响，混凝土平板开裂试验配合比见表 3.19，图 3.21 为不同种类外加剂复掺作用下混凝土平板开裂试验 24 h 开裂情况。图 3.21 中分图(a)、(b)和(c)分别为 6%膨胀剂与 0.1%SAP 复掺、6%膨胀剂与 0.5%减缩剂复掺、0.1%SAP 与 0.5%减缩剂复掺，不同种类的外加剂复掺对于提高低气压环境下混凝土的抗裂性具有非常显著的效果。

表 3.19　复掺外加剂混凝土平板开裂配合比　　单位：kg/m³

组　合	水泥	粉煤灰	膨胀剂	SAP	减缩剂	水	砂	减水剂	碎石	
									5～10 mm	10～20 mm
膨胀剂/SAP	320	80	24	0.4	0	135	783	5	292	790
膨胀剂/减缩剂	320	80	24	0	2	135	783	5	292	790
SAP/减缩剂	320	80	0	0.4	2	135	783	4	292	790

外加剂复掺混凝土 24 h 平板开裂试验裂缝数据见表 3.20。与低气压条件下的混凝土平板抗裂基准组 24 h 的开裂情况相比：

①膨胀剂/SAP 组混凝土的每条裂缝平均开裂面积降幅 44.4%，单位面积裂缝数目未发生变化，单位面积总裂缝面积降幅 44.4%，初裂时间延迟 50 min。

②膨胀剂/减缩剂组混凝土的每条裂缝平均开裂面积降幅 93.2%，单位面积裂缝数目降幅 33.3%，单位面积总裂缝面积降幅 95.6%，初裂时间延迟 150 min。

(a) 膨胀剂/SAP

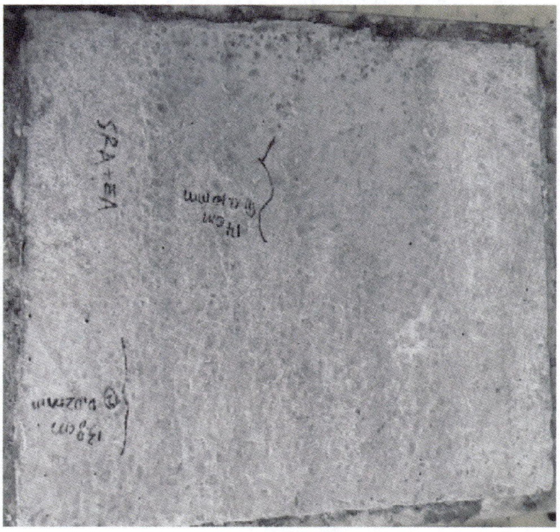

(b) 膨胀剂/减缩剂

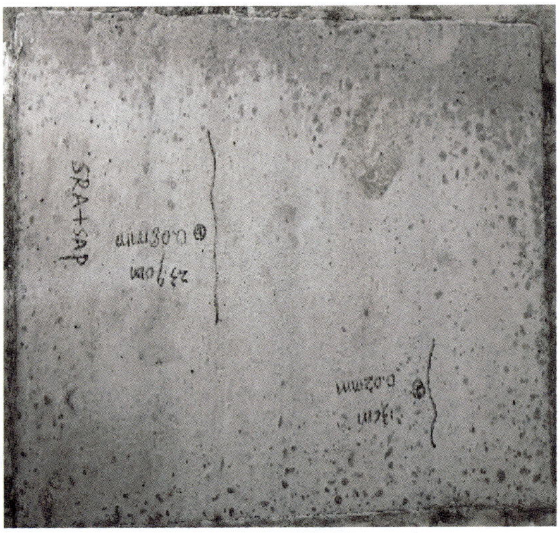

(c) SAP/减缩剂

图 3.21 外加剂复掺作用下混凝土平板开裂 24 h 开裂情况

③SAP/减缩剂组混凝土的每条裂缝平均开裂面积降幅 91.3%，单位面积裂缝数目降幅 33.3%，单位面积总裂缝面积降幅 94.1%，初裂时间延迟 130 min。

表 3.20 外加剂复掺作用下混凝土平板开裂试验 24 h 裂缝数据

组 合	每条裂缝平均开裂面积/(mm²/条)	单位面积裂缝数目/(条/m²)	单位面积总裂缝面积/(mm²/m²)	初裂时间/min
膨胀剂/SAP	34.5	0.062 5	2.16	240
膨胀剂/减缩剂	4.19	0.041 7	0.17	340
SAP/减缩剂	5.43	0.041 7	0.23	330

3. 高原环境下模拟弹性支承块混凝土抗裂试验

(1)试验配合比

基于单一变量原则，设置 15 组配合比试验(表 3.21)以研究胶凝材料、矿物掺合料、骨料级配、外加剂对混凝土抗裂性能的影响。

表 3.21 道床混凝土抗裂性能提升试验方案

编组	水泥/(kg/m³)	掺合料/(kg/m³)	河沙/(kg/m³)	5～10 mm 小石/(kg/m³)	10～20 mm 中石/(kg/m³)	水/(kg/m³)	减水剂/(kg/m³)	高原引气剂	内养护剂	表面强化材料/(kg/m²)	抗裂剂/(kg/m³)	抗裂纤维/(kg/m³)
J1(同现场施工用配比)	425(普硅)	22(粉煤灰)	708	221	886	155	7.45	0	0	0	0	0
J2(同现场施工用配比)	320(普硅)	80(粉煤灰)	783	216	866	135	8.4	0	0	0	0	0

续上表

编组	水泥/(kg/m³)	掺合料/(kg/m³)	河沙/(kg/m³)	5～10 mm 小石/(kg/m³)	10～20 mm 中石/(kg/m³)	水/(kg/m³)	减水剂/(kg/m³)	高原引气剂	内养护剂	表面强化材料/(kg/m²)	抗裂剂/(kg/m³)	抗裂纤维/(kg/m³)
L1	320（低热）	80（粉煤灰）	783	216	866	135	8.4	0	0	0	0	0
L2	320（低热）	80（粉煤灰）	750	608	608	135	8.4	0	0	0	0	0
L3	320（低热）	80（粉煤灰）	700	300	865	135	8.0	0	0	0	0	0
L4	300（低热）	70（粉煤灰）	715	300	865	130	8.0	0	0	0	0	0
L5	300（低热）	85（粉煤灰）	715	300	865	130	8.5	0	0	0	0	0
L6	425（普硅）	22（粉煤灰）	708	221	886	156	8.0	0.005%	0	0	0	0
L7	320（普硅）	80（粉煤灰）	783	216	866	135	8.4	0.013 2%	0	0	0	0
L8	320（普硅）	80（粉煤灰）	783	216	866	144	9.7	0	0.2%	0	0	0
L9	320（普硅）	80（矿粉）	783	216	866	135	8.3	0	0	0	0	0
L10	320（普硅）	80（粉煤灰）	783	216	866	135	9.0	0	0	0.5	0	0
L11	290（普硅）	80（粉煤灰）	783	216	866	135	9.0	0	0	0	30	0
L12	320（普硅）	80（粉煤灰）	783	216	866	145	12.4	0	0	0	0	2.0
L13	320（普硅）	80（矿粉）	783	216	866	135	8.4	0.01%	0.15%	0	0	0

注：表中“水泥”列中括号内的“普硅”指采用的是普通硅酸盐水泥，“低热”指采用的是低热硅酸盐水泥；表中“掺合料”列中括号内的“粉煤灰”指掺合料采用的是粉煤灰，“矿粉”指掺合料采用的矿粉；后文同类问题意义同此。

(2)胶凝材料体系对混凝土抗裂性能的影响

①工作性能和力学性能

道床混凝土采用的是普通低碱硅酸盐水泥，在已完工道床发现有内外“八”字角裂纹。考虑到胶凝材料对混凝土变形性能的影响，拟采用低热硅酸盐水泥替代普通硅酸盐水泥拌制道床混凝土，试验结果见表3.22。

表3.22　普通硅酸盐水泥混凝土与低热硅酸盐水泥混凝土试验对比

编组	新拌混凝土性能	坍落度/mm	模拟弹性支承道床板	3 d强度/MPa	7 d强度/MPa	28 d强度/MPa	56 d强度/MPa	90 d强度/MPa
J1	包裹性好，低黏	195	2 h出现裂纹	26.7	35.9	42.2	44.7	46.3
J2	泌水、板结	165	100 min出现裂纹	32.2	39.9	46.2	48.3	54.3
L1	和易性好	200	12 d未出现裂纹	27.5	36.1	41.3	43.8	48.9

由表 3.22 可知，采用低热硅酸盐水泥同等替代普通硅酸盐水泥，混凝土和易性得到了明显的改善，且其 3 d 及 7 d 抗压强度指标均可满足施工要求。

②模拟试验条件下的抗裂性能

J1、J2 和 L1 组的浇筑情况和裂纹扩展情况如图 3.22～图 3.24 所示。

(a) 基准J1刚浇筑

(b) 浇筑 2 h 出现向混凝土内部扩展微裂纹

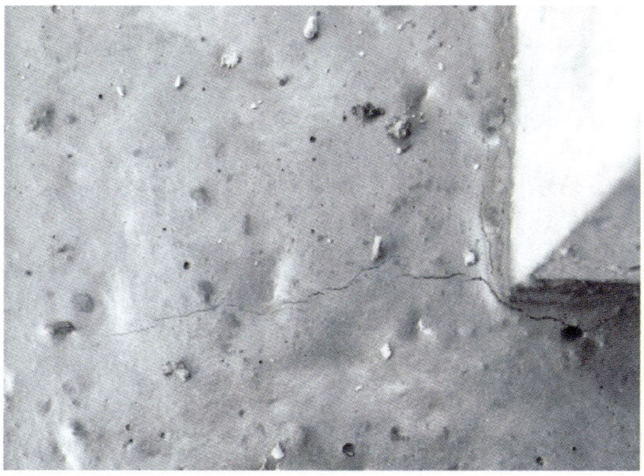

(c) 浇筑4 h 后混凝土内部扩展微裂纹贯穿

图 3.22　J1 组模拟弹性支承道床板开裂情况

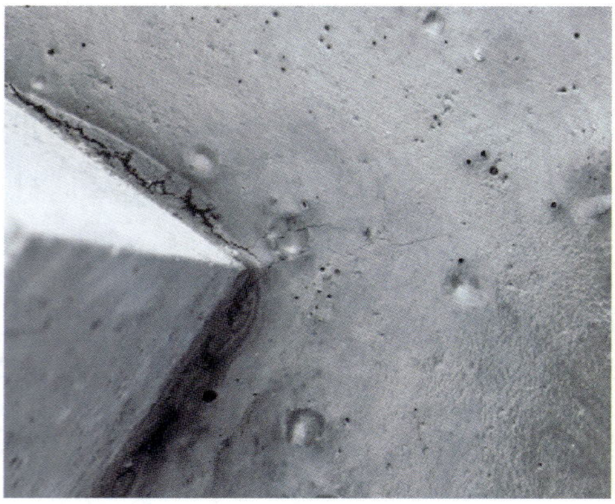

(a) 浇筑 3 h 后出现板角微裂纹

(b) 浇筑 5 h 后板角微裂纹未见明显扩展

图 3.23　J2 组模拟弹性支承道床板开裂情况

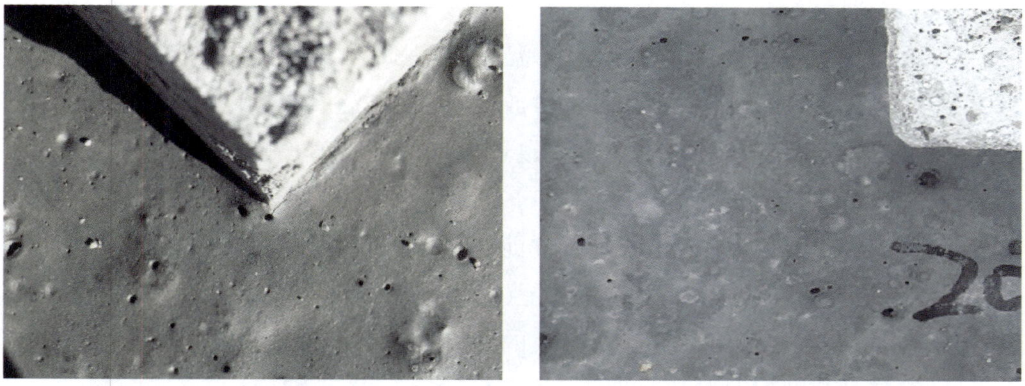

(a) 浇筑 4 h 后均未见混凝土内部扩展微裂　　(b) 浇筑 12 d 后四角均未出现裂纹

图 3.24　L1 组模拟弹性支承道床板开裂情况

采用 J1 组配比浇筑模拟弹性支承道床板，2 h 后在支承块周围出现往混凝土内部扩展的裂缝，且裂缝不断扩展；4 h 后裂缝扩展至模具边缘，5 h 左右裂缝基本稳定，4 个角有三个角出现裂缝。

采用 J2 组配比浇筑模拟弹性支承道床板，初裂时间有所提前，1.5 h 后在支承块周围出现往混凝土内部扩展的微裂纹；4 h 后裂纹扩展不明显，但 4 个角有三个角出现微裂纹。

采用 L1 组(低热硅酸盐水泥)浇筑模拟弹性支承道床板开裂较少，且在 2～4 h 内未出现裂纹。即使在室外大温差，风速较大的情况下，低热硅酸盐水泥混凝土浇筑模拟弹性支承道床板在较长龄期(12 d)情况下仍未开裂。

由于混凝土早期开裂与其水化放热密切相关，因此测试了三组混凝土早期水化温升如图 3.25 所示，可以看出：

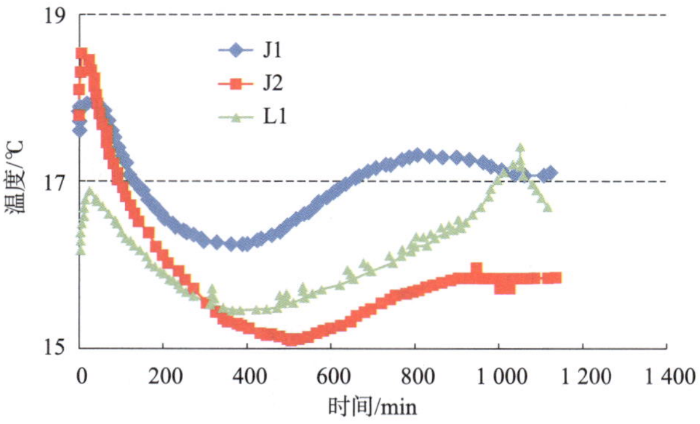

图 3.25　混凝土水化温升曲线

①J1 组普通水泥配比在加水拌和后，早期即放出大量热量，混凝土温度由 15 ℃升至 18 ℃，因此其混凝土早期开裂严重。

②J2 组普通水泥配比有相似现象，且由于掺入大量粉煤灰，导致混凝土后期温度迅速下降，500 min 时混凝土内部温度只有 15 ℃，过大的温度梯度产生的温度应力导致

混凝土开裂时间提前。

③L1 组低热水泥水化温度较低，且升温缓慢，因此在早期混凝土能有效避免开裂。L1 组低热水泥在 1 000 min 后才开始大量放热，但此时混凝土微结构已形成且具有一定强度，因此在后期低热水泥混凝土开裂也较少。

(3)骨料级配对混凝土抗裂性能的影响

混凝土的骨料级配对混凝土的抗裂性能及强度影响也不可忽视。因此，设计了不同骨料级配的道床混凝土，以对比其抗裂性能和强度发展情况。在上述研究中发现，低热硅酸盐水泥对混凝土抗裂性能有极大的改善作用，因此试验采用低热硅酸盐水泥作为主要胶凝材料，研究骨料级配对道床混凝土抗裂性能影响。

①工作性能和力学性能

不同骨料级配混凝土工作性能与力学性能见表 3.23。由表 3.23 可知，L1 配比中砂率为 42%，小石∶中石＝2∶8；L2 配比中砂率调整为 38%，小石∶中石＝5∶5；L3 配比中砂率为 37.5%，小石∶中石＝2.6∶7.4。在不同骨料级配情况下，L1、L2 和 L3 强度均满足现行施工要求。

表 3.23　骨料级配对混凝土工作性能与力学性能的影响

编组	河沙/(kg/m^3)	5～10 mm 小石/(kg/m^3)	10～20 mm 中石/(kg/m^3)	水/(kg/m^3)	减水剂/(kg/m^3)	新拌混凝土性能	坍落度/mm	模拟弹性支承道床板	3 d 强度/MPa	7 d 强度/MPa	28 d 强度/MPa	56 d 强度/MPa	90 d 强度/MPa
L1	783	216	866	135	8.4	和易性好	200	12 d 未出现裂纹	27.5	36.1	41.3	43.8	48.9
L2	750	608	608	135	9.2	和易性好	160	12 d 未出现裂纹	27.6	34.9	39.3	43.2	45.2
L3	700	300	865	135	8.0	和易性好	195	12 d 未出现裂纹	33.6	43.0	49.1	53.6	56.0

由 L1 组和 L2 组对比可知，在降低砂率同时调整小石和中石的比例后，在相同胶凝材料和用水量条件下，L2 组所需的减水剂用量增加了 9.5%，这是由于小石用量增加导致的粗骨料表面积增加，需要更多的浆料包裹粗骨料表面，从而导致了混凝土减水剂用量的增加和坍落度的降低。L2 组和 L3 组对比结果也可以验证这一结论，即在砂率类似条件下，小石比率降低可以减少减水剂用量，提高混凝土坍落度。同时，对比 L1 组、L2 组和 L3 组可以发现，L3 组的减水剂用量最少，但 L3 组的 3 d 强度比 L1 组和 L2 组提高 21%，7 d 强度提高分别提高 19%和 23%。由此可见，在固定胶凝材料和用水量条件下，良好的骨料级配不但可以降低减水剂用量，同时还可以提高混凝土的强度。

②抗裂性能

不同骨料级配混凝土不同时刻的开裂情况如图 3.26 所示。

(a) L1组浇筑12 d无裂纹出现　　(b) L2组浇筑12 d无裂纹出现　　(c) L3组浇筑12 d无裂纹出现

图 3.26　L1 组、L2 组和 L3 组模拟弹性支承道床板开裂情况

由图 3.26 可以看出 L1 组、L2 组和 L3 组模拟弹性支承道床板在 12 d 内均未出现裂纹。在不同骨料级配条件下均未开裂的试验结果也从另外一个方面验证了低热硅酸盐水泥良好的抗裂性能。

(4)高原引气剂对混凝土抗裂性能的影响

为了研究高原引气剂对道床混凝土开裂的影响，采用在 J1 组和 J2 组的基础上分别加入高原引气剂，对比其模拟弹性支承道床板的开裂情况。

①工作性能和力学性能

不同引气剂掺量混凝土工作性能与力学性能试验结果见表 3.24，引气剂掺入可提高混凝土和易性，且随引气剂掺量增加提升效果越好，但强度下降也更多，当掺量为 0.032%时，混凝土坍落度增大 15%，7 d 抗压强度下降 28%，因此应严格控制引气剂的掺量以确保达到施工要求的抗压强度。

表 3.24　高原引气剂对混凝土工作与力学性能的影响

编组	水泥/(kg/m³)	掺合料/(kg/m³)	河沙/(kg/m³)	5～10 mm 小石/(kg/m³)	10～20 mm 中石/(kg/m³)	水/(kg/m³)	减水剂/(kg/m³)	高原引气剂	新拌混凝土性能	坍落度/mm	模拟弹性支承道床板	3 d 强度/MPa	7 d 强度/MPa	28 d 强度/MPa	56 d 强度/MPa	90 d 强度/MPa
J1	425（普硅）	22（粉煤灰）	708	221	886	155	7.45	0	和易性好，低黏度	195	2 h 出现裂纹	26.7	35.9	42.2	44.7	46.3
J2	320（普硅）	80（粉煤灰）	783	216	866	135	8.4	0	泌水、板结	165	100 min 出现裂纹	32.2	39.9	46.2	48.3	54.3
L6	425（普硅）	22（粉煤灰）	708	221	886	156	7.64	0.005%	和易性好	200	19 h 出现裂纹	19.8	28.5	34.7	41.0	42.4
L7	320（普硅）	80（粉煤灰）	783	216	866	135	8.4	0.013 2%	和易性好	190	240 d 未出现裂纹	30.4	38.2	51.8	58.1	58.6

②抗裂性能

不同引气剂掺量混凝土开裂情况如图 3.27 所示，高原引气剂的掺入可延长模拟弹性支承道床板的开裂时间，J1、J2 组初裂时间分别推迟 257 h，且开裂面积均减小。当掺入适量的引气剂后，混凝土在拌和过程中产生大量微细封闭气泡，气泡直径多在 20～250 μm，由于气泡的存在，泌水的毛细管通道被阻断。另外引气剂能显著降低水的表面张力和界面能，使内部毛细孔压力降低，从而减小了混凝土收缩。且适量地引入气泡可以提高混凝土的抗拉强度，从而提高了混凝土的抗裂性。

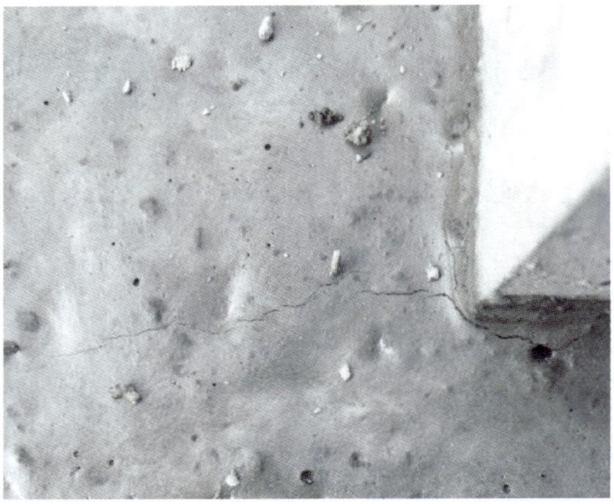

(a) J1组浇筑 4 h 后裂纹发展情况

(b) J2组浇筑 5 h 后裂纹发展情况

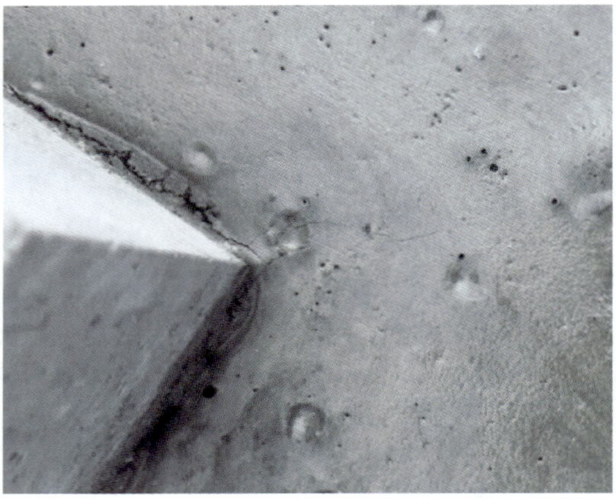

(c) L6组浇筑 19 h 后出现裂纹

(d) L7组浇筑 240 h 未出现裂纹

图 3.27　不同引气剂掺量混凝土开裂情况

综合上述情况可知，高原引气剂对道床混凝土的抗开裂效果与道床混凝土的配比有密切关系，可以在一定程度改善道床混凝土的开裂情况，但并不能完全防止裂缝的产生。

(5)内养护剂对混凝土抗裂性能的影响

①工作性能和力学性能

内养护剂对道床混凝土工作性能和力学性能影响见表 3.25。可以看出，内养护剂对混凝土的和易性具有不利影响，因此需增大减水剂的用量，但减水剂掺量较多时会有轻微泌水现象，因此应严格控制内养护剂的掺量，避免和易性降低导致施工时混凝土灌车堵塞。内养护剂对混凝土强度影响较小。

表 3.25　内养护剂对道床混凝土工作性能和力学性能影响

编组	水泥/(kg/m^3)	掺合料/(kg/m^3)	水/(kg/m^3)	减水剂/(kg/m^3)	内养护剂	新拌混凝土性能	坍落度/mm	模拟弹性支承道床板	3 d 强度/MPa	7 d 强度/MPa	28 d 强度/MPa	58 d 强度/MPa	90 d 强度/MPa
J2	320（普硅）	80（粉煤灰）	135	8.4	0	泌水、板结	165	100 min 出现裂纹	32.2	39.9	46.2	48.3	54.3
L8	320（普硅）	80（粉煤灰）	144	9.7	0.2%	包裹性可以，轻微泌浆	160	表面层下有细密气泡，2 d 无开裂	30	36.3	45.0	47.2	51.2

②抗裂性能

图 3.28 为掺内养护剂模拟弹性支承混凝土道床板的开裂情况。从表 3.25 与图 3.28 可知，掺内养护剂混凝土道床板 2 d 内并未出现裂纹，而基准组 1.5 h 后便出现边角裂缝，因此内养护剂对混凝土抗裂性能影响显著，可大大提升混凝土的抗裂性能。但其表面呈白色，且表面层下有一层细密气泡，这可能是轻微泌水造成的。

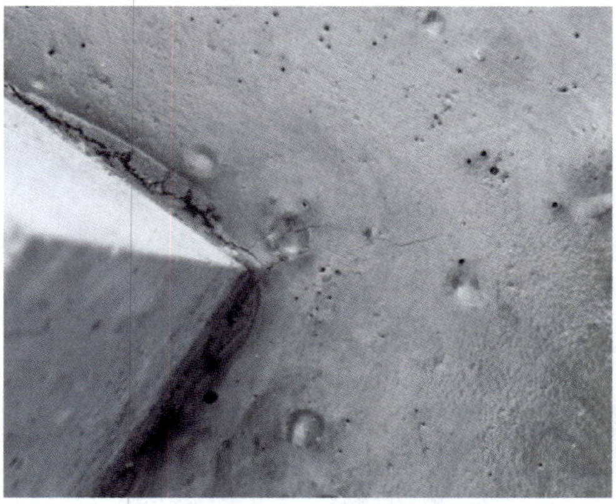

(a) J2组浇筑5 h后裂纹发展情况

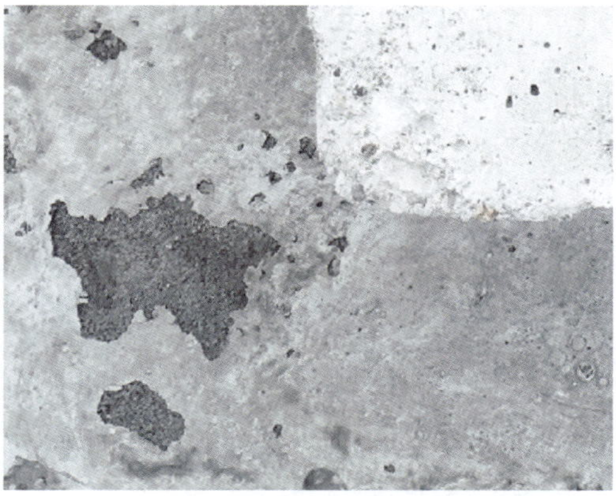

(b) L8组浇筑表面浆层泛白，浇筑2 d无开裂

图 3.28　掺内养护剂混凝土开裂情况

(6)表面强化材料对混凝土抗裂性能的影响

养护剂的主要作用机理是在混凝土浇筑成形后立即喷涂或涂刷于混凝土表面，通过在混凝土表面形成一层连续致密薄膜来阻止其水分蒸发，从而达到保湿养护的目的，对于干湿循环次数大，风速高的高原环境尤其适用。

①工作性能和硬化后力学性能

表面强化材料在道床混凝土成形后 30 min 进行喷洒，其对混凝土工作性能和力学性能的影响见表 3.26 和图 3.28。由于表面强化材料涂抹在混凝土表面，因此对混凝土拌和物性能无影响，但由表 3.26 可知，表面强化材料对混凝土强度有轻微提升作用，这可能是由于减少了水分散失，促进了混凝土水化，导致基体结构力学强度发展更快所致。

表 3.26　表面强化材料对混凝土工作和力学性能的影响

编组	水泥/（kg/m³）	掺合料/（kg/m³）	减水剂/（kg/m³）	表面强化材料/（kg/m²）	新拌混凝土性能	坍落度/mm	开裂情况	3 d 强度/MPa	7 d 强度/MPa	28 d 强度/MPa	56 d 强度/MPa	90 d 强度/MPa
J2	320（普硅）	80（粉煤灰）	8.4	0	泌水、板结	165	100 min 出现裂纹	32.2	39.9	46.2	48.3	54.3
L8	320（普硅）	80（粉煤灰）	9.0	0.5	轻微泌水、板结	145	表面起皮，5 d 无开裂	32.2	40.6	45.3	48.5	54.9

②抗裂性能

表面强化材料对模拟弹性支承混凝土道床板开裂的影响，如图 3.29 所示。从图 3.29 可以看出，在 J2 组配比的基础上，表面喷洒表面强化材料可将道床混凝土开裂时间延迟 5 d 以上，可提高道床混凝土的抗裂性，这归因于养护剂涂抹于混凝土表面，减少了早期水分散失从而减小干燥收缩，因此提高了混凝土的早期抗裂性能。但表面强化材料与混凝土表面的黏结较差，道床混凝土表面出现表面强化材料结皮剥落现象，会影响道床混凝土的表观质量。

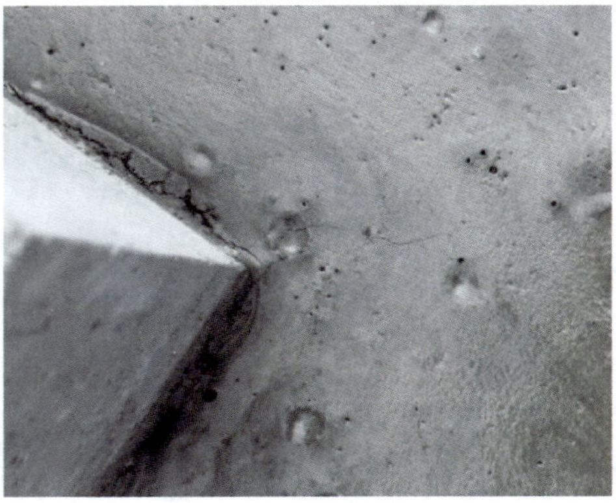

(a) J2组浇筑5 h后裂纹发展情况

(b) L8组浇筑9 h后表面起皮，5 d无开裂

图 3.29　喷表面强化剂混凝土开裂情况

(7)抗裂剂对混凝土抗裂性能的影响

①工作性能和力学性能

研究表明抗裂剂直接掺入水泥中可以有效地控制混凝土的塑性收缩及离析产生的裂纹问题，大大改善混凝土的抗裂性能。将掺加抗裂剂的模拟弹性支承道床板成形后即放置在标准养护室内，5 d 后将其放置在室外环境下养护，其结果见表 3.27 和图 3.30。

表 3.27 抗裂剂对混凝土工作和力学性能影响

编组	水泥/(kg/m³)	掺合料/(kg/m³)	减水剂/(kg/m³)	抗裂剂/(kg/m³)	新拌混凝土性能	坍落度/mm	开裂情况	3 d 强度/MPa	7 d 强度/MPa	28 d 强度/MPa	56 d 强度/MPa	90 d 强度/MPa
J2	320(普硅)	80(粉煤灰)	8.4	0	泌水、板结	165	100 min 出现裂纹	32.2	39.9	46.2	48.3	54.3
L11	320(普硅)	50(粉煤灰)	9.0	30	和易性好	180	表面返碱，5 d 无开裂	29.3	36.7	44.4	46.2	50.5

由表 3.27 可知，抗裂剂可改善混凝土的和易性，且对强度影响不大，抗裂剂掺量为 7%，混凝土 90 d 强度下降 6.8%。这可能是由于抗裂剂的作用机理为遇水生成微膨胀结晶物(如膨胀性结晶水化物水化硫铝酸钙)，较水泥水化产物相比强度更低，因此抗裂剂等量取代水泥后，混凝土强度有所降低。

②抗裂性能

由图 3.30 可知，加入抗裂剂后，L11 组道床混凝土在 5 d 标准养护环境下未出现裂纹，说明抗裂剂对道床混凝土的抗裂性能有明显提升作用。但道床混凝土表面出现了返碱现象，可能是抗裂剂掺量过大，混凝土体积微膨胀导致部分 $Ca(OH)_2$ 溶液在表面结晶析出。

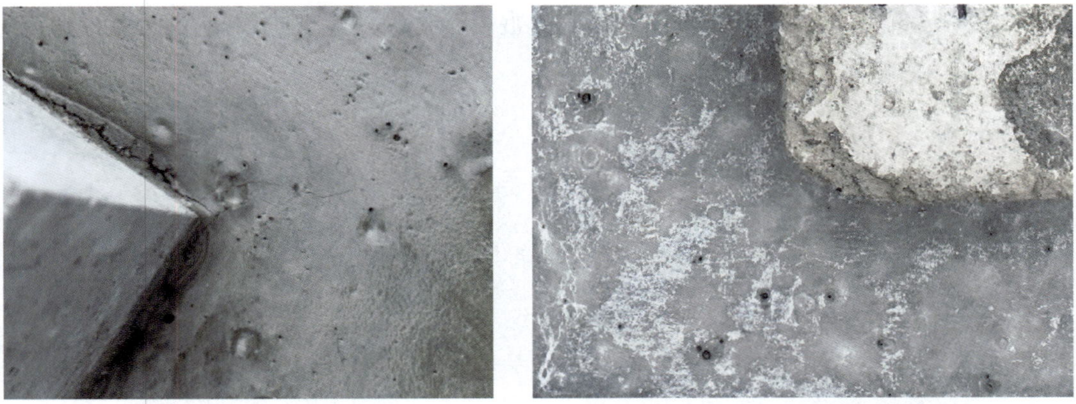

(a) J2组浇筑5 h后裂纹发展情况　　(b) L11组表面返碱，浇筑5 d无开裂

图 3.30 抗裂剂对模拟弹性支承混凝土道床板开裂的影响

(8)矿物掺合料对混凝土抗裂性能的影响

①工作性能和力学性能

采用矿粉替代粉煤灰进行试验，研究掺合料对道床混凝土抗裂性能影响，其结果见表3.28和图3.30。从表3.28可以看出采用矿粉替代粉煤灰后，混凝土和易性能与力学性能均有所改善，当掺合料掺量为20%，矿粉混凝土较粉煤灰混凝土坍落度增加15%。

表3.28 矿物掺合料对混凝土工作和力学性能影响

编组	水泥/(kg/m³)	掺合料/(kg/m³)	水/(kg/m³)	减水剂/(kg/m³)	高原引气剂	内养护剂	新拌混凝土性能	坍落度/mm	开裂情况	3 d强度/MPa	7 d强度/MPa	28 d强度/MPa	56 d强度/MPa	90 d强度/MPa
J2	320(普硅)	80(粉煤灰)	135	8.4	0	0	泌水、板结	165	100 min出现裂纹	32.2	39.9	46.2	48.3	54.3
L9	320(普硅)	80(矿粉)	135	8.3	0	0	泌水、板结	180	20 h出现开裂	34.5	41.6	49.2	52.8	54.4
L13	320(普硅)	80(矿粉)	142	8.4	0.01%	0.15%	明显泌水	200	2 d未出现开裂	32	38.5	47.3	50.5	53.7

②抗裂性能

从图3.31可以看出，矿粉取代粉煤灰后，道床混凝土的裂纹出现时间延长18 h，这说明矿物掺合料的种类对道床混凝土的抗裂性能也有明显影响。对比图3.31(b)和(c)还可以看出使用矿粉作为混凝土掺合料，同时采用高原引气剂和内养护剂，可以大大提升道床混凝土的抗裂性能，这可能是由于矿粉的高水化活性弥补了早期内养护剂对混凝土强度的削弱，增加了早期强度，因此混凝土抗裂性能进一步提升。

(a) J2组浇筑5 h后裂纹发展情况

(b) L9组浇筑20 h后出现裂纹

(c) L13组浇筑2 d未出现裂纹

图3.31　矿物掺合料对模拟弹性支承混凝土道床板开裂的影响

(9)不同混凝土圆环抗裂试验结果分析

混凝土圆环抗裂试验如图3.32所示。混凝土圆环抗裂试验28 d龄期试验结果见表3.29。

图3.32　混凝土圆环抗裂试验

表3.29　混凝土圆环抗裂试验结果

编　组	开裂时间	开裂部位		侧面裂缝宽度/mm	裂缝数量
		顶面	侧面		
J1	1 d	√	√	0.80	7
J2	1 d	√	√	0.65	5
L1		×	×	0	0
L2		×	×	0	0
L3	未开裂	×	×	0	0
L4		×	×	0	0
L5		×	×	0	0

续上表

编　　组	开裂时间	开裂部位		侧面裂缝宽度/mm	裂缝数量
		顶面	侧面		
L6	5 d	√	√	0.45	4
L7	14 d	√	×	0.35	1
L8	13 d	√	×	0.30	2
L9	3 d	√	√	0.65	3
L10	未开裂	×	×	0	0
L11	8 d	√	×	0.55	3
L12	15 d	√	×	0.35	1
L13	未开裂	×	×	0	0

由表3.29可知，J1和J2两组抗裂性能最差，其中J1组裂缝数量最多、裂缝宽度最大且拆模后1 d就迅速开裂，顶面和侧面都有裂缝，抗裂效果极差。

L1、L2、L3、L4和L5五组低热水泥试验表现出极好的抗裂效果，在28 d的龄期内未开裂，与前期模拟弹性支承混凝土道床板试验结果相似，说明较普通混凝土，低热水泥对混凝土抗裂性能提升明显。

L7、L8、L9、L10、L11、L12和L13七组掺外加剂试验抗裂效果相较于J1组和J2组有明显改善。其中L10组在28 d的龄期内未开裂，其余六组都有不同程度的开裂，但裂缝数量、裂缝宽度以及开裂时间相较于J1组和J2组都有明显降低，说明外加剂可改善混凝土的抗裂性能。

综合弹性支承混凝土道床板试验与圆环抗裂试验结果，对15组不同配合比混凝土抗裂性能做出如下对比，结果见表3.30。从表3.30可以看出：

表3.30　各方案混凝土抗裂对比

编组	水泥/(kg/m³)	掺合料/(kg/m³)	总胶材/(kg/m³)	砂用量/(kg/m³)	高原引气剂	内养护剂	外养护剂	抗裂剂	抗裂纤维	抗裂效果
J1	425(普硅)	22(粉煤灰)	447	708	0	0	0	0	0	极差
J2	320(普硅)	80(粉煤灰)	400	783	0	0	0	0	0	差
L1	320(低热)	80(粉煤灰)	400	783	0	0	0	0	0	优
L2	320(低热)	80(粉煤灰)	400	750	0	0	0	0	0	优
L3	320(低热)	80(粉煤灰)	400	700	0	0	0	0	0	优
L4	300(低热)	70(粉煤灰)	370	715	0	0	0	0	0	优
L5	300(低热)	85(粉煤灰)	385	715	0	0	0	0	0	优
L6	425(普硅)	22(粉煤灰)	447	708	0.005%	0	0	0	0	一般
L7	320(普硅)	80(粉煤灰)	400	783	0.013 2%	0	0	0	0	良
L8	320(普硅)	80(粉煤灰)	400	783	0	0.2%	0	0	0	良
L9	320(普硅)	80(矿粉)	400	783	0	0	0	0	0	一般

续上表

编组	水泥/(kg/m³)	掺合料/(kg/m³)	总胶材/(kg/m³)	砂用量/(kg/m³)	高原引气剂	内养护剂	外养护剂	抗裂剂	抗裂纤维	抗裂效果
L10	320(普硅)	80(粉煤灰)	400	783	0	0	0.5%	0	0	优
L11	290(普硅)	80(粉煤灰)	400	783	0	0	0	30%	0	一般
L12	320(普硅)	80(粉煤灰)	400	783	0	0	0	0	2.0%	良
L13	320(普硅)	80(矿粉)	400	783	0.01%	0.15%	0	0	0	优

①较普通水泥混凝土，低热水泥混凝土的抗裂性能具有明显优势；适量的引气剂、内养护剂和抗裂剂可大大改善混凝土的抗裂性能，但掺量过大会对强度产生不利影响，反而抗裂性能不佳。

②由于低热水泥水化较为缓慢，外加剂掺量过大时对强度与抗裂性能均有不利影响，因此采用低热水泥时应严格控制外加剂的掺量。

③矿粉等量取代较粉煤灰后，两种水泥抗裂性能均有所提升。

④表面强化材料对混凝土和易性与力学性能无影响，且可大大提升抗裂性能，因此两种水泥混凝土均可采用。

4. 高原环境混凝土抗裂性能提升技术

高原低气压条件下，6%膨胀剂与0.1%SAP复掺的水泥砂浆试验组28 d干燥收缩率分别比单掺6%膨胀剂的水泥砂浆、单掺0.1%SAP的水泥砂浆28 d干燥收缩率减幅4.7%、14%；如前文所言，低气压条件下水泥砂浆的水分更容易蒸发，使得SAP释放水的速度较之常压条件有所提升，而SAP释放的水分有利于膨胀剂的水化，形成更多的膨胀源，增强了减缩效果。

低气压条件下，6%膨胀剂与0.5%减缩剂复掺的水泥砂浆试验组28 d干燥收缩率比单掺6%膨胀剂、单掺0.1%SAP的水泥砂浆28 d干燥收缩率分别减幅18.6%、8.0%；6%膨胀剂与0.5%减缩剂复掺加入混凝土后，其单位面积总裂缝面积分别比单掺6%膨胀剂、单掺0.1%SAP的混凝土减幅90.2%、86.5%。合理的减缩剂掺量能够减小水泥砂浆的干燥收缩、提高混凝土的抗裂性能，复合掺入适量的膨胀剂后，膨胀剂水化生成的水化产物填充了因减缩剂在水泥基体中形成的有害孔；膨胀剂在水化早期可能会没有充足的水分反应形成膨胀源，减缩剂的掺入可以降低水分蒸发，进而促进膨胀剂的水化反应，生成更多膨胀源。

低气压条件下，0.1%SAP与0.5%减缩剂复掺的水泥砂浆试验组28 d干燥收缩率比单掺6%膨胀剂、单掺0.1%SAP的水泥砂浆28 d干燥收缩率分别减幅35.2%、13.0%；0.1%SAP与0.5%减缩剂复掺加入混凝土后，其单位面积总裂缝面积分别比单掺0.1%SAP、单掺0.5%减缩剂的混凝土减幅86.8%、81.7%。原因在于SAP在水化早期可以持续提供水分，减缓自干燥现象，而在水化后期，随着SAP内部养护水的枯竭，一方面减缩剂通过降低孔溶液表面张力起到了一定延缓水分蒸发的作用，另一方面由于减缩剂在水泥基体内产生有害孔“粗化”了水泥基材料的孔隙结构，起到了减少水泥砂浆 28 d 干燥收缩率、提高混凝土抗裂性能的作用。

基于以上试验结果与分析，对于高原低气压环境道床混凝土的抗裂性能提升技术方面，有如下结论：

(1)膨胀剂的补偿收缩作用、SAP 的释放水分缓解自干燥收缩作用、减缩剂与引气剂的降低毛细孔溶液表面张力作用、低热硅酸盐水泥的减少温升降低温差作用、引气剂的减少泌水优化气孔作用可有效提高低气压下混凝土的抗裂性能。

(2)单掺膨胀剂、SAP 与减缩剂均可降低水泥砂浆的干燥收缩率；膨胀剂掺量为 10%时，低气压条件下水泥砂浆干燥收缩率降幅达到 35.3%；SAP 掺量为 0.4%时，低气压条件下水泥砂浆干燥收缩率降幅达到 24.4%；减缩剂掺量为 2%时，低气压条件下水泥砂浆干燥收缩率降幅达到 35.3%。

(3)单掺膨胀剂、SAP 与减缩剂均可提高低气压条件下混凝土的抗裂性能；膨胀剂掺量为 10%时，低气压条件下混凝土单位面积总裂缝面积降幅 64%，初裂时间延迟 40 min；SAP 掺量为 0.4%时，低气压条件下混凝土单位面积总裂缝面积降幅 86.8%，初裂时间延迟 110 min；减缩剂掺量为 2%时，低气压条件下混凝土单位面积总裂缝面积降幅 87.1%，初裂时间延迟 110 min。

(4)低气压条件下，膨胀剂、SAP、减缩剂三种外加剂复掺可减少水泥砂浆的干燥收缩率、提高混凝土抗裂性；其中，0.1%SAP 与 2%减缩剂复掺效果最好，低气压条件下水泥砂浆干燥收缩率降幅达到 30.8%，混凝土单位面积总裂缝面积降幅 94.1%，初裂时间延迟 130 min。

(5)低热硅酸盐水泥浇筑模拟道床弹性支承块试件 12 d 后仍未开裂，抗裂性能优异；掺加引气剂可延长模拟道床弹性支承块试件的开裂时间，提高了混凝土抗裂性能；表面强化材料对混凝土和易性能与力学性能无影响，且可大大提升抗裂性能。

(6)提升高原低气压环境道床混凝土抗裂性能的技术手段有：膨胀剂掺量 6%～10%，SAP 掺量 0.1%～0.4%，减缩剂掺量 0.5%～2%，引气剂掺量为 0.01%～0.02%，可用低热硅酸盐水泥取代普通硅酸盐水泥。

3.3 无砟轨道混凝土现场试验

无砟轨道道床是采用现浇混凝土施工的薄板结构，在弹性支承块周围易出现龟裂、“八”字裂缝，而在高原低气压环境下现浇道床混凝土表面更加容易出现开裂现象。通过对低气压下水泥基材料的收缩变形以及开裂的研究可知，低气压会增大水泥基材料的收缩，加剧混凝土的早期开裂现象，通过掺入不同种类的外加剂，可以减少低气压下水泥基材料的收缩变形，并降低混凝土的开裂风险。本节在以上试验基础上，通过线下足尺无砟轨道验证抗裂混凝土配合比的可行性，并进行正线工程应用。

3.3.1　高抗裂足尺无砟道床混凝土线下试验

1. 试验配合比

高抗裂足尺无砟道床混凝土线下试验配合比见表 3.31，考虑到减缩剂的缓凝作用且其对混凝土强度有一定不利影响，方案 A 外加剂选择膨胀剂与 SAP，方案 B 所用水泥为低热硅酸盐水泥。

表 3.31　无砟轨道足尺试验配合比

单位：kg/m³

方案	水泥	粉煤灰	膨胀剂	SAP	水	砂	减水剂	碎石	
								5～10 mm	10～20 mm
基准组	320	80	0	0	135	783	4	292	790
方案 A	320	80	24	0.4	135	783	6	292	790
方案 B	320	80	0	0	135	783	5	292	790

对拉林铁路横洞隧道中弹性支承块式无砟轨道道床开裂现象进行现场观测，结果表明道床表面出现的裂缝主要包括以下三种：

(1)轨枕角部的“八”字形裂缝。这种裂缝往往出现于轨枕端部的角上，沿着道床向外呈 45°方向延伸，随龄期增长不断延伸，严重时可发展为贯穿裂缝；典型裂缝如图 3.33 所示。

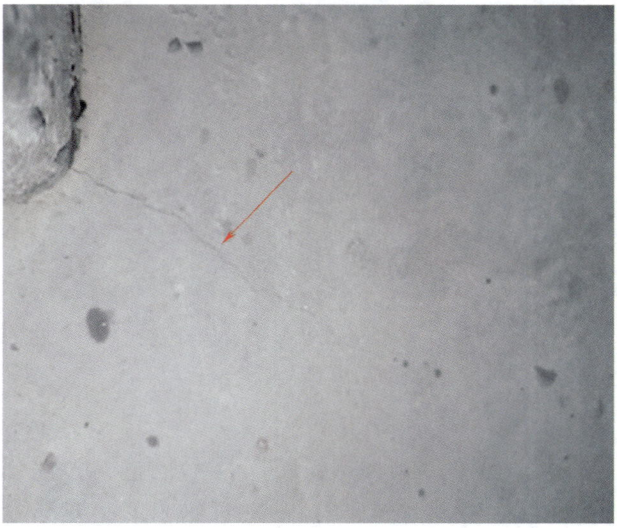

图 3.33　道床“八”字裂缝示意图

(2)道床边缘的“7”形裂缝。这种裂缝从道床表面的边缘处开展，与道床边缘垂直，同时延伸至道床侧面；典型裂缝如图 3.34 所示。

(3)道床的龟裂。呈现出细且浅的随机裂缝，一般不会对道床混凝土产生不利影响；典型裂缝如图 3.35 所示。

图 3.34　道床边缘裂缝示意图

图 3.35　道床表面龟裂示意图

2. 施工工艺

由于试验场地经多年大车的碾压，局部破坏且不平整。为保证基础的刚度，将基础清理冲洗干净后，在其上浇筑一层底座混凝土，具体要求如下：

底座混凝土强度等级为 C40。宽 3 400 mm、厚 210 mm，顶面两侧 350 mm 范围设置 16%散水坡。钢筋采用 ϕ12 的螺纹钢双层配筋，网格间距 200 mm×200 mm，上下层钢筋布置相同，不进行绝缘处理，纵、横向钢筋之间用双股扎丝绑扎。钢筋安装前底部放置与底座混凝土同等级的混凝土垫块，每平方米不少于 4 块。底座混凝土保护层厚度为 35 mm。按设计要求布设 Z 形连接筋。底座混凝土坍落度小于 180 mm 为宜。抹面完成后覆盖土工布防止混凝土水分蒸发，终凝后洒水保湿养护。拆模后，按照设计要求，在轨道中心线 2.6 m 范围内拉毛或凿毛，深度不小于 2 mm，以露出骨料为宜。完成后继续覆盖土工布保湿养护，不少于 7 d。施工工艺如图 3.36 所示。

(a) 试验工点

(b) 底座钢筋绑扎

(c) 底座混凝土浇筑

(d) 底座混凝土养护

(e) 钢筋绑扎

(f) 轨排安装

图 3.36　施工工艺

3. 道床裂缝统计

基于上节实际工程中道床裂缝类型统计情况，对不同配合比混凝土的道床的裂缝情况进行了测量和统计，如图 3.37～图 3.39 所示，具体情况如下：

(1)基准组

如图 3.37 所示，基准组道床裂缝总数为 32 条，其中“八”字形裂缝 22 条，边缘裂缝 10 条。14 个轨枕中有 11 个轨枕端部出现了“八”字形裂缝，最长裂缝长度达到 11.0 cm，其中有 1 个轨枕端部四个角均出现“八”字形裂缝。道床两侧边缘均出现裂缝，其中最长裂缝长度达 28 cm＋22 cm(道床表面＋道床侧面)，最大裂缝宽度为 0.40 mm。道床表面可以观察到较为明显的龟裂。

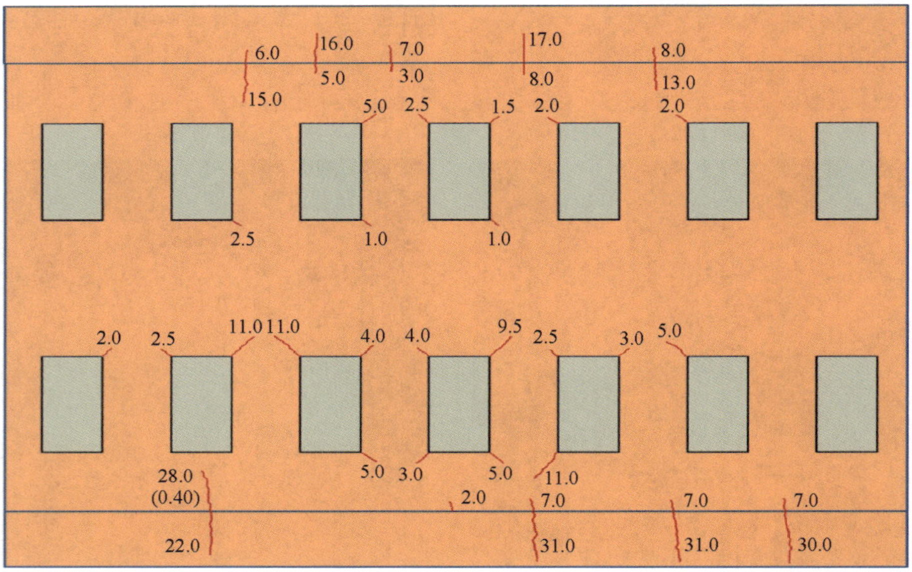

图 3.37　基准组道床裂缝情况

注：图内标注数值为裂缝长度，单位为厘米(cm)，括号内数值为最大裂缝宽度，单位为毫米(mm)。

(2)方案 A

如图 3.38 所示，方案 A 道床裂缝总数为 22 条，其中“八”字形裂缝 17 条，边缘裂缝 5 条。14 个轨枕中有 9 个轨枕端部观察到“八”字形裂缝，最长裂缝长度为 6.5 cm，其中有 1 个轨枕出现端部四个角均出现“八”字形裂缝。道床单侧边缘出现裂缝，其中最长裂缝长度为 14.0 cm＋8.0 cm(道床表面＋道床侧面)，最大裂缝宽度为 0.26 mm。道床表面无明显龟裂。

(3)方案 B

如图 3.39 所示，方案 B 道床裂缝总数为 25 条，其中“八”字形裂缝 19 条，边缘裂缝 6 条。14 个轨枕中有 10 个轨枕端部观察到“八”字形裂缝，最长裂缝长度为 5.0 cm，其中有 3 个轨枕端部三个角观察到“八”字形裂缝。道床双侧边缘裂缝较少，最长裂缝长

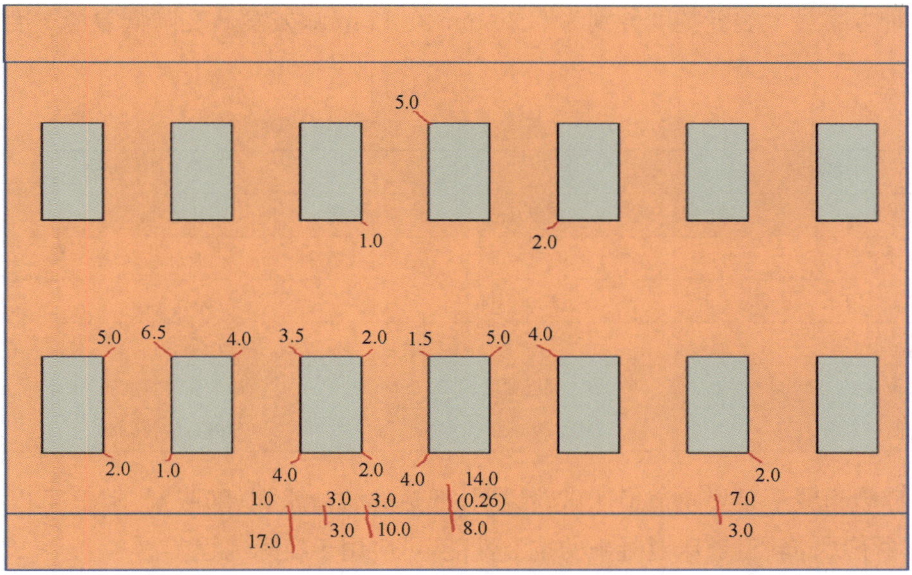

图 3.38　方案 A 道床裂缝情况

注：图内标注数值为裂缝长度，单位为厘米(cm)，括号内数值为最大裂缝宽度，单位为毫米(mm)。

度为 6.0 cm+20.0 cm(道床表面+道床侧面)。最大裂缝宽度为 0.11 mm。道床表面无明显龟裂。

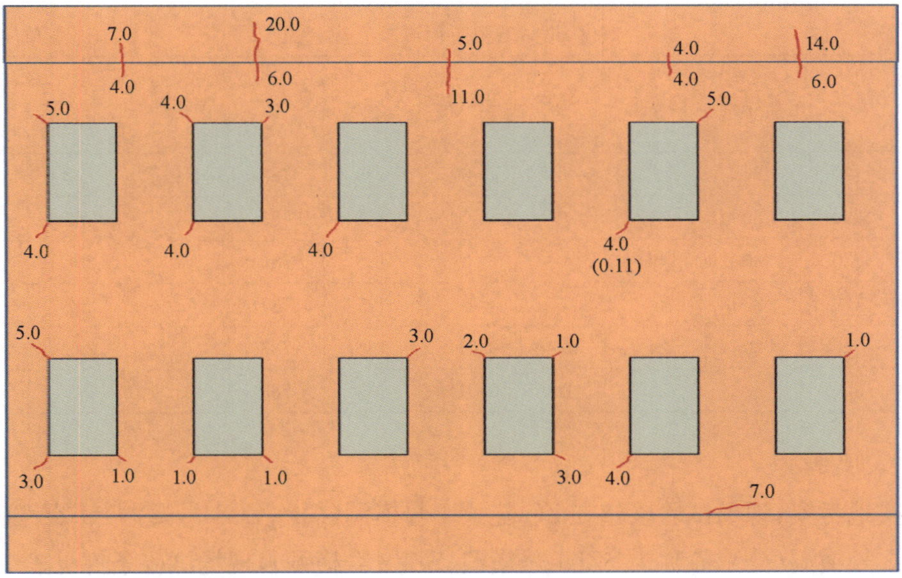

图 3.39　方案 B 道床裂缝情况

注：图内标注数值为裂缝长度，单位为厘米(cm)，括号内数值为最大裂缝宽度，单位为毫米(mm)。

表 3.32 为无砟轨道线下足尺轨道道床裂缝统计，方案 A 裂缝总数较基准组的 32 条降低至 22，方案 B 裂缝总数较基准组的 32 条降至 25 条，方案 A 对于控制道床裂缝数量方面略优于方案 B。方案 A 和方案 B 对于降低道床边缘裂缝均有非常优异的效

果。两种方案最大裂缝宽度分别为0.26 mm、0.11 mm，方案B在降低裂缝宽度方面优于方案A。

表 3.32　无砟轨道线下足尺轨道道床裂缝统计

基准组		方案A		方案B	
长度/cm	数量	长度/cm	数量	长度/cm	数量
$0<L<5$	13	$0<L<5$	13	$0<L<5$	16
$5\leqslant L<10$	5	$5\leqslant L<10$	5	$5\leqslant L<10$	5
$L\geqslant 10$	14	$L\geqslant 10$	4	$L\geqslant 10$	4
最大裂宽度：0.40 mm		最大裂缝宽度：0.26 mm		最大裂缝宽度：0.11 mm	
裂缝总数：32条		裂缝总数：22条		裂缝总数：25条	

无砟轨道线下足尺轨道道床试验说明，低热硅酸盐水泥、膨胀剂、SAP可以提高低气压条件下无砟轨道道床混凝土的抗裂性能，可应用于实际工程。

3.3.2　高抗裂无砟道床混凝土正线工程应用

1. 试验配合比

正线工程应用试验配合比见表3.33，其中方案一、三、五所用水泥为低热硅酸盐水泥。

表 3.33　工程应用混凝土配合比　　单位：kg/m³

编组	水泥	粉煤灰	膨胀剂	SAP	引气剂	水	砂	减水剂	碎石	
									5～10 mm	10～20 mm
基准组	320	80	0	0	0	135	783	4	292	790
方案一	320	80	0	0	0	135	783	4	292	790
方案二	320	80	40	0	0	135	783	5	292	790
方案三	320	80	40	0	0	135	783	5	292	790
方案四	320	80	24	0.4	0.01%	135	783	5	292	790
方案五	320	80	24	0.4	0.01%	135	783	5	292	790

2. 试验条件

经实地考察，现场试验段选在ZG隧道1号横洞(简称ZG1号横洞)、SZL隧道1号横洞和2号横洞(分别简称为SZL1号横洞、SZL2号横洞)，现场试验条件见表3.34。

表 3.34　现场试验条件

地点	温度/℃	相对湿度	风速/(m/s)
ZG隧道1号横洞	19.5	80%	0.45
SZL隧道1号横洞	26.0	60%	2.07
SZL隧道2号横洞	28.5	58%	2.63

3. 道床裂缝统计

(1)工作性能

各试验方案现场新拌混凝土工作性能测试结果见表 3.35。

表 3.35　道床混凝土工作性能

编　组	基准组	方案一	方案二	方案三	方案四	方案五
出机坍落度/mm	185	180	190	185	180	185

(2)力学性能

各试验地点新拌混凝土预留试件力学性能试验结果见表 3.36。从试验结果可看出,各方案混凝土 28 d 抗压强度均达到设计强度 40 MPa 以上,且低热硅酸盐水泥混凝土后期强度普遍较高,有利于混凝土耐久性的提升。

表 3.36　道床混凝土力学性能

编　组	抗压强度/MPa		
	3 d	7 d	28 d
基准组	24.3	30.8	43.5
方案一	18.5	30.6	47.1
方案二	16.8	29.5	46.8
方案三	22.5	31.5	42.5
方案四	22.3	30.7	41.6
方案五	21.7	33.5	46.2

4. 通车前道床混凝土开裂情况

对基准组与五个方案正线试验段道床混凝土的开裂情况进行了跟踪观察,基准组与五个方案道床轨枕端部均出现“八”字形裂缝。

(1)ZG1 号横洞道床

由表 3.34 现场试验条件所知,ZG1 号横洞温度为 19.5 ℃、相对湿度为 80%,接近标准养护条件,且隧道内风速小,约为 0.45 m/s,隧道内环境稳定,混凝土表面失水速度慢。ZG1 号横洞道床裂缝统计见表 3.37。

基准组一道床裂缝数为 20 条,最大裂缝宽度为 0.27 mm;方案一道床仅出现 3 条裂缝,最大裂缝宽度为 0.13 mm。方案一道床裂缝数量相比于基准组减少 17 条,减幅达到 85%,且方案一道床裂缝均为 0～5 cm 的短裂缝。

低热硅酸盐水泥以其减少水化热、降低混凝土内外温差的作用,提高了低气压条件下无砟轨道道床混凝土的抗裂性能,从表 3.37 中可以看出 ZG1 号横洞方案一道床裂缝数量、裂缝长度以及最大裂缝宽度均优于基准组一。ZG1 号横洞道床裂如图 3.40 所示。

表 3.37　ZG1 号横洞道床裂缝统计

基准组一		方案一	
长度/cm	数量	长度/cm	数量
$0<L<5$	10	$0<L<5$	3
$5\leqslant L<10$	7	$5\leqslant L<10$	0
$10\leqslant L<15$	3	$10\leqslant L<15$	0
$15\leqslant L<20$	0	$15\leqslant L<20$	0
最大裂宽度:0.27 mm		最大裂缝宽度:0.13 mm	
裂缝总数:20 条		裂缝总数:3 条	

图 3.40　ZG1 号横洞道床裂缝

(2)SZL1 号横洞道床

由表 3.34 现场试验条件所知,SZL1 号横洞温度为 26 ℃、相对湿度为 60%,风速约为 2.07 m/s,现场环境略差于 ZG1 号横洞。SZL1 号横洞道床裂缝统计见表 3.38 和表 3.39。

表 3.38　SZL1 号横洞道床裂缝统计一

基准组二		方案三	
长度/cm	数量	长度/cm	数量
$0<L<5$	63	$0<L<5$	41
$5\leqslant L<10$	87	$5\leqslant L<10$	26
$10\leqslant L<15$	26	$10\leqslant L<15$	7
$15\leqslant L<20$	15	$15\leqslant L<20$	5
最大裂缝宽度:0.45 mm		最大裂缝宽度:0.35 mm	
裂缝总数:191 条		裂缝总数:79 条	

表 3.39　SZL1 号横洞道床裂缝统计二

方案四		方案五	
长度/cm	数量	长度/cm	数量
0<L<5	29	0<L<5	23
5≤L<10	10	5≤L<10	8
10≤L<15	8	10≤L<15	8
15≤L<20	0	15≤L<20	0
最大裂缝宽度:0.22 mm		最大裂缝宽度:0.14 mm	
裂缝总数:47 条		裂缝总数:39 条	

基准组二道床裂缝数为 191 条,最大裂缝宽度为 0.45 mm。方案三道床裂缝数量为 79 条,最大裂缝宽度为 0.35 mm,相较于基准组二,裂缝数量减少 112 条,降幅 58.6%,最大裂缝宽度略微下降。方案四道床裂缝数量为 47 条,最大裂缝宽度为 0.22 mm,没有出现超过 15 cm 的长裂缝,相较于基准组二,裂缝数量减少 144 条,降幅达到 75.4%,最大裂缝宽度有所下降。方案五道床裂缝数量为 39 条,最大裂缝宽度为 0.14 mm,裂缝长度均未超过 15 cm,相较于基准组二,裂缝数量减少 152 条,降幅达到 79.6%,最大裂缝宽度远低于基准组。

SZL1 号横洞方案三、四、五道床裂缝数量、裂缝长度以及最大裂缝宽度均优于基准组二,其中方案五道床抗裂性能最优。试验现象说明膨胀剂的补偿收缩作用、SAP 的释放水分缓解自干燥收缩作用与引气剂的降低毛细孔溶液表面张力的作用对于提高低气压条件下无砟轨道道床抗裂性能均有显著效果,且低热硅酸盐水泥与膨胀剂、SAP、引气剂复掺极大提高了无砟轨道道床抗裂性能。SZL1 号横洞道床裂缝如图 3.41 所示。

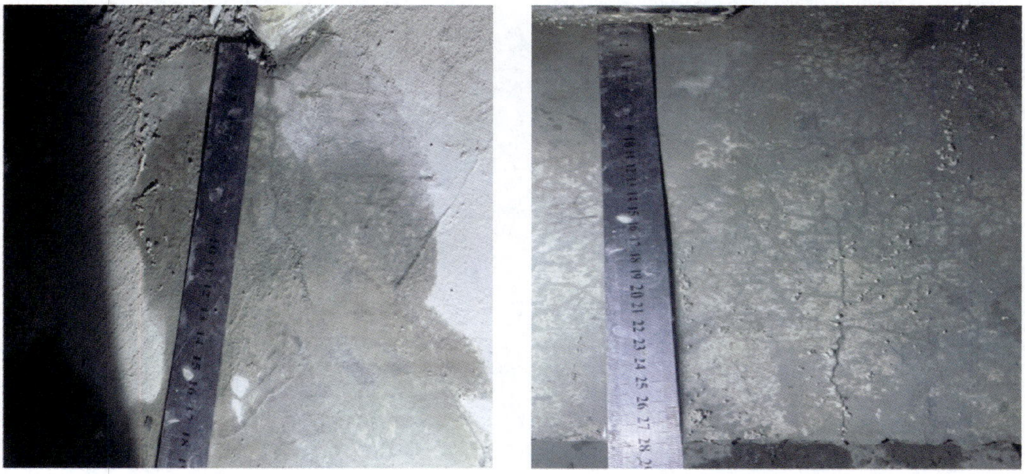

图 3.41　SZL1 号横洞道床裂缝

(3)SZL2 号横洞道床

由表 3.34 现场试验条件所知,SZL2 号横洞温度为 28.5 ℃、相对湿度为 58%,风速约为 2.63 m/s，隧道内温度较高、相对湿度低且风速快，是现场环境条件最差的横洞。SZL2 号横洞道床裂缝统计见表 3.40。

表 3.40　SZL2 号横洞道床裂缝统计

基准组三		方案二	
长度/cm	数量	长度/cm	数量
0<L<5	16	0<L<5	21
5≤L<10	17	5≤L<10	9
10≤L<15	12	10≤L<15	6
15≤L<20	7	15≤L<20	0
最大裂缝宽度：0.32 mm		最大裂缝宽度：0.22 mm	
裂缝总数：52 条		裂缝总数：36 条	

基准组三道床裂缝数为 52 条，最大裂缝宽度为 0.32 mm。方案二道床裂缝数量为 36 条，最大裂缝宽度为 0.22 mm。方案二道床裂缝数量相比于基准组三减少 16 条，减幅 30.8%，道床最大裂缝宽度也有所降低，且方案二道床未出现长度超过 15 cm 的裂缝。

膨胀剂在无砟轨道道床混凝土内部产生膨胀效应，提高了其抗裂性，SZL2 号横洞方案二在裂缝数量、裂缝长度与最大裂缝宽度方面明显优于基准组。SZL2 号横洞道床裂缝如图 3.42 所示。

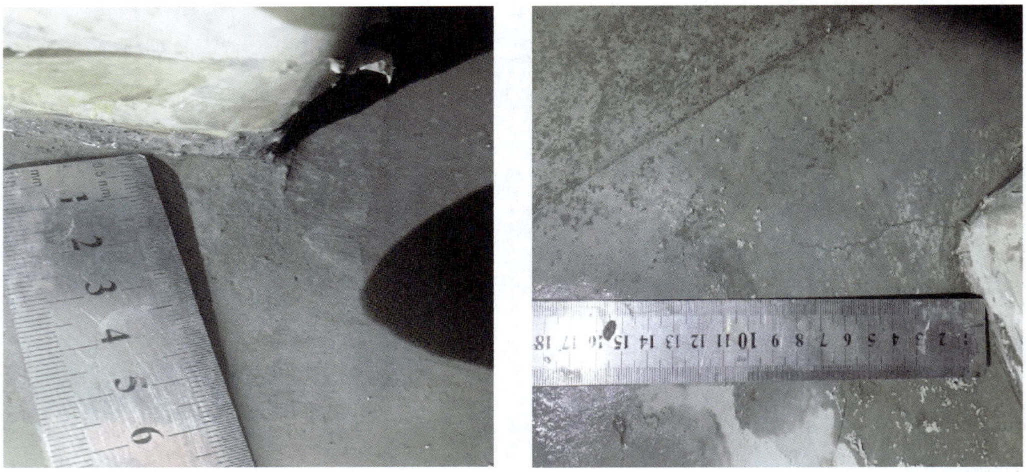

图 3.42　SZL2 号横洞道床裂缝

5. 通车后道床混凝土开裂情况

跟踪观察通车后正线试验段五个方案道床混凝土开裂情况，在列车荷载作用下，正线试验段五个方案道床混凝土裂缝数量有所增多，裂缝长度、宽度均有所扩展。

(1)ZG1 号横洞道床

通车后 ZG1 号横洞道床裂缝统计见表 3.41，通车后 ZG1 号横洞道床裂缝如

图 3.43 所示。通车后 ZG1 号横洞基准组道床裂缝数从 20 条增多至 27 条，最大裂缝宽度扩展至 0.3 mm，沿弹性支承块轨枕端部至轨道板边缘出现 15～20 cm 的长裂缝。方案一道床裂缝数量从 3 条增多至 10 条，最大裂缝宽度扩展至 0.22 mm，方案一道床裂缝数量相比基准组减幅为 66%。由于方案一道床初始裂缝宽度较小、长度较短，通车后在列车荷载作用下其在裂缝数量、长度、宽度上仍明显优于基准组。

表 3.41　通车后 ZG1 号横洞道床裂缝统计

基准组一		方案一	
长度/cm	数量	长度/cm	数量
$0<L<5$	13	$0<L<5$	5
$5\leqslant L<10$	7	$5\leqslant L<10$	4
$10\leqslant L<15$	5	$10\leqslant L<15$	1
$15\leqslant L<20$	2	$15\leqslant L<20$	0
最大裂缝宽度：0.30 mm		最大裂缝宽度：0.22 mm	
裂缝总数：27 条		裂缝总数：10 条	

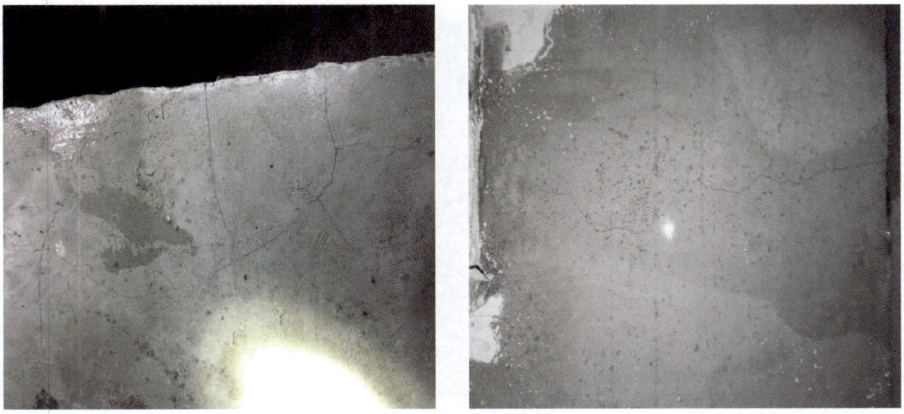

(a) 基准组

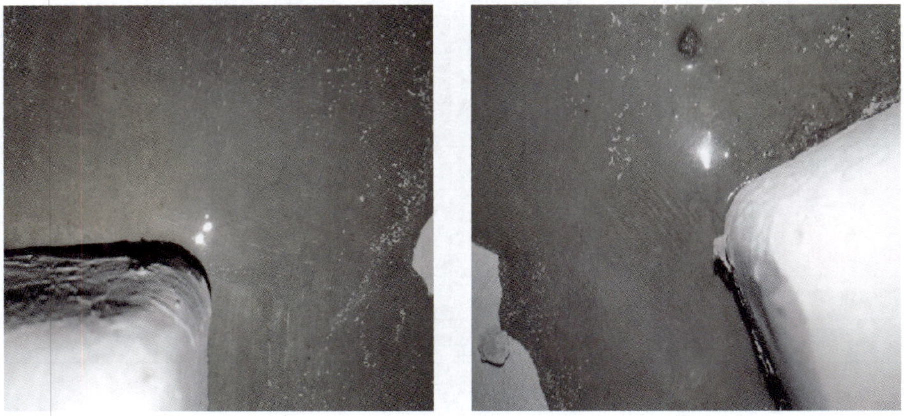

(b) 方案一

图 3.43　通车后 ZG1 号横洞道床裂缝

(2)SZL1 号横洞道床

通车后 SZL1 号横洞道床裂缝统计见表 3.42 和表 3.43。通车后 SZL1 号横洞道床裂缝示意如图 3.44 所示。通车后 SZL1 号横洞基准组二道床裂缝数从 191 条增多至 262 条,增幅 37.2%;最大裂缝宽度扩展至 0.77 mm,属于高危裂缝。方案三道床裂缝数从 79 条增多至 100 条,增幅 26.6%;最大裂缝宽度与通车前无明显变化,为 0.36 mm。方案四道床裂缝数从 47 条增多至 75 条,增幅 59.6%,最大裂缝宽度扩展至 0.35 mm。方案五道床裂缝数从 39 条增至 66 条,增幅 69.2%,最大裂缝宽度扩展至 0.26 mm。SZL1 号横洞通车后方案三、四、五较基准组裂缝数量降幅分别为 61.8%、71.4%、74.8%。从表 3.42 和表 3.43 中可以看出,通车后 SZL1 号横洞基准组二道床裂缝中 10~20 cm 的裂缝增多 29 条,其中 15~20 cm 的长裂缝由 15 条增至 32 条,增幅 113.3%;方案三、四、五道床裂缝数量变化则主要集中在长度为 0~10 cm 的短裂缝,10~20 cm 的长裂缝增加较少,比起通车前 10~20 cm 长裂缝仅分别增多了 5、7、3 条。短、窄裂缝对混凝土耐久性影响较小,而长、宽裂缝会加速混凝土的劣化。可见通车后,即使在列车荷载作用下,方案三、四、五对裂缝数量、长度、宽度控制方面明显优于基准组,其中方案四、五最优。

表 3.42　通车后 SZL1 号横洞道床裂缝统计一

基准组二		方案三	
长度/cm	数量	长度/cm	数量
$0<L<5$	89	$0<L<5$	45
$5\leqslant L<10$	105	$5\leqslant L<10$	38
$10\leqslant L<15$	38	$10\leqslant L<15$	12
$15\leqslant L<20$	32	$15\leqslant L<20$	5
最大裂缝宽度:0.77 mm		最大裂缝宽度:0.36 mm	
裂缝总数:262 条		裂缝总数:100 条	

表 3.43　通车后 SZL1 号横洞道床裂缝统计二

方案四		方案五	
长度/cm	数量	长度/cm	数量
$0<L<5$	23	$0<L<5$	32
$5\leqslant L<10$	36	$5\leqslant L<10$	27
$10\leqslant L<15$	10	$10\leqslant L<15$	9
$15\leqslant L<20$	5	$15\leqslant L<20$	2
最大裂缝宽度:0.35 mm		最大裂缝长度:0.26 mm	
裂缝总数:75 条		裂缝总数:66 条	

(3)SZL2 号横洞道床

通车后 SZL2 号横洞道床裂缝统计见表 3.44。通车后 SZL2 号横洞道床裂缝如图 3.45 所示。通车后 SZL2 号横洞基准组三道床裂缝数从 52 条增多至 69 条,增幅

(a) 基准组

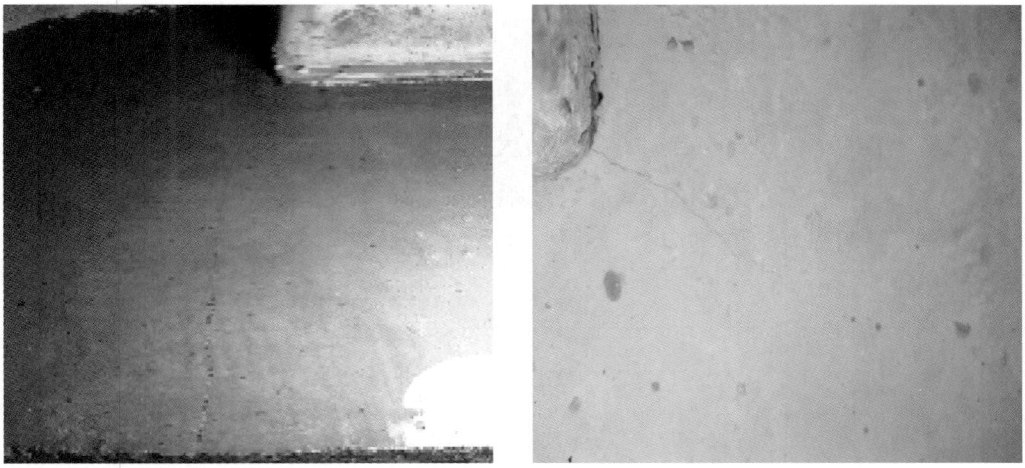

(b) 方案三

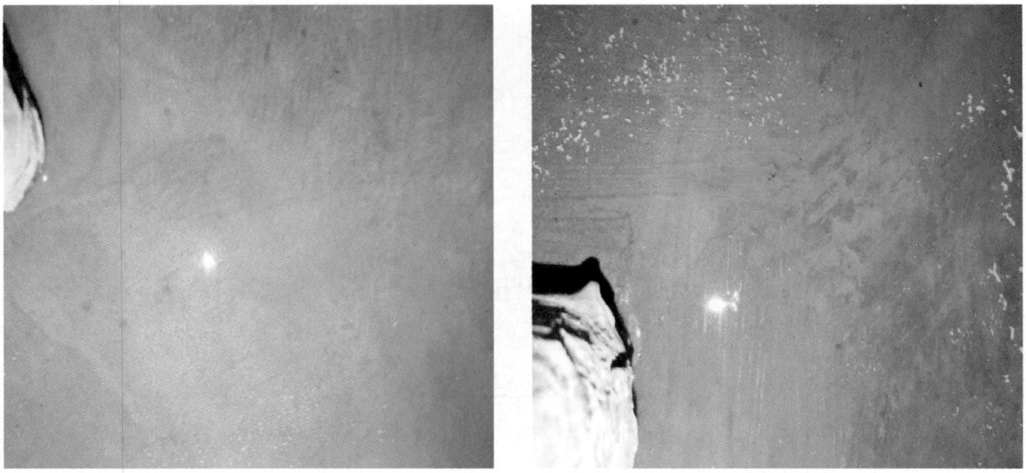

(c) 方案四

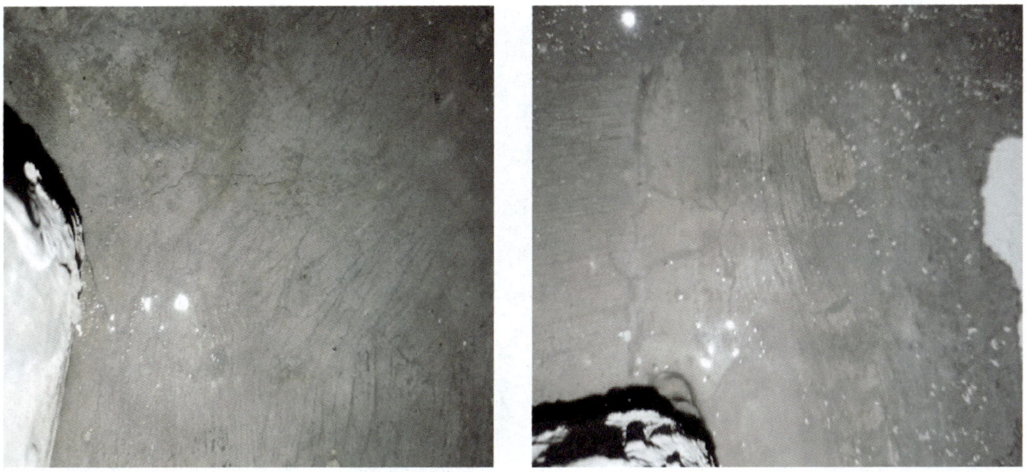

(d) 方案五

图 3.44　通车后 SZL1 号横洞道床裂缝

32.7%，其中 10～20 cm 的裂缝数量从 19 增多至 27 条，最大裂缝宽度扩展至 0.35 mm。方案二道床裂缝数量从 36 条增多至 53 条，其中 10～20 cm 的裂缝数量从 6 条增多至 11 条，出现了四条 15～20 cm 的长裂缝，最大裂缝宽度扩展至 0.25 mm。SZL2 号横洞通车后方案二道床裂缝数量相比基准组减幅为 23.2%。通车后方案二在裂缝数量、长度、宽度方面仍明显优于基准组。

表 3.44　通车后 SZL2 号横洞道床裂缝统计

基准组三		方案二	
长度/cm	数量	长度/cm	数量
$0<L<5$	22	$0<L<5$	25
$5\leqslant L<10$	20	$5\leqslant L<10$	13
$10\leqslant L<15$	15	$10\leqslant L<15$	7
$15\leqslant L<20$	12	$15\leqslant L<20$	4
最大裂缝宽度：0.35 mm		最大裂缝宽度：0.25 mm	
裂缝总数：69 条		裂缝总数：53 条	

3.3.3　试验及应用结论

(1)拉林铁路无砟轨道通过高抗裂足尺道床混凝土线下试验和高抗裂道床混凝土正线工程应用，取得如下试验结论：

①足尺轨道试验结果表明：方案 A 裂缝总数较基准组的 32 条降低至 22，方案 B 裂缝总数较基准组的 32 条降至 25 条，方案 A 对于控制道床裂缝数量方面略优于方案 B。方案 A、方案 B 对于降低道床边缘裂缝均有非常优异的效果。两种方案最大裂缝宽度分别为 0.26 mm、0.11 mm，方案 B 在控制裂缝宽度方面优于方案 A。

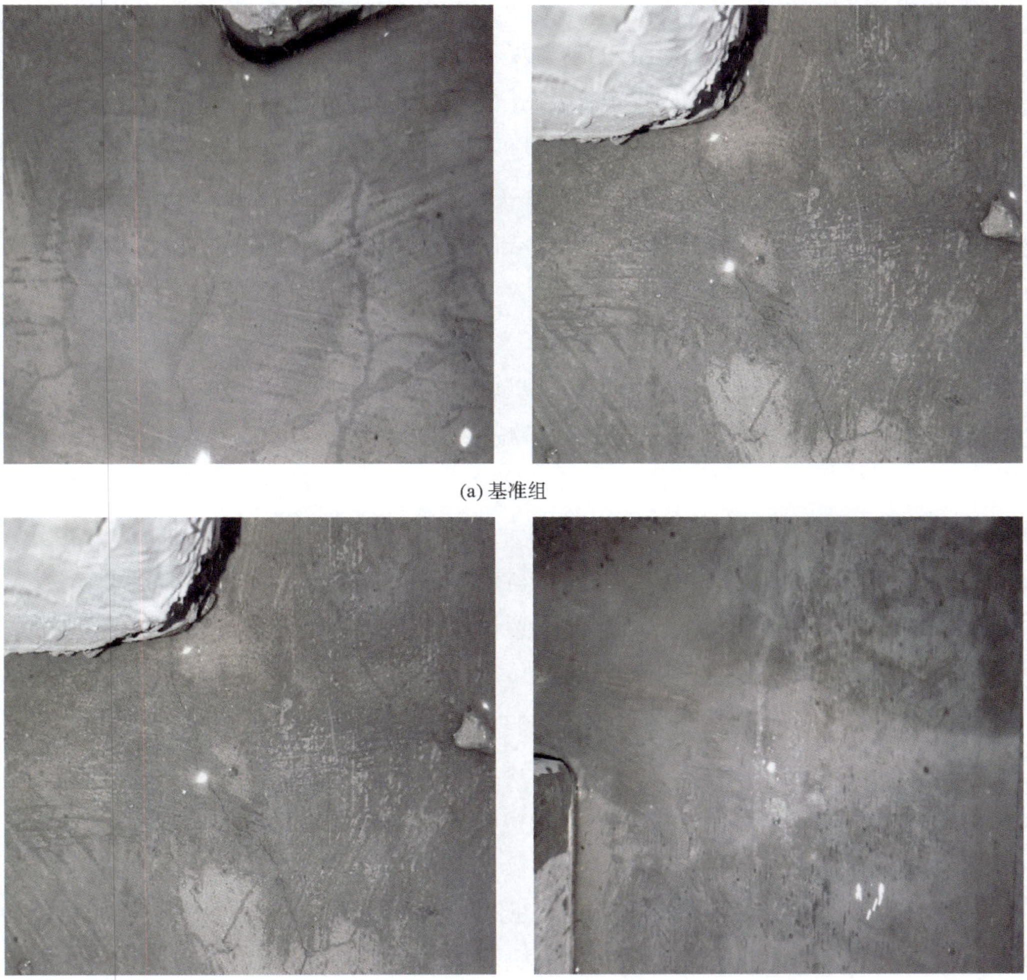

(a) 基准组

(b) 方案二

图 3.45　通车后 SZL2 号横洞道床裂缝

②ZG1 号横洞通车前基准组一道床大于 10 cm 的长裂缝数量为 3 条，最大裂缝宽度为 0.27 mm，方案一道床未出现长裂缝，最大裂缝宽度为 0.13 mm，方案一道床裂缝数量较基准组减幅 85%；通车后基准组一道床大于 10 cm 的长裂缝数量增至 7 条，最大裂缝宽度为 0.30 mm，方案一道床长裂缝数量增至 1 条，最大裂缝宽度为 0.22 mm，方案一道床裂缝数量较基准组减幅为 66%。

③SZL1 号横洞通车前方案三、四、五道床裂缝数量较基准组二分别降幅 58.6%、75.4%、79.6%，基准组二道床大于 10cm 的长裂缝数量为 41 条，最大裂缝宽度为 0.45 mm，方案三、四、五道床长裂缝数量分别为 12、8、8 条，最大裂缝宽度分别为 0.35 mm、0.22 mm、0.14 mm；通车后方案三、四、五道床裂缝数量较基准组分别减幅 61.8%、71.4%、74.8%，基准组二道床大于 10 cm 的长裂缝数量增至 70 条，最大裂缝宽度为 0.77 mm，方案三、四、五长裂缝数量分别增至 17、15、11 条，最大裂缝宽度分别

为 0.36 mm、0.35 mm、0.26 mm。

④SZL2 号横洞通车前基准组三道床大于 10 cm 的长裂缝数量为 19 条，最大裂缝宽度为 0.32 mm，方案二道床大于 10 cm 的长裂缝数量为 6 条，最大裂缝宽度为 0.22 mm，方案二道床裂缝数量较基准组减幅 30.8%；通车后基准组三道床大于 10 cm 的长裂缝数量增至 27 条，最大裂缝宽度为 0.35 mm，方案二道床大于 10 cm 的长裂缝数量增至 11 条，最大裂缝宽度为 0.25 mm，方案二道床裂缝数量较基准组减幅为 23.2%。

⑤正线试验结果表明基准组裂缝以 10～20 cm 的长裂缝为主，存在较多宽裂缝，其中最大裂缝宽度 0.77 mm。五个道床抗裂试验方案裂缝主要以 0～5 cm 的短裂缝为主，与基准组相比，5～20 cm 的长裂缝明显减少，裂缝最大宽度未超过 0.36 mm。五个道床抗裂试验方案对混凝土长裂缝数量及裂缝宽度均具有较好的抑制作用，其中方案四、五最佳。

(2)通过分析低气压条件下水泥基材料收缩开裂的机理，研究外加剂对于水泥基材料收缩开裂性能的影响，进行混凝土抗裂试验，形成低气压下混凝土的抗裂提升技术，应用于实际工程中，得出以下主要结论：

①低气压条件下混凝土开裂较常压条件严重，平板开裂试验结果表明低气压条件下混凝土早期裂缝数量与宽度均有所增加、初裂时间更早，这与低气压环境水泥混凝土水分蒸发加速、干燥收缩率增大、10～50 nm 毛细孔数量增多、孔溶液表面张力增大等有关。

②膨胀剂、SAP 与减缩剂三种外加剂在低气压条件下可降低水泥砂浆干燥收缩率 20%～40%，混凝土单位面积总裂缝面积降幅 60%～95%，延迟混凝土初裂时间 40 min 以上，单掺最佳掺量分别 10%、0.4%、0.2%，复掺以 0.1%SAP 与 2%减缩剂复掺减缩效果最优。

③低热硅酸盐水泥浇筑模拟道床弹性支承块试件 12 d 后仍未开裂，掺加引气剂大大延长了模拟道床弹性支承块试件的开裂时间，表明低热硅酸盐水泥的减少温升降低温差作用、引气剂的减少泌水优化气孔作用，可有效提高低气压下水泥混凝土的抗裂性。

④高原低气压环境道床混凝土的抗裂性能提升技术：膨胀剂掺量 6%～10%，SAP 掺量 0.1%～0.4%，减缩剂掺量 0.5%～2%，引气剂掺量为 0.01%～0.02%，可用低热硅酸盐水泥取代普通硅酸盐水泥。

⑤通过高抗裂足尺无砟道床混凝土线下试验以及高抗裂无砟道床混凝土正线工程应用，发现采用引气剂、内养护剂道床混凝土裂缝数量较基准组下降 40%～75%；采用低热硅酸盐水泥道床混凝土总裂缝数量比普通水泥减少 35%～80%，长裂缝减少 70%～90%，且 28 d 强度发展与普通硅酸盐水泥接近。

第 4 章 高原大温差复杂环境无缝线路研究

无缝线路的铺设受温度的影响较大。我国幅员辽阔，存在一些位于大温差、长大坡道等特殊地段的线路，在这些地段铺设无缝线路经验尚浅。我国寒冷地区铁路干线的总延长近 2 万 km，其中包括已经运营管理的京哈线、哈大客运专线、津秦客运专线、青藏线、兰新线、北疆线、南疆线等主要干线，以及北疆铁路复线、南疆铁路复线、兰青复线等都担负着繁重的客货运输任务。在高寒地区铺设无缝线路是提高和改善轨道结构技术发展和进步的重要标志，也是满足高速、安全、重载轨道结构的最优选择，但在铺设和养护维修过程中的一些关键技术问题尚待深入研究。因此，针对高寒地区所处的气候状况、自然环境的特殊性，以及对轨道结构的特殊要求，研究这些特殊地段铺设无缝线路有其必要性和可行性。

4.1 高原铁路无缝线路铺设概况

4.1.1 青藏铁路无缝线路铺设概况

青藏铁路是目前世界海拔最高、线路最长的高原铁路。2006 年 7 月 1 日正式通车运营。青藏铁路的建成不仅能够改变青藏高原贫困落后的面貌，还加强了国内其他广大地区与西藏的联系，对于增进民族团结和巩固祖国边防，都具有十分重大的意义。青藏铁路东起青海西宁，西至拉萨，全长 1 956 km。其中，西宁至格尔木段全长 814 km 海拔较低，于先期完成无缝线路的换铺工作；格尔木至拉萨段（简称格拉段），全长 1 142 km，全线海拔 3 000 m 以上，高原大温差及冻土区对无缝线路轨道受力不利，因此换铺无缝线路并未展开。随着青藏线在长期运营下路基沉降等病害趋于稳定，铁科院、中南大学等科研单位的研究成果表明该路段换铺温度应力式无缝线路是可行的，青藏铁路公司从 2011 年开始逐步进行格拉段无缝线路的换铺工作。2012 年 10 月，青藏铁路格尔木至拉萨段完成 200 余公里的无缝线路换铺工作，为后期青藏铁路格拉段非冻土区段无缝线路换铺工作的开展奠定了坚实基础。

青藏铁路格拉段平均海拔 3 000 m 以上，属于高海拔地区。年平均最高气温 5～6 ℃，年平均最低气温为－20～－16 ℃，年平均气温在 0 ℃以下；年日照时长 2 600～3 000 h，日照百分率为 50%～80%，太阳辐射平均年总量 6 700～9 200 MJ/m^2，居全国之最。格拉段具有海拔高、年温差大、日温差大、干旱、气压低、日照长、辐射强等特点，因此，青藏线无缝线路设计中锁定轨温设计、桥上无缝线路设计、岔区无缝线路设计等环节充分考虑了青藏线所处自然环境，以保证无缝线路运营质量。此外，格拉段部分区段位于多年冻土区域，据统计，青藏线冻土区冻结指数大于融化指数，路基长期处于冻结状态，因此冻土区路基状态理论上完全可铺设无缝线路，无缝线路换铺设计中还考虑路基不均匀沉降引起的道床厚度增加等处理措施。

从青藏铁路、哈大客运专线等铁路设计、施工经验总结来看，在高寒、大温差地段铺设跨区间无缝线路，总结了如下工程经验：

1. 高寒、大温差地区桥上无缝线路铺设关键问题

高寒、大温差铺设无缝线路需要针对不同桥梁形式，采用不同阻力模型进行伸缩附加力、挠曲附加力、断缝及断轨力计算，得出了相应附加力的分布规律和影响因素。进而对高寒、大温差地区不同桥型无缝线路的轨道强度及稳定性进行研究分析，提出了满足该类地区温度应力式桥上无缝线路铺设要求的设计方法。由于青藏线格拉段桥梁结构类型较为复杂，涉及大的桥梁结构形式各不相同，既有墩高达 52 m 三岔河特大桥，也有拉萨河大桥预应力混凝土连续箱梁＋连续梁钢管拱组合体系＋预应力混凝土连续箱梁以及连续钢构等多种桥梁结构。而且多处特大桥部分区段位于曲线上，加之该地区高海拔、严寒、日温差大的特点，铺设桥上无缝线路更需要从锁定轨温设计入手，研究扩大铺设范围的具体措施，保障其运营安全。

2. 提高轨道允许升温幅度

提高轨道允许升温幅度，实质上是提高轨道稳定性的容许温差。通过对不同跨度桥梁的计算分析，采用不同的桥型、不同的固定支座位置、不同的加载方式、墩台不同的线刚度，对钢轨附加力的影响是不一样的。降低钢轨附加力的极值可以有效地降低轨道压力，从而提高轨道允许升温幅度。

但实践证明，轨道结构的各种特性参数，除钢轨的钢弹性模量和断面面积，在运营条件下随机性很强。如道床的分布阻力，扣件的结点阻力等多有变化，不易控制；因此，不能简单地以计算结果来判定容许升温的幅度。理论计算结果只是设计的基本参考数据，同时还要认真研究和运用运营中积累的经验，结合起来合理地加以确定。由于青藏铁路格拉段的锁定轨温普遍较低，但由于长大坡道的频繁制动，造成钢轨表面温度大于最高气温＋20 ℃的经验值，因此提高允许温升对于确定合理锁定轨温具有十分重要的意义。

3. 增大轨道允许降温幅度

提高轨道允许降温幅度，实质上是提高轨道强度的容许温差。通过文献可知 50 kg/m 钢轨允许应力为 330 MPa，60 kg/m 钢轨如果采用淬火轨或耐磨钢轨允许应力可达 489 MPa，容许温差增大很多。同样采用的桥型、固定支座的位置、加载方式、墩台线刚度对降低钢轨附加应力也非常有效，进而提升了容许温差。这些对扩大桥上无缝

线路铺设范围提供了技术保证;但轨道允许降温幅度的增大,相应钢轨断缝值会随之增大,当断缝到一定程度,会影响到行车的安全,加速轨道恶化。因此,在提高线路纵向阻力减小断缝值的同时,降温幅度会有一极值,如超过极值,同样不能满足无缝线路的要求,需设置钢轨伸缩调节器,采用放散温度应力式的结构。

4. 合理确定锁定轨温及其容许范围

合理确定锁定轨温及其容许范围,在高寒、大温差地区以扩大铺设温度应力式无缝线路范围为目标,可以从以下几个方面进行研究:

(1)提高轨道结构的整体强度

采用高强度钢轨,如 U75V、U76CrRE 钢轨抗拉强度≥980 MPa,U71M 钢轨抗拉强度≥880 MPa,轨道允许降温幅度非常大。青藏铁路采用 60 kg/m U75V 钢轨,允许应力富余量达 100 MPa,可以再适应更大的温度应力和附加应力。

Ⅲ型混凝土枕,Ⅱ、Ⅲ型扣件,特级、一级碎石道床可以提供更大的线路纵横向阻力,从而提高允许升、降温幅度,对设计锁定轨温的确定及其容许范围可以有较大的空间。

线路铺设后的整修作业使用大型养路机械,可强化轨道几何形位,加速道床稳定,提高无缝线路容许升温和容许降温的幅值。

(2)轨条合理布置

不同桥型最大附加力产生的位置是有一定规律的,如简支梁发生在活动支座桥台处,连续梁、刚构发生在梁的两梁端。由于钢轨焊接无论是接触焊、气压焊和铝热焊,焊接强度都不及母材强度,因此在这样一些位置及断缝伸缩范围如遇到长轨焊头,会降低轨道的强度和稳定性。现今我国大力发展的百米定尺钢轨,可有效减少焊头数量,加之在设计、施工中合理布置轨条,可减小在强度及稳定性检算中的安全系数,提高容许升、降温幅值,扩大锁定轨温确定及其容许范围。

(3)尽量缩小设计锁定轨温的范围

在可能的条件下尽量缩小设计锁定轨温的范围,实质是让施工锁定轨温更接近于设计锁定轨温中间值,以扩大容许升、降温幅度,适应更极端的现场环境。因此可以在偏低轨温下采用长轨条拉伸法施工,一次拉伸到中间锁定轨温进行锁定。

(4)采用二次锁定法锁定线路

二次锁定法指无缝线路铺设时先按常规方法予以锁定,待线路通过一定重量的列车后,进行一次应力放散,把因列车碾压而降低的轨温放散出来,再进行最终锁定。从而使锁定轨温更可靠准确,充分利用原设计的容许温升和容许温降。

(5)辅助措施

青藏铁路格拉段桥上无缝线路采用 60 kg/m U75V 钢轨、Ⅲq 型桥枕,弹条及道床满足无缝线路要求的轨道结构,合理确定锁定轨温的前提下,轨道强度、稳定性、断缝及断轨力基本能够满足要求。但是在施工时应夯实道床，扣件螺帽扭矩应保持在 80～150 N·m，以提高道床纵向阻力。另外考虑到总压力已接近容许压力，在不增加轨枕数量的情况下，可以增设枕端挡板、曲线拉杆、横向阻力器或道床肩部注入沥青等材料，以提高道床横向阻力。

4.1.2 拉林铁路无缝线路复杂性与研究必要性

1. 跨越不同温度带

由于拉林铁路地处高原地区，具有气候复杂、垂直变化大等特点。线路需穿越不同温度带，线路条件区域分布特征十分明显，线路区域温度带分布示意如图 4.1 所示。当一次性铺设无缝线路时，如何控制施工时的锁定轨温是一项难题。再加上昼夜温差大，不同区域内的长轨条轨温差别很大，钢轨温度力分布状态与现有普通区间无缝线路不同，由此可能出现钢轨不均匀位移将严重影响线路的稳定性、安全性。

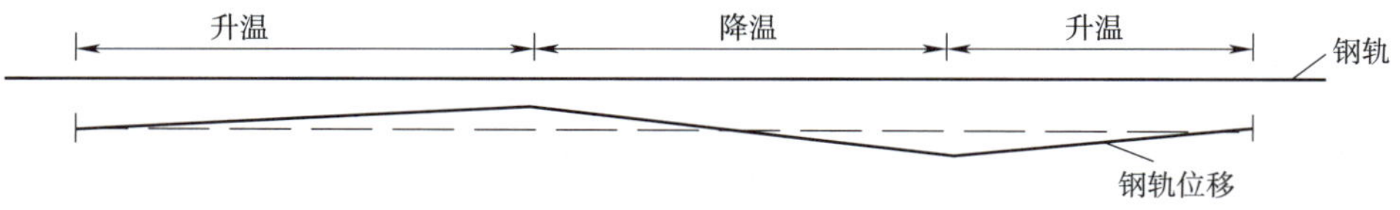

图 4.1 线路区域温度带分布示意图

2. 大温差、大坡道地区无缝线路受力规律复杂

无缝线路固定区的温度力从理论上说是均匀分布的，实际上并非如此。受各种原因所引起的纵向力作用，长轨条常在凹形变坡点、道口、曲线起讫点、桥头、制动与牵引地段、伸缩区与固定区交界处，存在纵向压力峰的现象，导致长轨条产生不均匀的拉伸和压缩，称为线路爬行。

列车作用于线路上的纵向力主要有 3 种：

(1)移动轮载施加于钢轨上的纵向力，与轮载、车速、轨道弹性等因素有关，在任何轨道条件下均存在，但爬行量值较小。

(2)坡道分力，这是引起长大坡道上无缝线路爬行的主要因素。

(3)牵引力或制动力，常发生在进出站附近，作用力较大。

无论是何种原因引起的纵向力，均视为作用于长钢轨上的集中力，钢轨受纵向力产生位移，当外力归零后，由于线路阻力的塑性性质，钢轨位移不能恢复到零，在钢轨内存在残余内力，在承载与卸载的过程中，钢轨始终存在变形相容条件，即拉压面积相等。

对于长大坡道上无缝线路，由于线路阻力的非线性特征，如图 4.2 所示，在荷载叠加条件下会使得线路阻力超过其弹性区段而进入塑性阶段，当荷载消失后，约束力以弹性区的力—位移对应的曲线的斜率卸载，此时钢轨存在一定的残余变形量，即线路爬行量。

3. 高寒条件下无缝线路设计理论

无缝线路的铺设受温度的影响较大，拉林铁路属于高寒地区大温差线路，在这些地区铺设无缝线路缺乏成功经验。因此，针对高寒地区所处的气候状况、自然环境的特殊性，以及对轨道结构的特殊要求，研究高寒地区无缝线路设计理论很有必要。

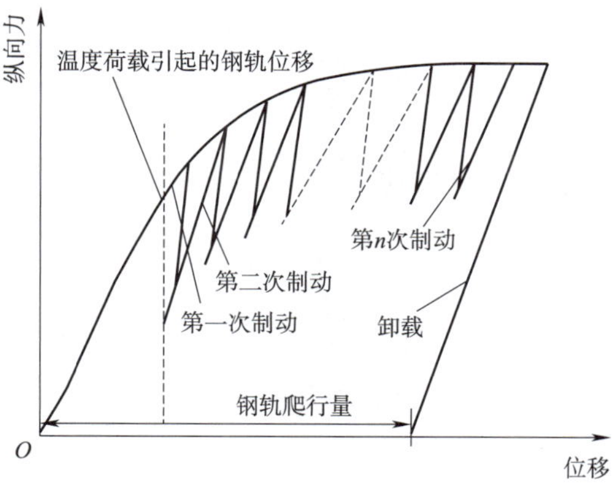

图 4.2　连续制动工况下线路阻力非线性性质

(1) 高寒大温差地区锁定轨温设计方法

锁定轨温的确定应该考虑最大允许温升及最大允许温降、考虑当地极端轨温，保证夏季高温钢轨不跑道，冬季低温钢轨不折断。拉林线锁定轨温设计要综合考虑年最大温差及最大日温差的变化对轨道受力影响，要如何结合线路具体特点，研究合理的锁定轨温设计方法。

(2)高寒大温差地区桥上铺设无缝线路

当桥上铺设无缝线路时，不仅可以改善桥梁的受力条件，减少轨道维修工作量，同时能延长线路设备和桥梁的使用寿命。在高寒、大温差地区铺设桥上无缝线路有着更为复杂的技术要求。如何提高温度应力式无缝线路的应用范围，控制桥上无缝线路纵向附加力和桥梁墩台水平力值，确保桥梁和线路设备运营安全，尤其是对一些特殊结构的桥上无缝线路设计方案比选就显得尤为重要。

(3)钢轨应力放散

复杂的外部环境以及线路本身状态的演变，钢轨内部应力发生变化，应及时调整长轨条内部应力分布，改善长钢轨受力条件。

4. 跨区间无缝线路研究的必要性

拉林铁路轨道设计审批意见为暂按铺设区间无缝线路设计，但随着青藏高原高海拔地区铁路建设的快速推进，在可预见的未来该地区铁路铺轨将突破 3 000 km，这些线路如果都按区间无缝线路设计和施工，车站里道岔及其相邻伸缩区的有缝接头将给未来养护维修带来巨大的工作量，特别是在劳动力资源特别缺乏的无人区及高海拔地区，将是一个难以完成的工作。另外这一技术决策与《铁路技术管理规程(普速铁路部分)》第 41 条要求新建、改建铁路正线采用 60 kg/m 钢轨的跨区间无缝线路相矛盾。利用拉林铁路先建成时间优势，开展无缝理论、设计、施工、运营维护及桥上无缝道岔运营期间长期监测等研究。给将来青藏高原高海拔地区的跨区间无缝线路设计、施工、运营提供理论支撑和积累工程经验，为该地区跨区间无缝线路建设奠定基础，该项研究非常有意义也是非常必要的。

4.2 无缝线路评价指标和方法

4.2.1 动弯应力

1. 车轮动荷载及钢轨动弯矩

计算轨道各部件的破坏强度时，车轮动荷载采用当量静荷载最大可能值。考虑速度及偏载等因素，在车轮动荷载作用下的钢轨动弯矩 M_d 可按式(4.1)计算。

$$M_d = M_0(1+\alpha_0+\beta_0) \tag{4.1}$$

式中 M_d——钢轨动弯矩，N·mm；

M_0——钢轨静弯矩，N·mm；

α_0——速度系数；

β_0——偏载系数。

2. 钢轨动弯应力

在车轮动荷载作用下，钢轨边缘的最大可能动弯应力可按式(4.2)和式(4.3)计算。

轨头边缘最大可能动弯应力 $$\sigma_{d头} = \frac{M_d}{W_{头}} \cdot f_h \tag{4.2}$$

轨底边缘最大可能动弯应力 $$\sigma_{d底} = \frac{M_d}{W_{底}} \cdot f_h \tag{4.3}$$

式中 $\sigma_{d头}$，$\sigma_{d底}$——轮头、轮底边缘动弯应力，MPa；

$W_{头}$，$W_{底}$——轨头、轨底的截面参数，可按《铁路无缝线路设计规范》(TB 10015—2012)附录C取值；

f_h——轨道横向水平力系数。

4.2.2 钢轨最大温度压力

无缝线路固定区钢轨最大温度拉应力 σ_t 可按式(4.4)计算。

$$\sigma_t = E\alpha_l \Delta T_{d,max} \tag{4.4}$$

式中 σ_t——钢轨最大温度拉应力，MPa；

E——钢轨钢弹性模量，取 $E=2.1\times10^{11}$ N/m^2；

α_l——钢轨钢线膨胀系数，取 $\alpha_l=1.18\times10^{-5}$ mm/(mm·℃)；

$\Delta T_{d,max}$——无缝线路最大降温幅度，℃。

4.2.3 钢轨最大附加拉应力

桥上无缝线路除承受温度力作用外，还承受因梁温度变化和列车荷载作用而产生的附加纵向力；无缝道岔导轨的伸缩通过联结件和岔枕对基本轨施加附加纵向力。桥上无缝线路和无缝道岔强度计算应考虑钢轨最大附加拉应力。

桥上无缝线路钢轨最大附加拉应力可按式(4.5)计算。

$$\sigma_f=\frac{P_f}{F} \tag{4.5}$$

式中　σ_f——钢轨最大附加拉应力，MPa；

P_f——桥上无缝线路钢轨附加纵向力，N，取桥上无缝线路挠曲力、伸缩力的较大值；

F——钢轨断面面积，mm^2。

4.2.4　钢轨强度计算

无缝线路设计应进行钢轨强度计算分析，作用在钢轨上的应力应满足式(4.6)要求。

$$\sigma_{d底}+\sigma_t+\sigma_f+\sigma_z\leqslant[\sigma]=\frac{\sigma_s}{K} \tag{4.6}$$

式中　$\sigma_{d底}$——轨底边缘动弯应力，MPa；

σ_z——钢轨牵引(制动)应力，MPa；

$[\sigma]$——钢轨容许应力，MPa；

σ_s——钢轨钢屈服强度，MPa；

K——安全系数，取$K=1.3$。

4.2.5　有砟轨道铁路设计锁定轨温

无缝线路设计锁定轨温，应根据当地最高轨温、最低轨温及无缝线路的允许温升、允许温降计算确定，并考虑一定的修正量。有砟轨道铁路设计锁定轨温，宜按式(4.7)计算。

$$T_e=\frac{T_{max}+T_{min}}{2}+\frac{[\Delta T_d]-[\Delta T_u]}{2}\pm\Delta T_k \tag{4.7}$$

式中　T_e——设计锁定轨温，℃；

T_{max}——最高轨温，℃；

T_{min}——最低轨温，℃；

$[\Delta T_d]$——允许温降，℃；

$[\Delta T_u]$——允许温升，℃；

ΔT_k——设计锁定轨温修正值，可取0～5℃。

钢轨强度条件允许温降$[\Delta T_d]$按式(4.8)计算。

$$[\Delta T_d]=\frac{[\sigma]-\sigma_d-\sigma_f-\sigma_z}{E\alpha_l} \tag{4.8}$$

式中 $[\sigma]$——钢轨容许应力，MPa；

σ_d——钢轨动弯应力，MPa；

其余符号意义同前。

根据断缝条件确定允许温降$[\Delta T_d]$。

$$[\Delta T_d]=\frac{\sqrt[2]{\dfrac{\lambda\gamma}{EF}}}{\alpha_1} \tag{4.9}$$

式中 λ——钢轨断缝，mm；

γ——线路纵向阻力，kN/(m·轨)，有砟轨道参照相应线路开通验收时道床纵向阻力取值，无砟轨道根据扣件技术条件取最不利值。

有砟轨道允许温升$[\Delta T_u]$受无缝线路稳定性控制，可采用统一无缝线路稳定性计算公式进行计算。

根据势能驻值原理，两股钢轨的计算温度压力 P_w 可按统一稳定性计算式(4.10)计算。

$$P_w=\frac{2\beta EI_y\pi^2\cdot\dfrac{(f+f_{oe})}{l^2}+\dfrac{4}{\pi^3}Ql^2}{f+f_{oe}+\dfrac{4l^2}{\pi^3R'}} \tag{4.10}$$

$$l^2=\frac{\omega+\sqrt{\omega^2+\left(\dfrac{4Q}{\pi^3}-\dfrac{\omega t}{f}\right)\cdot 2f\beta EI_y\pi^2}}{\dfrac{4Q}{\pi^3}-\dfrac{\omega t}{f}} \tag{4.11}$$

$$\frac{1}{R'}=\frac{1}{R}+\frac{1}{R_{op}} \tag{4.12}$$

$$\omega=2\beta EI_y\pi^2\cdot\left(t+\frac{4}{\pi^3R'}\right) \tag{4.13}$$

式中 β——轨道框架刚度系数，有砟轨道可取 $\beta=1.0$；

I_y——钢轨截面对垂向中性轴的惯性矩，mm^4；

l——轨道弯曲变形半波长，cm；

f——轨道弯曲变形矢度，取 $f=0.2$ cm；

f_{oe}——轨道原始弹性弯曲矢度，cm；根据现场调查资料统计分析，轨道原始弯曲相对曲率 $f_0/l^2=2.103\times10^{-6}$，其中塑性弯曲占 83%，弹性弯曲占 17%，即轨道原始塑性弯曲的相对曲率 $f_{op}/l^2=0.83\times f_0/l^2=0.83\times 2.103\times10^{-6}=1.745\,49\times10^{-6}$，轨道原始弹性弯曲的相对曲率 $f_{oe}/l^2=0.17\times f_0/l^2=0.17\times2.103\times10^{-6}=3.575\times10^{-7}$；

Q——等效道床横向阻力，N/cm，参考《铁路无缝线路设计规范》(TB 10015—2012)第 3.2.3 条；

R——曲线半径，cm；

R_{op}——钢轨原始塑性弯曲半径，cm，$\frac{1}{R_{op}}=8\times\frac{f_{op}}{l^2}=1.396\ 39\times10^{-5}$；

t——轨道原始弹性弯曲的相对曲率，$t=\frac{f_{oe}}{l_0^2}$；

l_0——轨道原始弯曲半波长，cm；

根据式(4.11)计算轨道弯曲变形半波长 l 及弹性弯曲矢度 f_{oe}($f_{oe}=tl^2$)，代入式(4.10)计算临界温度压力 P_w。

两股钢轨的允许温度压力[P]可按式(4.14)计算。

$$[P]=\frac{P_w}{K} \tag{4.14}$$

式中，K——安全系数，可取 $K=1.3$。

允许温升[ΔT_u]可按式(4.15)计算。

$$[\Delta T_u]=\frac{[P]}{2E\alpha_1 F} \tag{4.15}$$

桥上无缝线路、无缝道岔地段轨道的稳定性计算，允许温升[ΔT_u]应考虑桥上无缝线路伸缩力和挠曲力及无缝道岔基本轨附加纵向力的影响，可按式(4.16)计算。

$$[\Delta T_u]=\frac{1}{E\alpha_1 F}\left\{\frac{[P]}{2}-P_f\right\} \tag{4.16}$$

式中　P_f——桥上无缝线路为伸缩力(压力)和挠曲力(压力)的最大值，无缝道岔为基本轨附加纵向力(压力)的最大值。

4.2.6　拉林铁路轨温及线路参数

拉林铁路上钢轨采用 60 kg/m，100 m 定尺长钢轨，屈服强度 $\sigma_s=457$ MPa，钢轨断面对水平轴的惯性矩 $I_x=3\ 217\ \text{cm}^4$。轨枕为Ⅲ型混凝土枕，每公里配置 1 667 根，轨枕间距 60 cm。钢轨支座刚度 $D=30\ 000$ N/m。

采用的机车类型为客车机车类型为 HXD_{1D} 型电力机车，轴重 21 t，机车转向架 3 轴，固定轴距 2.15 m+2 m，运行速度 160 km/h。货车机车类型为 HXD_2 型电力机车，轴重 23 t，机车转向架 2 轴，固定轴距 2.6 m，运行速度 90 km/h。

拉林铁路各区段内不同地区轨温见表 4.1。

表 4.1　拉林铁路各地区轨温　　单位：℃

地　区	锁定轨温	升温幅度	降温幅度	最高轨温	最低轨温
林芝	27.1	28.2	45.8	50.3	−13.7
米林	25.3	28.5	46.1	48.8	−15.8
朗县	29.0	27.8	45.5	51.8	−11.5

续上表

地　区	锁定轨温	升温幅度	降温幅度	最高轨温	最低轨温
泽当	26.1	24.9	42.6	46.0	−11.5
贡嘎	26.4	22.6	40.3	44.0	−8.9
拉萨	25.8	29.6	47.3	50.4	−16.5

4.3　拉林铁路无缝线路设计研究

4.3.1　一般路段无缝线路设计研究

1. 强度计算

客运情况钢轨强度计算见表 4.2，货运情况钢轨强度计算见表 4.3。

表 4.2　客运情况钢轨强度计算　　单位：MPa

工况	动弯应力	温度应力	制动附加应力	$\sum\sigma$	钢轨容许应力	结论
降温	129.6	125.2	10	264.8	352	通过
升温	151.2	78.1	10	239.3	352	

表 4.3　货运情况钢轨强度计算　　单位：MPa

工况	动弯应力	温度应力	制动附加应力	$\sum\sigma$	钢轨容许应力	结论
降温	118.0	130.9	10	258.9	352	通过
升温	137.7	72.4	10	220.1	352	

根据表 4.2 和表 4.3 可以看出，客运、货运情况下钢轨强度均满足要求。

2. 轨道稳定性计算

无缝线路轨道的稳定性应满足钢轨最大升温幅度 ΔT 小于或等于允许温升 $[\Delta T_u]$ 的要求；桥上无缝线路允许温升 $[\Delta T_u]$ 应计入伸缩力或挠曲力的影响，无缝道岔地段允许温升 $[\Delta T_u]$ 应计入基本轨附加纵向力的影响。

计算允许温升：轨道原始塑性弯曲相对曲率 $f_{op}/l^2=1.745\,49\times10^{-6}$，轨道原始弹性弯曲相对曲率 $f_{oe}/l^2=3.575\times10^{-7}$，允许轨道变形矢度 $f=0.2$ cm，单根钢轨对垂直轴的惯性矩 $I_y=5.24\times10^6$ mm^4，钢轨断面积 $F=7\,745$ mm^2，轨道框架刚度换算系数 $\beta=1.0$，等效道床横向阻力取 $Q=11.5$ N/mm，按照最小曲线半径 800 m 计算，得允许温升 $[\Delta T_u]=67.84$ ℃。

根据钢轨强度条件来确定允许温降，机车类型为客运时，允许温降 $[\Delta T_d]=\dfrac{[\sigma]-\sigma_d-\sigma_f-\sigma_z}{E\alpha_1}=85.46$ ℃；机车类型为货运时，允许温降 $[\Delta T_d]=\dfrac{[\sigma]-\sigma_d-\sigma_f-\sigma_z}{E\alpha_1}$

$=90.14$ ℃。根据断缝条件确定允许温降时，$[\Delta T_d]=\dfrac{\sqrt[2]{\dfrac{\lambda\gamma}{EF}}}{\alpha_1}=77.2$ ℃。

为使计算结果更加可靠，允许温降为$[\Delta T_d]=77.2$ ℃。

3. 钢轨断缝计算

钢轨断缝为轨温在最大降温幅度时钢轨发生断轨的轨缝大小，钢轨断缝容许值，一般情况取 70 mm，困难条件下取 90 mm。拉林铁路各地区断缝值见表 4.4。

表 4.4　拉林铁路各地区断缝值

单位：mm

断缝值	客运	货运
林芝	31.7	35
米林	32.1	35.4
朗县	31.2	34.5
泽当	27.3	30.4
贡嘎	24.5	27.4
拉萨	33.7	37.1

由表 4.4 可知，钢轨断缝均满足要求。

4. 结构选型

综合考虑最大允许温升、最大允许温降、当地历史极端最高、最低轨温等方面影响，林芝历史最高气温为 30.3 ℃，历史最低气温为－13.7 ℃。米林历史最高气温为 28.8 ℃，历史最低气温为－15.8 ℃。朗县历史最高气温为 31.8 ℃，历史最低气温为－11.5 ℃。泽当历史最高气温为 26.0 ℃，历史最低气温为－11.5 ℃。贡嘎历史最高气温为 24.0 ℃，历史最低气温为－8.9 ℃。拉萨历史最高气温为 30.4 ℃，历史最低气温为－16.5 ℃。

$$[\Delta T_d]+[\Delta T_u]=145.04\ ℃>T_{max}+T_{min}+10=78.3\ ℃ \tag{4.17}$$

根据式(4.17)可知，该地段可以铺设温度应力式全区间无缝线路。温度应力式无缝线路，其锁定轨温应保证夏季不胀轨跑道，冬季不折断钢轨，该区段铺设无缝线路时，锁定轨温设计按照区段内的极端轨温确定，即最高轨温为 51.8 ℃，最低轨温为－16.5 ℃。该区段锁定轨温计算可得，客运情况下 $T_e=(21\pm5)$℃；货运情况下 $T_e=(23\pm5)$℃。

4.3.2　桥上无缝线路设计研究

1. 巴玉雅鲁藏布江三线大桥

(1)桥梁概况

巴玉雅鲁藏布江三线大桥为(74＋120＋74)m 连续刚构桥，温度跨度达 134 m，桥梁位于直线上，1 号、2 号墩为刚构墩，梁体为变截面箱梁，采用 C55 混凝土。桥梁设计活载类型采用中活载，计算桥跨共 3 跨，如图 4.3 所示，各墩台纵向线刚度见表 4.5。

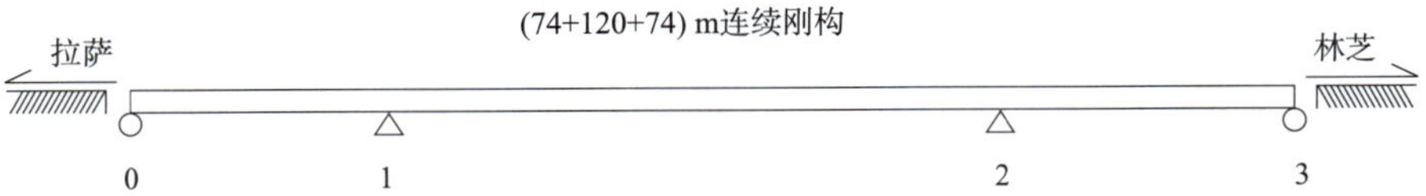

图 4.3　巴玉雅鲁藏布江三线大桥计算模型示意图

表 4.5　墩台纵向线刚度

墩台号	0	1	2	3
线刚度/(kN/m)	500 000	136 586	211 607	500 000

桥上铺设有砟轨道结构，根据该地气象资料，最高轨温 49.1 ℃，最低轨温 −12.0 ℃，取设计锁定轨温为(20±5)℃，升温时最大温差 49.1 ℃−(20−5)℃=34.1 ℃，降温时最大温差 20 ℃+5 ℃−(−12)℃=37 ℃。

(2)计算结果

方案一：不设钢轨伸缩调节器，全桥铺设常阻力扣件。轨道强度计算见表 4.6。

表 4.6　轨道强度计算　　单位：MPa

轨底边缘动弯应力	钢轨最大温度应力	钢轨最大附加应力	钢轨牵引(制动)应力	$\sum\sigma$	钢轨容许应力	结论
127.2	91.7	70.7	75.0	364.7	351.5	不通过

方案二：不设钢轨伸缩调节器，全桥铺设小阻力扣件。

①钢轨强度计算(表 4.7)。

表 4.7　轨道强度计算　　单位：MPa

轨底边缘动弯应力	钢轨最大温度应力	钢轨最大附加应力	钢轨牵引(制动)应力	$\sum\sigma$	钢轨容许应力	结论
127.2	91.7	53.7	72.8	345.5	351.5	通过

②轨道稳定性计算。

根据统一无缝线路稳定性计算公式算得容许温升为 65.7 ℃，按照设计锁定轨温(20±5)℃计算得最大升温幅度为 34.1 ℃，在容许限度内，轨道稳定性计算通过。

③钢轨断缝计算见表 4.8。

表 4.8　钢轨断缝计算

锁定轨温/℃	最大温降/℃	最大断缝/mm	允许断缝/mm	结论
20±5	37	26.8	70	通过

经过桥上无缝线路计算，巴玉雅鲁藏布江三线大桥在不设置钢轨伸缩调节器、全桥铺设小阻力扣件的情况下，钢轨强度、轨道稳定性、钢轨断缝均能满足《铁路无缝线路设计规范》(TB 10015—2012)的相关要求。

2. 藏木雅鲁藏布江特大桥

(1)桥梁概况

藏木雅鲁藏布江特大跨度中承式拱桥，计算跨径为430 m，计算矢高112 m，拱轴线为二次抛物线，吊杆间距为8 m，共计43对，主梁长430 m，主桥拱肋采用钢—混凝土结合桁架拱结构，主梁为预应力混凝土箱梁桥，桥跨布置如图4.4所示，全桥位于直线段上，桥上铺设有砟轨道无缝线路，全桥铺设常阻力扣件。

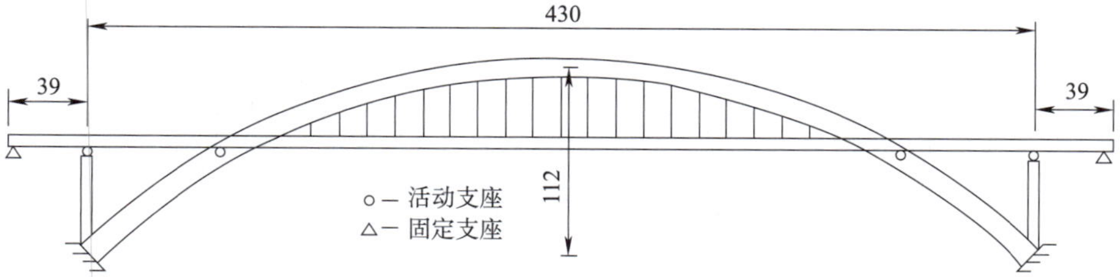

图4.4　藏木雅鲁藏布江特大拱桥布置图(单位：m)

(2)线路设计资料

参照相关设计资料及《铁路无缝线路设计规范》(TB 10015—2012)，拉萨地区极端最低气温−16.5 ℃，极端最高气温30.4 ℃，最高轨温50.4 ℃，最低轨温−16.5 ℃，设计锁定轨温范围为(17±5)℃，则升温时最大温差可达50.4 ℃−12 ℃＝38.4 ℃，降温时最大温差可达22 ℃−(−16.5) ℃＝38.5 ℃。有砟轨道列车过桥振动对钢轨伸缩力放散作用明显，梁温差取日温差，混凝土有砟梁取15 ℃，拱肋暂按钢梁取25 ℃。

线路设计荷载采用活载，如图4.5所示，轨面制动力率取0.164。

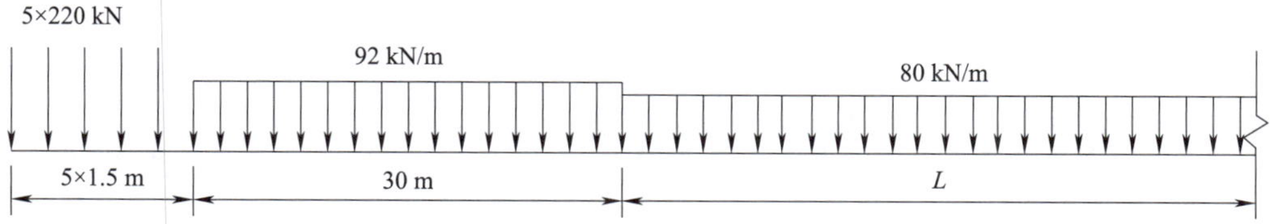

图4.5　活载计算图式

线路阻力按《铁路无缝线路设计规范》(TB 10015—2012)取值，有砟轨道采用常阻力扣件时，线路阻力取道床阻力；采用小阻力扣件时，线路阻力取扣件阻力；如图4.6所示，每股钢轨线路阻力取值如下：

采用ABCWR计算软件，在Ansys中所建立的计算模型如图4.7所示，利用此模型可对伸缩工况、挠曲工况、制动工况及断轨工况进行分析。

(3)伸缩力计算

伸缩力计算时，主桥梁端各取5跨32 m简支梁桥作为边界条件，钢轨伸缩力、梁轨相对位移计算结果如图4.8所示。

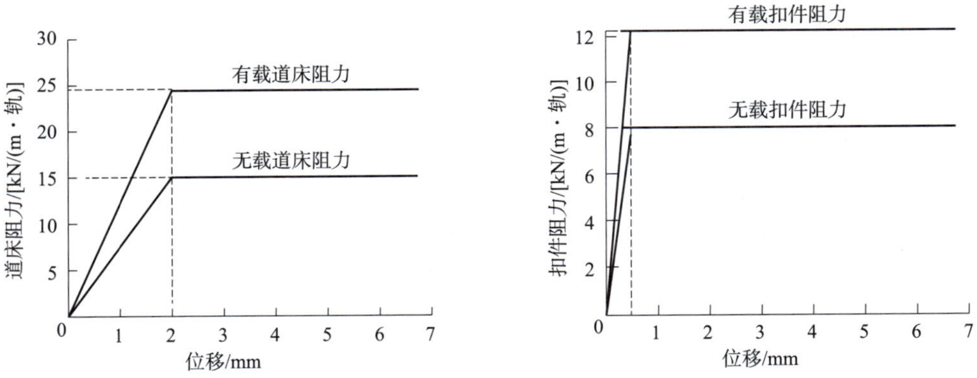

(a) 道床阻力　　(b) 扣件阻力

图 4.6　有砟轨道线路阻力

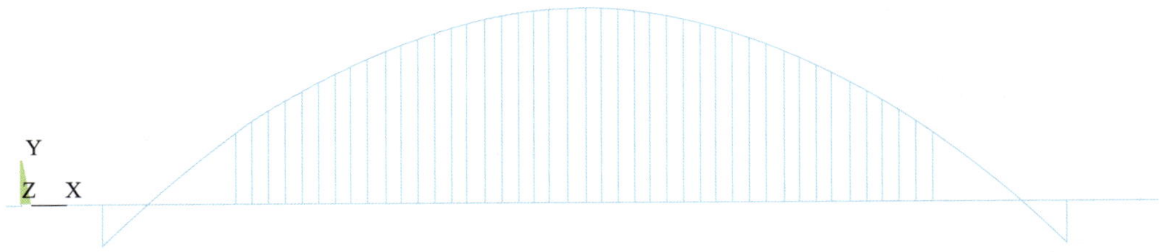

图 4.7　有限元计算模型

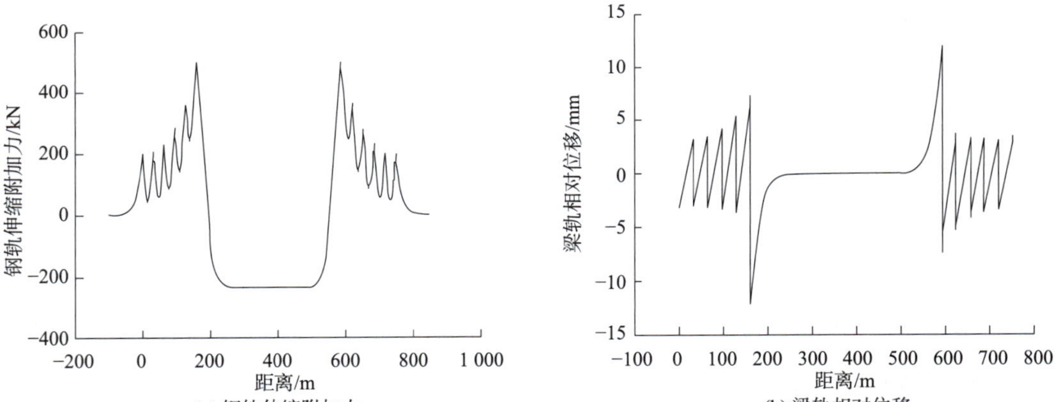

(a) 钢轨伸缩附加力　　(b) 梁轨相对位移

图 4.8　伸缩工况计算结果

由图 4.8 可知，钢轨最大伸缩力为 498.8 kN，位于两端交界墩处。当考虑拱肋温差 25 ℃时，钢轨伸缩力比不考虑拱肋温差仅增加 10 kN，可见拱肋的温差对钢轨伸缩力的影响很小，这主要是因为主梁在温度作用下的纵向伸缩变形几乎呈关于拱桥中心对称，拱肋在温度作用下的变形几乎不影响梁体纵向伸缩变形，基于这一点，可按

图 4.9 中将此中承式拱桥简化为中间设置一个固定支座的连续梁，按普通桥上无缝线路的计算模型进行伸缩工况计算，且计算结果能够满足精度要求。

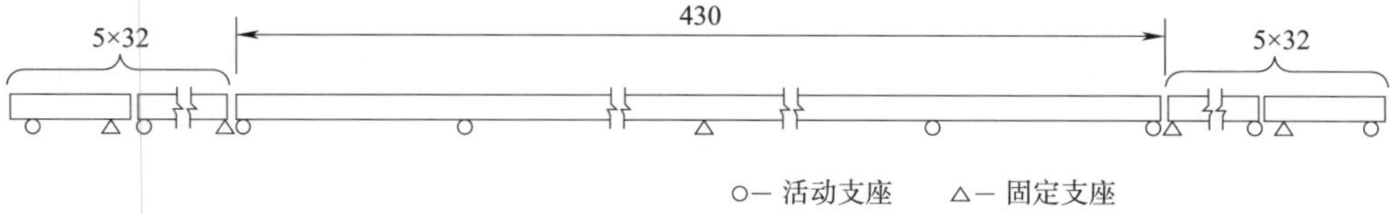

图 4.9　简化连续梁图示(单位：m)

(4)挠曲力计算

挠曲力计算时，分别计算中—活载从左端入桥布置在拱桥的 1/4 跨、1/2 跨、3/4 跨及满跨工况，钢轨挠曲力和梁轨相对位移计算结果如图 4.10 和图 4.11 所示。

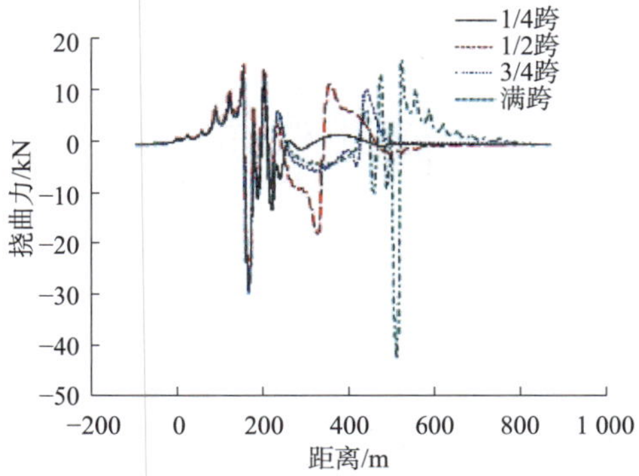

图 4.10　钢轨挠曲力

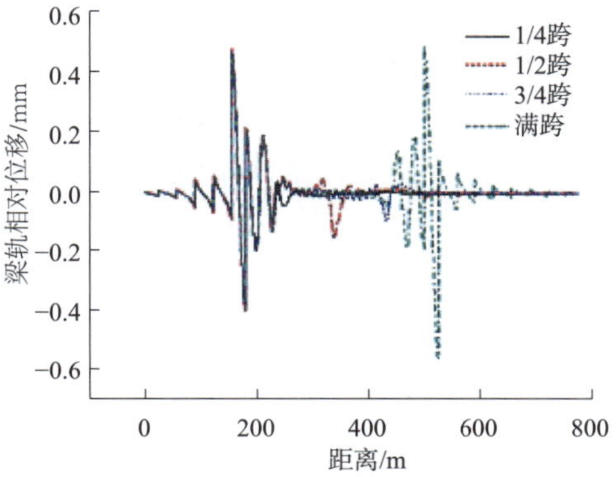

图 4.11　梁轨相对位移

计算结果是在荷载单方向入桥布置情况下所得出的，由图 4.10 可知，在拱桥 1/2 跨布置荷载时，主梁跨中一定范围内钢轨会出现数值较小的拉压力峰，这是因为主梁沿线路方向长度较长，列车荷载可通过所有吊杆或立柱墩台向拱肋传递，拱肋的反对称变形较小，引起的梁轨相对位移较小(图 4.11)，钢轨挠曲力数值也较小，但由于主梁左端边跨梁体竖向刚度较小，在列车荷载作用下，梁体挠曲变形较大，钢轨在左侧交界墩台处出现了最大拉力峰值，在左端边跨跨中出现了最大压应力峰值；在满跨布置荷载时，由于拱肋变形对称，主梁跨中一定范围内几乎无梁轨相对位移，这一范围内钢轨挠曲力几乎为零，但由于主梁右端边跨梁体刚度较小，因而钢轨在右侧交界墩台处出现了拉力峰值，在右端边跨跨中出现了压力峰值。

(5)制动力计算

中承式拱桥吊杆对主梁纵向约束作用较小，为了限制列车制动或地震作用下主梁位移，一般需在主梁与拱肋交接处安装速度锁定器，考虑按图 4.12 中速度锁定器设置方案。

计算不设与设置速度锁定器两种方案下，列车从左入桥在主梁及两座边跨梁上制

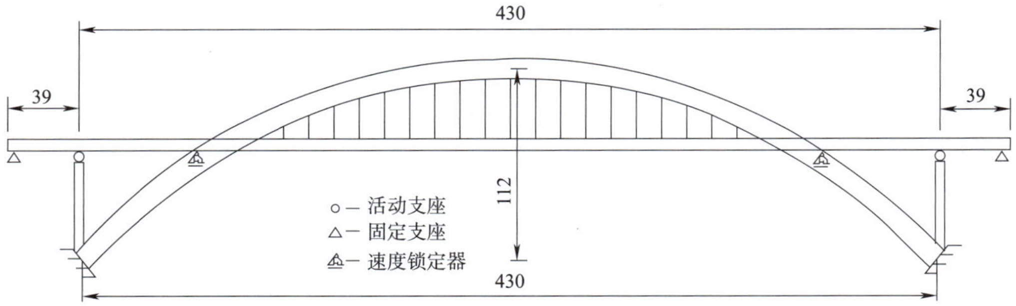

图 4.12 速度锁定器方案(单位:m)

动,钢轨制动力和桥面位移等计算结果对比如图 4.13～图 4.15 及表 4.9。

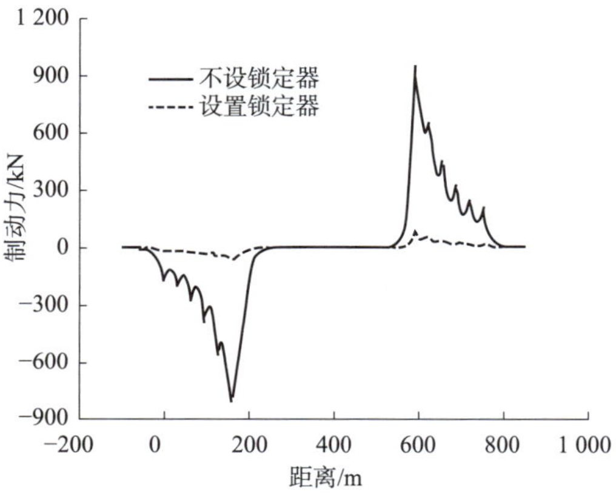

图 4.13 钢轨制动力

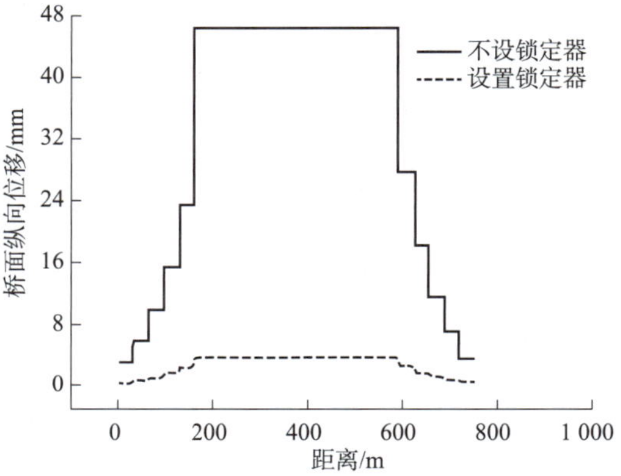

图 4.14 桥面纵向位移

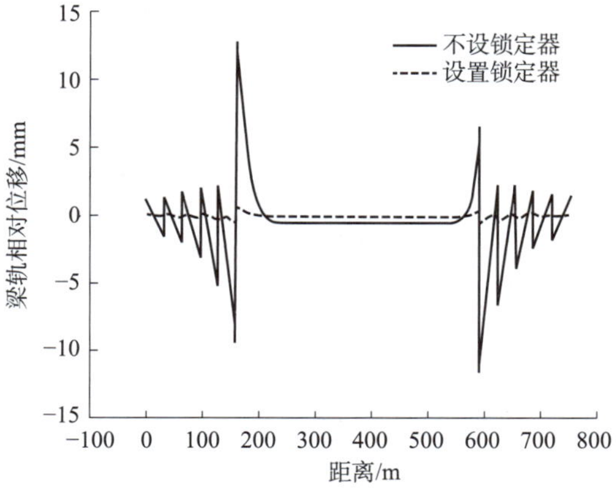

图 4.15 梁轨相对位移

表 4.9　计算结果汇总

方　案	钢轨制动力/kN	梁轨快速相对位移/mm	钢轨纵向位移/mm	桥面纵向位移/mm
不设锁定器	956.2	12.9	46.7	46.2
设置锁定器	82.1	0.8	3.8	3.6

以上图表可知，不设速度锁定器钢轨制动力达到了 956.2 kN(应力为 123.5 MPa)，而设置速度锁定器后，制动力降低至 82.1 kN(应力仅为 10.6 MPa)，这是因为吊杆为主梁提供的纵向约束作用很小，列车制动作用下主梁产生较大的纵向漂移。图 4.15 中主梁整体位移接近 50 mm，钢轨承受了大部分列车制动力，这对轨道与桥梁结构的受力与变形是很不利的；设置速度锁定器后，列车制动力通过速度锁定器迅速传递至拱肋，有效阻止了主梁的纵向漂移，主梁最大位移仅为 3.6 mm，钢轨承受的制动力就会很小。

(6)断缝计算

①公式法断缝计算

参照《铁路无缝线路设计规范》(TB 10015—2012)中关于钢轨断缝值的计算规定，钢轨断缝可按式(4.18)计算。

$$\lambda=\frac{EF(\alpha_1\Delta T_{d,max})^2}{r}\leqslant[\lambda] \tag{4.18}$$

式中　λ——钢轨断缝，mm；

F——钢轨横断面面积，mm^2；

α_1——钢轨钢线膨胀系数，取 $\alpha_1=1.18\times10^{-5}$ mm/(mm・℃)；

$\Delta T_{d,max}$——最大降温幅度，℃，$\Delta T_{d,max}=T_u-T_{min}$(其中，$T_u$ 为设计锁定轨温锁定上限，℃；T_{min} 为最低轨温，℃)；

$[\lambda]$——钢轨断缝容许值，mm。

采用公式法计算最大降温条件下钢轨断缝值仅为 22.3 mm。

②梁轨相互作用法断缝值计算

对于一般跨度桥梁断缝计算采用式(4.17)是合适的，能够满足精度要求。对于大跨度桥梁，由于该方法没有考虑桥上无缝线路附加力及相邻股道的影响，采用式(4.17)计算断缝值会存在一定的误差，因此，大跨度桥梁计算钢轨断缝值需进行梁轨相互作用分析。

图 4.8(a)钢轨伸缩力分布中主梁左、右端梁缝处峰值相差较小，在主梁左端位置处设置断轨，断轨后钢轨位移如图 4.16 所示。

从图 4.16 中知，左端梁缝处断缝值分别为 45.9 mm，为公式法计算断缝值的 2 倍左右，采用公式法较大程度低估了断轨后的断缝值，建议采用梁轨相互作用法分析断轨工况。

根据桥上无缝线路设计基本计算理论，运用线桥纵向相互作用原理，结合拱桥和斜拉桥上无缝线路结构特点，分别建立了各种特殊桥梁结构下桥上无缝线路纵向力计算模型。选取了藏木雅鲁藏布江特大中承式拱桥作为计算实例，对拱桥梁轨相互作用进行了详细研究，得出的结论可为拱桥上无缝线路设计研究提供指导。

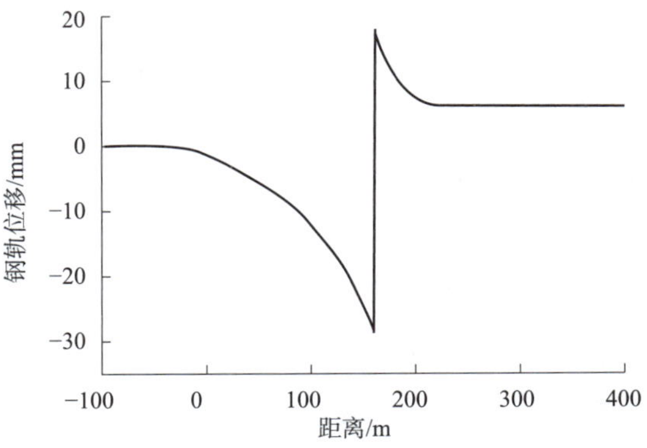

图 4.16　钢轨位移

对于藏木雅鲁藏布江特大中承式拱桥上无缝线路，拱肋和吊杆温差对钢轨伸缩力几乎无影响，钢轨伸缩力主要取决于主梁的伸缩变形，可将拱桥简化为主梁中间设置固定支座的普通连续梁计算钢轨伸缩力。由于中承式拱桥主梁长度较长，在挠曲工况计算时，布置的列车荷载可通过所有吊杆或立柱墩台向拱肋传递，拱肋的变形较小从而引起较小的梁轨相对位移，故钢轨挠曲力数值较小，挠曲工况可选为在拱桥 1/2 跨和满跨上布置荷载。由于吊杆对主梁的纵向约束作用弱，需设置速度锁定器以限制主梁在列车制动作用下的纵向漂移，同时可大幅度降低钢轨制动力。公式法和梁轨相互作用法计算的断缝值差别较大，建议通过梁轨相互作用分析来确定断缝值。

4.3.3　隧道内无缝线路设计研究

在进行隧道内无缝线路设计时，为了最大限度地提高无缝线路的连续性，减少养护维修工作，可考虑将一根长钢轨在同一锁定轨温下穿越整个隧道。由于隧道内外轨温变化幅度相差较大，隧道内外钢轨承受的温度力会有明显不同，从而造成了长轨节无缝线路在隧道内固定区和隧道外固定区温度力的分布不均匀。当轨温过渡区(简称过渡区)的线路不足以提供钢轨固定所需的约束，钢轨将产生纵向位移，进而产生不均匀的爬行，这对于无缝线路的稳定是极为不利的。

1. 锁定轨温计算

根据相关资料，隧道内外无缝线路轨温和气温有如下变化规律：

(1)隧道内的轨温和气温无论夏季或冬季基本相近；

(2)夏季隧道内气温、轨温分别比隧道外低 20～30 ℃；

(3)冬季隧道内气温、轨温均高于隧道外 3～8 ℃。

在进行无缝线路设计时，根据实地调研，因地热影响，洞内温度将常年偏高，考虑通风后会有所下降，故隧道内最高轨温按照 60 ℃考虑。隧道外最高轨温按照当地最高气温加 20 ℃计。隧道内外的最低轨温按照当地的最低气温计。

根据气象站观测资料，隧道地区年平均气温−6.11 ℃，极端最高气温 23.2 ℃，极端最低气温−37.7 ℃，隧道外最高轨温 $T_{max}=23.2$ ℃$+20$ ℃$=43.2$ ℃，最低轨温 $T_{min}=-37.7$ ℃；隧道内最高轨温 $T_{max}=60$ ℃，最低轨温 $T_{min}=-37.7$ ℃。由此可得，客运情况下设计锁定轨温 20 ℃。隧道内外最大温升幅度分别为 60 ℃−20 ℃+5 ℃=45 ℃，最大温降幅度为 62.7 ℃。货运情况下设计锁定轨温 22 ℃。隧道内外最大温升幅度分别为 60 ℃－22 ℃＋5 ℃＝43 ℃，最大温降幅度为 64.7 ℃。锁定轨温设计能够满足隧道内外无缝线路强度、稳定性的要求。

客运和货运情况钢轨强度计算见表 4.10 和表 4.11。

表 4.10　客运情况钢轨强度计算

单位：MPa

工　况	动弯应力	温度应力	制动附加应力	$\sum\sigma$	钢轨容许应力	结论
降温	129.6	155.5	10	295.1	352	通过
升温	151.2	111.6	10	272.8	352	

表 4.11　货运情况钢轨强度计算

单位：MPa

工　况	动弯应力	温度应力	制动附加应力	$\sum\sigma$	钢轨容许应力	结论
降温	118	160.5	10	288.5	352	通过
升温	137.7	106.6	10	254.3	352	

根据表 4.10 和表 4.11 可以看出，客运、货运情况下钢轨强度均满足要求。

2. 轨道稳定性计算

与一般路段无缝线路轨道稳定性计算结果相同。其中，计算得允许温升为$[\Delta T_u]$＝67.84 ℃，允许温降为$[\Delta T_d]$＝77.2 ℃。

3. 钢轨断缝计算

钢轨断缝为轨温在最大降温幅度时钢轨发生断轨时的轨缝大小，钢轨断缝容许值，一般情况取 70 mm，困难条件下取 90 mm。

由表 4.12 可知，钢轨断缝均满足要求。

表 4.12　拉林铁路各地区隧道段断缝值

类　　型	客运	货运
段缝值/mm	44.4	48.4

4. 结构设计

综合考虑最大允许温升、最大允许温降、当地历史极端最高、最低轨温等方面影响，隧道地段历史最高轨温为 60 ℃，历史最低轨温为－37.7 ℃。

$$[\Delta T_d]+[\Delta T_u]=145.04\ ℃>T_{max}+T_{min}+10\ ℃=107.7\ ℃ \tag{4.19}$$

根据式(4.19)可知，该地段可以铺设温度应力式全区间无缝线路。温度应力式无缝线路，其锁定轨温应保证夏季不胀轨跑道，冬季不折断钢轨，该区段铺设无缝线路时，锁定轨温设计按照区段内的极端轨温确定，即最高轨温为 60 ℃，最低轨温为－37.7 ℃。该区段锁定轨温按照式(4.17)计算可得，客运情况下 T_d＝(20±5)℃；货运情况下 T_d＝(20±5)℃。

4.3.4 大坡道地段无缝线路设计研究

1. 轨道框架对散粒体道床非线性纵向阻力的影响试验研究

由级配碎石堆积而成的散粒体道床因具有增弹减振、排水方便及易于养护维修等特点，长期以来一直是世界各国铁路采用的道床结构形式。道床纵向阻力是保证线路稳定，提高无缝线路长轨条中温度应力均匀性的重要参数，20 世纪 20 年代末以来，随着无缝线路技术的发展应用，能反映道床抵抗无缝长钢轨伸缩、爬行能力的道床纵向阻力越来越受到各国铁路科研工作者的重视。对于桥上无缝线路，道床纵向阻力的取值直接关系着无缝线路及其桥梁设计方案，因此如何准确地确定道床纵向阻力及其变化规律对于跨区间无缝线路设计、养护维修等具有十分重要的意义。

通过建立足尺模型，以当前铁路主型轨枕（Ⅲ型枕）为主，采用力、位移智能试验方法，重点关注无载工况（温度荷载）下无缝线路伸缩区、桥梁无缝线路范围内的轨排与碎石道床的纵向力学特性，研究不同轨枕数量下的轨道框架对道床纵向阻力的影响，为跨区间无缝线路设计参数的制定提供更为科学的依据。

2. 道床纵向阻力试验

(1)试验模型的建立

采用现场使用的一级道砟，并使用标准方孔塞对道砟粒径进行分类，从而使堆积形成的道砟级配满足规范要求。试验采用的道砟级配如图 4.17 所示。道床顶面宽度 3.50 m，道床厚度 0.35 m，顶面高度与轨枕中部项面平齐，道床边坡1∶1.75，砟肩堆高 0.15 m，满足我国 200 km/h 有砟轨道单线道床断面尺寸的要求。

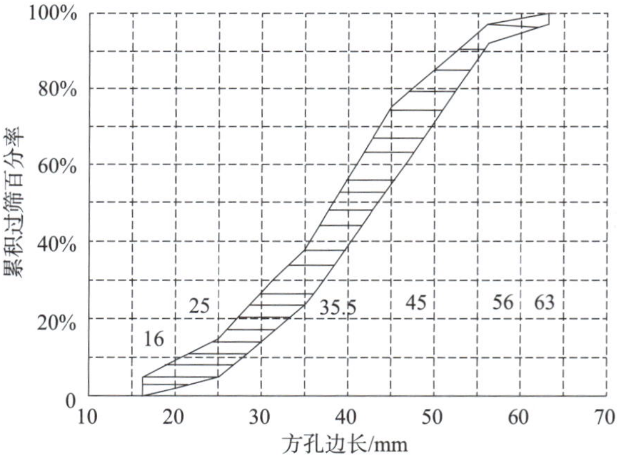

图 4.17 道砟粒径级配

采用Ⅲ型有挡肩钢筋混凝土轨枕，枕间距取 0.6 m(1 667 根/km)；CHN60 钢轨；弹条Ⅱ型扣件系统，根据室内试验结果，当扣件扭矩取 200 kN/m 时，无载时扣件纵向阻力约为 18 kN/m/轨。试验模型如图 4.18 所示。

(2)试验方法及装置

轨道框架法是通过扣件系统将多根轨枕连接成轨排—道床结构，测试时在框架一侧施加荷载，并同步记录荷载与位移的大小。测试时采用两根钢轨同步加载的方式，加载装置采用 CF-300 kN 型精密电力伺服作动器，为双向同步试验机，并通过伺服驱动系统控制；力传感器采用 JXLY-LF 轮辐式拉压力传感器(量程±300 kN，精度 0.01 kN)；位移通过 CW-YB-2 型位移传感器(量程±50 mm，精度 0.01 mm)采集；试验数据利用 DHDAS 动态信号分析仪实时记录。

图 4.18　试验模型

试验控制流程：控制系统→伺服驱动器→加载机→试验工况，驱动器控制模块可实现等速、等幅加载，试验装置如图 4.19 所示。分析轨道框架下道床非线性纵向阻力时，采用单调等速加载的方式进行，加载速率取 1 mm/min。

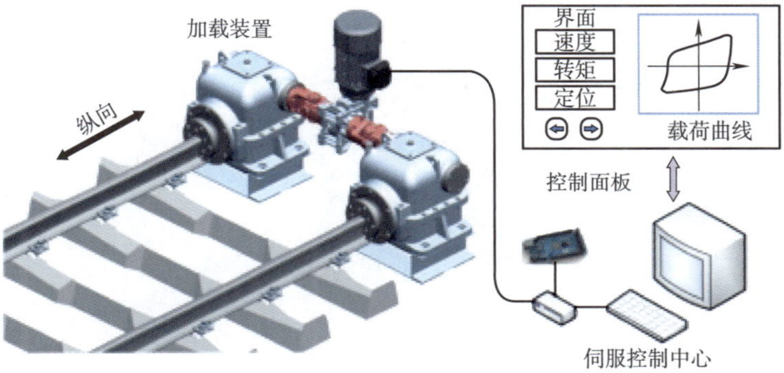

图 4.19　试验装置

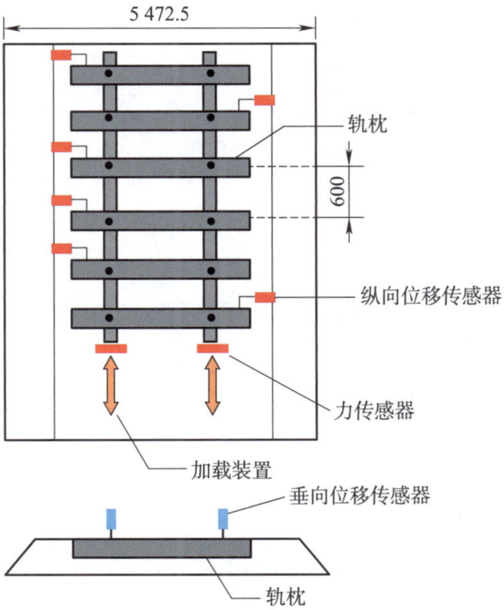

图 4.20　轨道框架法测试道床纵向阻力(单位：mm)

利用上述试验方法和装置，对轨道框架道床纵向阻力进行测试，如图 4.20 所示。纵向荷载由安装在试验机上的荷载传感器测定，纵、垂向位移 u 由位移传感器测定(图 4.21)，荷载—位移由数据分析系统实时采集。针对不同轨枕数量下的轨道框架，按照一定的位移速率 v(取 1 mm/min)从 0 加载到一定的位移水平 u，一组试验结束后，重新对道床进行振动捣固，如此重复测试多组。另外，为了尽量保证试验时的道床堆积状态，减小测试误差，道床振动捣固并稳定 24 h 后，再进行下一组试验。试验模型轨枕数量取为 6 根，为了消除边界轨枕阻力的影响，选取中间位置处的 4 根轨枕作为试验对象，两端各留有一根轨枕，且为保证轨排结构的整体性，两端堆砟量较少，并以当前铁路主型轨枕（Ⅲ型枕）为主，对单根枕与轨排纵向阻力的差异性进行研究。

(a) 垂向位移　　(b) 纵向位移

图 4.21　轨枕位移测试

（3）试验结果

对不同轨枕数量下的轨排结构纵向阻力进行测试，根据测试得到的多组试验数据，拟合出道床阻力—位移关系曲线，如图 4.22 所示。

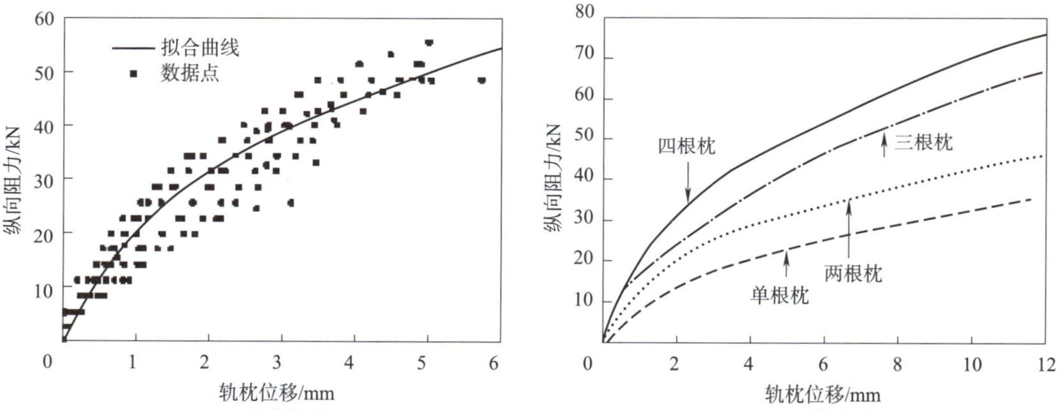

(a) 四根轨枕　　(b) 不同轨枕数量

图 4.22　试验结果

由图 4.22 可知，道床纵向阻力表现出明显的弹塑性，且随着轨枕数量的增加，无论是弹性亦或是塑性阶段，相同位移下的道床阻力值均明显增大。以四根轨枕为例，根据试验数据，对道床纵向阻力进行曲线拟合，拟合曲线方程为

$$F_d = 12.625x^{0.393} + 19.886x^{1/2.539} - 11.205 \tag{4.20}$$

式中　F_d——道床纵向阻力，kN/枕；

x——轨枕位移，mm。

另外，根据试验结果，当取屈服位移为 2 mm 时，单根轨枕、两根轨枕、三根轨枕及四根轨枕的屈服阻力值分别为 13.9 kN、19.2 kN、22.4 kN、30.9 kN；对于大变形塑性屈服阶段，当取屈服位移为 10 mm 时的屈服阻力值分别为 29.4 kN、39.1 kN、56.1 kN、

62.8 kN。随着轨枕数量的增加，相同位移下的道床纵向阻力值并非呈比例地增大，不同轨枕数量下的阻力均值(阻力值/轨枕数量)明显小于单根轨枕，且随着轨枕位移的增加，差异愈加明显。

不同轨枕数量下道床纵向阻力数值的差异性主要是由于道砟颗粒的受力及变形状态不同所导致的。因此，基于 PIV 图像识别技术，对轨道框架纵向移动时道砟颗粒的运动规律进行分析。位移为 10 mm 时，不同轨枕数量下道砟颗粒运动规律如图 4.23 所示；取四根枕时，不同位移下的颗粒运动规律如图 4.24 所示。

(a) 一根轨枕　　(b) 四根轨枕

图 4.23　轨枕位移为 10 mm 时道砟颗粒运动规律

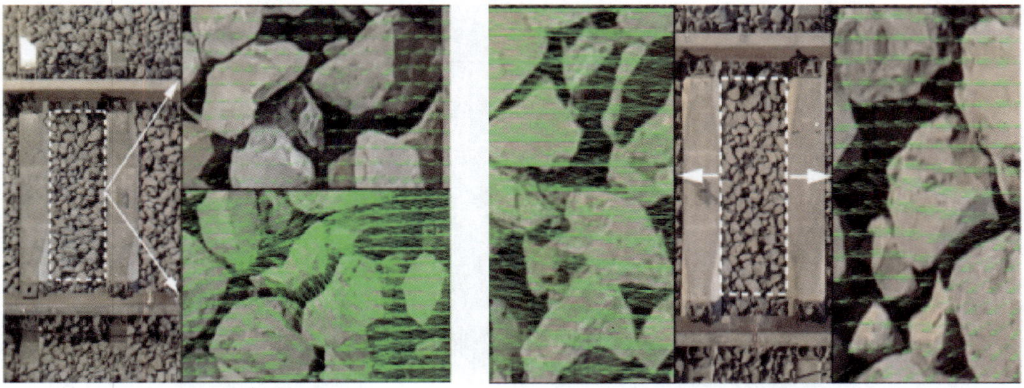

(a) 轨排端部　　(b) 轨排中间位置

图 4.24　不同轨枕位移下道砟颗粒运动规律

由图 4.23 可知，在单调纵向荷载作用下，轨枕沿着加载方向发生刚性平动，而道砟颗粒则呈现出不规则的运动规律。由图 4.23(a)可以看出，在加荷之后，轨枕一侧枕盒内道砟颗粒会沿不同的方向扩散并最终转移到新的稳定平衡的位置，而另一侧道砟颗粒会随着轨枕的移动而发生微小的移动。由图 4.23(b)可知，轨排两端道砟颗粒的运动规律与单根枕相差不大，但枕盒内道砟颗粒会随着轨枕的纵向移动而近似呈规则地平移，且颗粒移动的位移扩散角相对较小。另外，由图 4.24 可知，随着轨枕纵向位移的增加，轨排端部及枕盒内道砟颗粒的位移及移动不规则性加大。

3. 轨枕数量对道床纵向阻力的影响

(1)不同轨枕数量下试验结果分析

为了定量的分析轨排结构对道床纵向阻力的影响，选取一组典型试验结果，如图 4.25 所示，对不同轨枕数量下道床阻力值的变化进行量值分析。

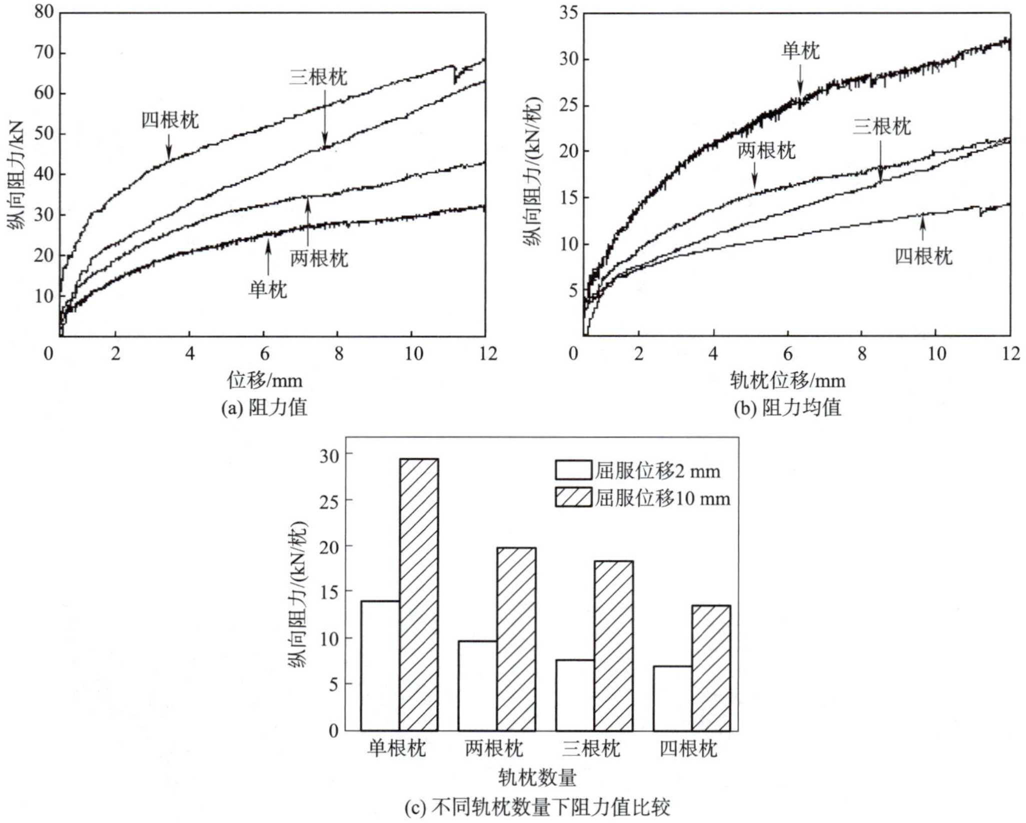

图 4.25　道床阻力—位移关系

由图 4.25 可知，多根轨枕数量下的阻力均值明显小于单根枕。当取屈服位移为 2 mm 时，两根、三根及四根轨枕下的屈服阻力均值约为单根枕屈服阻力值的 69.1%、53.9%、50.3%；取 10 mm 屈服位移时，则约为单根枕屈服阻力值的 66.8%、61.5%、44.7%。这主要是因为轨排框架在纵向移动时各轨枕之间存在“群组效应”，即轨枕之间的相互影响将降低道床提供给每根轨枕的阻力，且相互影响的大小与轨枕数量、位移大小密切相关。

当轨枕位移较小时，道床发生弹性变形，颗粒间接触状态的改变较小，相邻轨枕的位移对道砟颗粒运动规律的影响较小。然而，当进入大变形塑性屈服阶段时，对于单根轨枕而言，轨枕一侧枕盒内的道砟抗推力会随着道砟的挤压塑性变形而最终趋于稳定在极限阻力值，但对于轨排结构来说，轨枕沿纵向移动的位移越大，枕间、枕端及枕底的道砟受相邻轨枕移动的影响愈加明显，此时枕盒间的道砟颗粒很可能处于一种近似流动的状态，使得单根轨枕所能提供的阻力值减小。以图 4.25(a)中单根及 4 根枕为例，屈服位移为 2 mm 时，4 根枕的屈服阻力值较单枕增大约 123%，而屈服位移为 10 mm 时，约为 112%。

通过以上分析可知，轨道框架抵抗纵向移动的阻力要远远小于各轨枕阻力之和，这对于有砟轨道桥上无缝线路而言，在列车、温度等荷载作用下，当桥梁与轨道结构之间产生相对变形时，钢轨附加力、梁轨相对位移、墩台力等与轨排结构下道床纵向阻力值的大小密切相关，而现有规范均将单根轨枕的纵向阻力值作为道床阻力值，在进行梁轨相互作用分析时，若严格按照现有规范统一取值，梁—轨纵向力学响应的计算结果将会不准确。

(2)轨道框架道床纵向阻力均值计算方法

对于现场实际的线路，如无缝道岔、桥上无缝线路梁端区域等，温度伸缩、列车制动工况下多根轨枕阻力发挥约束作用，但由于室内试验条件的限制，模型道床长度有限，无法完全模拟现场长大连续轨排结构。因此，基于试验结果，考虑各枕间相互作用及边界效应的影响，采取数值分析方法，对更多根轨枕下的道床纵向阻力性能进行分析。多根轨枕轨排结构如图 4.26 所示。

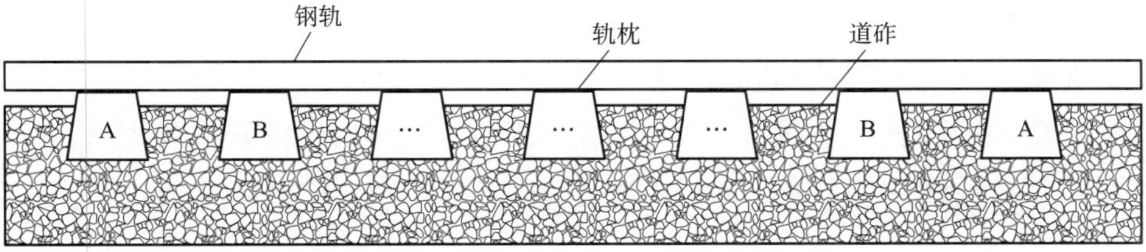

图 4.26　多根轨枕轨排结构

在道床阻力测试过程中，根据试验中枕盒内道砟的运动规律，定义轨排两端轨枕类型为 A 型(阻力为 F_A)，轨排中间部分定义为 B 型(阻力为 F_B)，如图 4.26 所示。单根轨枕下的阻力定义为 F_D，轨排道床阻力定义为 F_n，n 为轨枕数量。

$$F_n = 2F_A + (n-2)F_B \qquad n>2 \tag{4.21}$$

由于试验过程中轨排两端位置处轨枕仅受到一侧枕间流动道砟的影响，而中间部分轨枕受到两侧轨枕移动的影响。因此，定义阻力系数 α_d 和 β_d，$\alpha_d = F_A/F_D$，$\beta_d = F_B/F_D$，$\alpha_d = (1+\beta_d)/2$。

轨排结构下的道床阻力均值和单根轨枕阻力值之间的关系见式(4.22)。

$$F_n/n = [1/n + (1-1/n)\beta_d]F_D \qquad n>2 \tag{4.22}$$

根据现有《铁路无缝线路设计规范》(TB 10015—2012)之规定，道床纵向阻力值为单根轨枕下的测试结果，对于式(4.22)而言，理想情况下的试验结果为阻力系数 $\beta=1$，即 $F_n/n = F_D$。

不同极限位移下轨枕数量与道床纵向阻力值的关系如图 4.27 所示。

由图 4.27 可知，当屈服位移取值较小时，试验和计算结果几乎相同，随着屈服位移的增加，两者略有差别，但差别较小，取屈服位移为 10 mm 时，4 根枕屈服阻力的试验结果为 18.4 kN，计算值为 21.1 kN。另外，从图 4.27 中还可以看出，随着轨枕数量的增加，道床阻力均值趋于稳定，取屈服位移为 2 mm 时，单根枕下的屈服阻力值为 13.9 kN，而 4 根枕及 10 根枕分别为 7.0 kN、6.8 kN，均约为单根枕阻力值的 50.3%；屈服位移取较大值时，随着轨枕数量的增加，道床阻力均值与单根枕阻力值的差别越大，且阻力值趋于稳定时的轨枕数量越多，这主要是与大变形下散体道床的塑性变形及流动性有关。

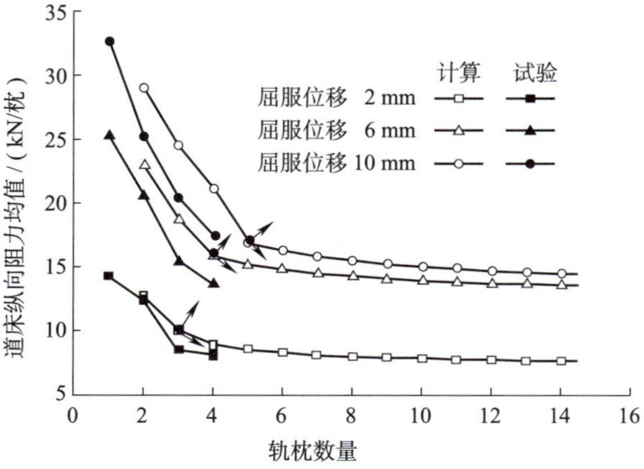

图 4.27 轨枕数量与道床纵向阻力值关系曲线

通过以上分析可知，轨道框架纵向阻力计算方法可以较为合理地预测出长大连续轨排结构纵向阻力值，且试验和计算结果均表明：随着轨枕数量的增加，道床阻力值趋于稳定，且较单根轨阻力值要小得多。

对于现场实际道床的堆积状态，其还会受到外部荷载、复杂环境等因素的影响，如循环往复荷载、风沙、脏污及雨雪结冰等，试验道床状态与现场实际有所差异，但有砟道床作为一种散粒体堆积结构，其所表现出的数值规律应该差别不大，只是数值的大小会有所差异。

4. 结论

考虑散粒体碎石道砟间相互作用，采用试验手段建立有砟道床足尺模型，从轨枕数量、屈服位移、屈服阻力等角度研究轨道框架纵向变形机理，并分析了轨道框架对道床非线性阻力的影响，主要结论如下：

(1)轨道框架道床纵向阻力表现出明显的弹塑性，其抵抗纵向位移的阻力明显小于各轨枕阻力之和，且随着轨枕数量与极限位移取值的增加，差异逐渐增大。

(2)当轨枕沿纵向移动时，道砟颗粒呈现出不规则的运动规律。随着轨枕数量的增加，轨排两端道砟颗粒的运动规律与单根枕相差不大，枕盒内道砟颗粒的运动规律相对较规则，且颗粒移动的位移扩散角相对较小。

(3)轨道框架道床阻力均值的计算方法可以较为合理的预测出长大连续轨排结构下的道床阻力值，且随着轨枕数量的增加，道床阻力值趋于稳定。在进行无缝线路轨道结构设计时采用轨排对应的纵向阻力更为合理，现有无缝线路设计理论应充分考虑单根枕与轨排纵向阻力的差异性。

4.3.5　坡道上制动力计算方法

列车启动、制动或行驶中调速均需要利用车轮与钢轨间摩擦力予以实现，而摩擦力的大小与接触面的粗糙程度和压力的大小有关。铺设于长大坡道的轨道，钢轨与车轮接触面间的正压力较轨道水平时的压力小，致使长大坡道上的制动力有一定的折减。对于在制动区间的钢轨而言，在坡道方向除了受到制动力的反作用力外，还受到来自列车重力沿坡道方向的分力。

因此，对长大坡道轨道纵向稳定性最不利荷载布置是列车下坡制动。此时，钢轨纵向荷载的大小是制动力的反作用力和列车沿线路自重分力之和。取单个车轮作用在钢轨上荷载进行分析，如图 4.28 所示。

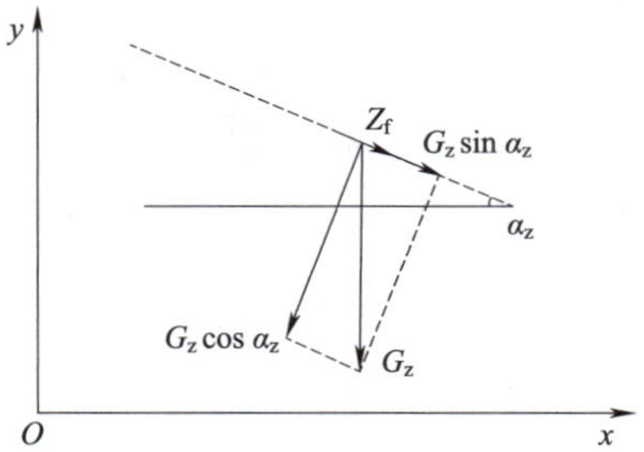

图 4.28　单个车轮作用在钢轨纵向的荷载分析

由图 4.28 的可知，设单个车轮对钢轨的荷载 F_z。

$$F_z = G_z \times \sin\alpha_z + Z_f \tag{4.23}$$

式中　G_z——车辆轮重，kN；

Z_f——制动力的反作用力，kN；

α_z——轨道的坡度，rad。

列车制动时作用于钢轨顶面上的纵向力可以通过“轮轨黏着系数×列车竖向荷载”得到，UIC（国际铁路联盟）标准中轨面制动力率采用 0.25。故：

$$Z_f = G_z \times \cos\alpha_z \times \mu_z \tag{4.24}$$

式中　μ_z——轮轨黏着系数，取 0.25。

由式(4.23)和式(4.24)，且当 α_z 很小时，$\sin\alpha_z \approx \tan\alpha_z$，$\cos\alpha_z = 1$。

线路坡度 $i_z = \tan\alpha_z$，所以

$$F_z = G_z \times \sin\alpha_z + G_z \times \cos\alpha_z \times \mu_z = G_z \times (\tan\alpha_z + \mu_z) = G_z \times (i_z + \mu_z) \tag{4.25}$$

因此，长大坡道上的等效轮轨黏着系数为 $\mu_0 = \mu_z + 1$，即 $\mu_0 = 0.25 + 1$。

研究发现，对于无缝线路地形急变地带，当线路需要铺设在大坡道上时，由于所处高寒、昼夜温差交替循环、坡道往复制动地区，容易引起较大的线路爬行量、钢轨不均匀位移，导致钢轨纵向力的重分配，进而影响线路的稳定性等。针对坡道上线路爬行量、钢轨纵向力、轨枕及钢轨不均匀位移等需要进行长期监测，以便判别线路运营状态及服役性能、指导养护维修。

4.4　地震作用下桥上无缝线路纵向力学行为评估

4.4.1　研究背景

近十余年，全国铁路运营总里程大幅增加，特别是高速铁路的建设、运营技术均得

到了飞速发展，我国已经成为世界上高速铁路运营规模最大的国家。无论对于既有普速线路还是高速铁路一般都铺设的是无缝线路(continuous welded rail，CWR)。因为普通线路采用标准长度钢轨就会面对较多的钢轨接头问题。轨缝的存在使得列车通过这些接头位置产生强迫振动，严重影响行车的平稳性和舒适性，同时加剧轨道结构的伤损破坏，增加养护维修量的同时增加运营管理成本。有缝线路的缺陷无法满足高速铁路和重载铁路的要求。无缝线路的出现发展是19世纪轨道结构技术重大突破的标志，它减少了有缝线路的接头轨缝，消除了钢轨接头处的冲击、折角、台阶等缺陷，保持列车运行平稳安全，增加钢轨使用寿命以及减少轨道结构的养护维修等，在世界范围内均得到广泛应用。我国无缝线路的发展先后突破了四大禁区，分别为寒冷地区、小半径曲线、长大坡道、长大桥梁铺设无缝线路的困难条件，同时实现了跨区间无缝线路；跨区间无缝线路消除了伸缩区的温度力峰值，增强线路的防爬能力，使得无缝线路的安全可靠性进一步提高。跨区间无缝线路的实现成功解决了胶接绝缘接头、无缝道岔和桥上无缝道岔三大关键技术问题。

随着我国高速铁路的发展以及西部铁路建设的完善，线路穿越艰险困难山区以及面对不同的复杂地质、地貌、气候环境在所难免，像地震这样的地质灾害时有发生。地震分布具有一定的规律，全球地震分布主要在两大区带上，分别为环太平洋地带和欧亚地震带。我国地处最活跃两大地震带之间，东濒环太平洋地震带，西部和西南部则是欧亚地震带所经过的地区，是世界上地震最活跃的国家之一，全国很大一部分地区位于高烈度地震区域，地震灾害历来是我国最严重的自然灾害之一。仅2014年，我国3级以上的地震就有700次以上，平均每天1.9次地震。从我国铁路网结构和地震带分布可知，许多铁路干线多次穿越地震高发区。虽然我国现在在高速铁路设计和维护技术方面有了巨大的进步，但面对复杂的运营环境和突发、频发的自然灾害如何保障铁路安全和长效的运营方面，这方面的研究还较少，仍面临着巨大的挑战。

我国《铁路工程抗震设计规范》(GB 50111—2006)积极贯彻“小震不坏，中震可修，大震不倒”的抗震设计目标；桥梁结构有严格的抗震检算，并通过减震支座设计、桥墩延性设计、结构优化等具体措施加以保障，但轨道结构未有任何地震荷载下受力与变形检算规定。特别对于有砟轨道桥上无缝线路、桥上无缝道岔这些薄弱环节，道岔结构受力、变形传递机理复杂，部件组成较多，部件强度和几何线形不容易控制，又直接影响和决定着车辆过岔时轮轨关系，维系着铁路运输的品质和安全。我国曾有多次桥梁因地震作用未出现明显的破坏，但其上轨道结构发生屈曲、道床结构松散等破坏，直接威胁行车安全。1976年唐山大地震京山线蓟运河桥桥梁主体结构基本完好，而桥上和桥台附近轨道均发生严重扭曲变形，如图4.29所示；2004年新潟地震新干线的桥梁结构完好，但其上轨道结构已破坏，如图4.30所示；2008年汶川地震广岳线上部分桥梁结构未见明显破坏，但轨道结构发生屈曲，如图4.31所示；2009年台湾“9·21”大地震使台铁K176＋030～＋112的桥面轨道发生臌曲现象，如图4.32所示；2013年台湾南投“6·2”大地震，使台铁集线的浊水溪桥上及其附近铁轨发生胀轨跑道。由此可知，在现有桥梁抗震设计中只能保证桥梁结构的安全，对于其上更加敏感和薄弱的轨道结构状态无法保证。

地震作用下的桥上无缝线路失稳破坏的主要原因有：

(1)无缝化后桥上无缝线路存在较强的梁轨相互作用，轨条内除有温度力作用外还存在不均匀分布的伸缩、挠曲、制动等附加力，会在轨条某一位置集聚较大的钢轨内力。

(2)轨道结构的整体性与散体道床、扣件、轨枕等部件密切相关，地震作用下的有砟道床受到严重扰动，道床的纵横向约束得不到保证，轨道结构还可能同时受到来自不同方向的地震动作用；当轨条聚集较大纵向力时，只要横向上受到稍微扰动或存在些许偏差就会出现胀轨跑道现象。

图4.29　唐山地震桥上线路扭曲

图4.30　新潟地震轨道结构破坏

图4.31　汶川地震广岳线轨道失稳

图4.32　台湾地震桥上无缝线路臌曲

为了真正实现跨区间无缝线路，近年来跨越震区的桥上无缝道岔铺设较为频繁，同时由于地震中道岔结构自身处于双层薄弱环节中，开展地震作用下桥上无缝道岔纵向受力与变形响应研究，有助于深入认识地震荷载经桥梁结构向无缝道岔传递的过程，分析和评估无缝道岔震时、震后的劣变状态，找出无缝道岔在地震作用下的敏感参数和薄弱环节，为桥梁和轨道专业在抗震设计中提供可靠建议，在必要情况下为进行桥上无缝道岔抗震性能优化，实现桥上无缝道岔灾变状态快速评估等提供理论依据，达到保障铁路运营安全、防震减灾和迅速恢复运营的目的。

拉林铁路沿线则是欧亚地震带所经过的地区，地震发生频率较高，加之沿线桥隧结构物较多，地震发生时会对铁路线路工程产生较大的破坏力。地震发生时造成的强烈地面运动常常会给铁路工程结构物带来很大的损坏，在铁路轨道结构中，传统的有砟轨道采用松散的道砟和轨枕为轨下基础，轨道结构的整体性较弱；特别是铺设在桥上的有砟轨道结构，地震荷载引起桥梁梁体的纵横向振动位移会造成有砟道床结构产生晃动，桥上无缝线路长钢轨中会产生较大内力，轨道几何形位不易保持，容易发生各种破坏。

以拉林铁路无缝线路为例，建立桥上无缝线路纵向地震响应分析模型，从线路受力变形角度出发，研究一致激励地震作用下大跨桥上无缝线路纵向地震响应。

4.4.2　桥上无缝线路纵向地震响应计算理论

1. 地震作用下线—桥—墩相互作用原理

当桥梁结构受到地震动荷载作用时，桥墩首先产生受迫震动，墩顶产生位移，同时通过支座约束传递给整个梁体，梁体纵向位移将通过梁、轨间的纵向阻力约束带动上部轨道结构运动，使钢轨受到纵向附加力的作用。这些附加力同时又反作用于梁跨或固定支座，使墩台产生弹塑性变形，墩顶发生纵向位移，最终是线—桥—墩相互耦合平衡的状态，如图 4.33 所示。

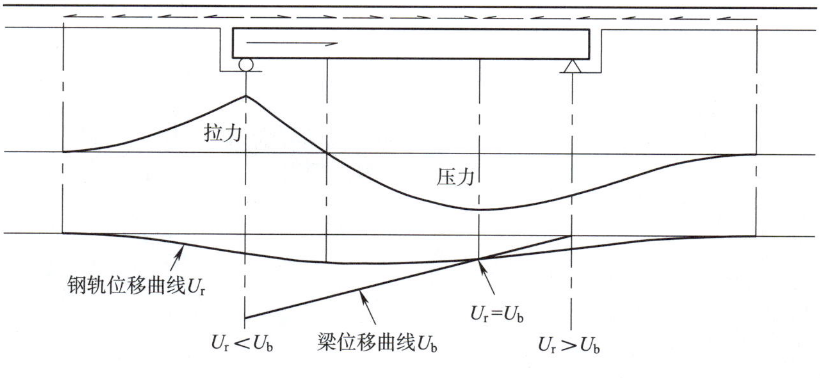

图 4.33　地震作用下梁轨相互作用示意图

2. 基本计算假定

(1)钢轨简化为可承受拉压变形的弹性矩形截面欧拉梁，梁截面参数根据实际钢轨断面计算确定；线路纵向阻力与位移为理想弹塑性本构关系，不考虑阻尼效应的影响。

(2)由于主要计算无缝线路纵向地震反应，且梁体与钢轨刚度悬殊，为简化计算，理论模型中将实际梁体及轨道结构总质量沿该梁跨总长范围内均匀分布；不考虑相邻梁体间及梁体与桥台间的碰撞反应，理论模型中将实际梁体及轨道结构总质量沿该梁跨总长范围内均匀分布，但在计算结果中输出梁缝处纵向相对位移变化曲线，可核算梁体是否发生碰撞。

(3)桥梁减隔震支座的参数根据设计或测试结果取值；假设普通固定支座能完全阻止该处梁体与墩顶相对位移，且普通活动支座抵抗纵向摩擦阻力忽略不计。

(4)桥墩简化为变截面弹性欧拉梁单元，不考虑桩土效应，将墩底截面固定约束，故墩顶纵向刚度只能反映墩身弯曲所引起的部分，但可通过调整墩身材料弹性模量来近似反映基础平移与基础倾斜的影响。

3. 线路纵向阻力参数

现阶段，桥上无缝线路设计仍未考虑地震作用工况的计算，主要计算工况为伸缩、挠曲、制动、断轨及组合工况，且荷载的施加均为单方向，未考虑时间效应，归根结底属于静力计算范畴。线路纵向阻力取值可用多种形式表达，如双线性、多项式及指数函数，其取值一般通过室内试验或现场试验实测进行拟合确定。我国《铁路无缝线路设计规范》(TB 10015—2012)及德国、UIC 规范均推荐采用双线性形式模型，如图 4.34 所示。在钢轨单方向纵向滑动前，线路阻力随着梁轨相对位移增加而增大，但当梁轨相对位移超过扣件系统总的极限弹性变形(图中 δ_j，一般取 2 mm)后，梁轨之间就呈滑动状态，线路纵向阻力达到极限值 F_j 并保持不变。

桥上无缝线路纵向地震反应分析属于动力学计算范畴，地震发生时线路阻力处于往复循环变化的状态，必须考虑线路纵向阻力的循环滞回效应，国内外所有研究中均是采用简化方法，无论是有砟轨道的道床纵向阻力还是无砟轨道的扣件纵向阻力，计算中均将线路纵向阻力简化成理想弹塑性本构滞回关系，即图 4.35 中为线路纵向阻力恢复力模型，图中 Oa 段扣件经历弹性变形，当扣件阻力达到极限值时，此时外加力克服钢轨与扣件系统的最大静摩擦力产生滑移，到达 b 点时开始由 bc 段卸载并反向加载，当达到扣件纵向阻力极限值时，钢轨开始反向滑移，直到 e 又开始卸载并反向加载。理论分析研究也采用此种循环滞回阻力形式。

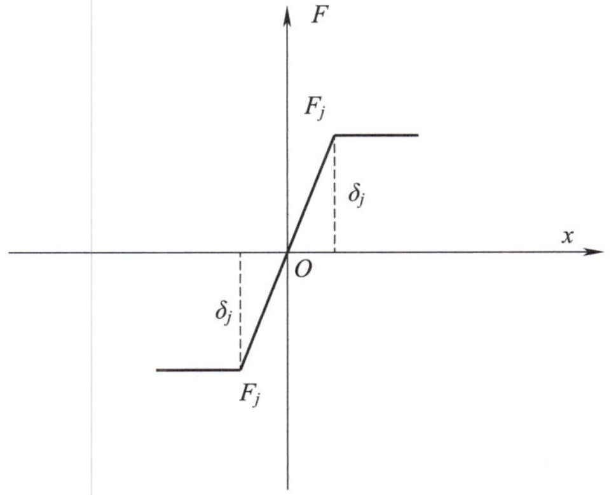

图 4.34　双线性阻力形式

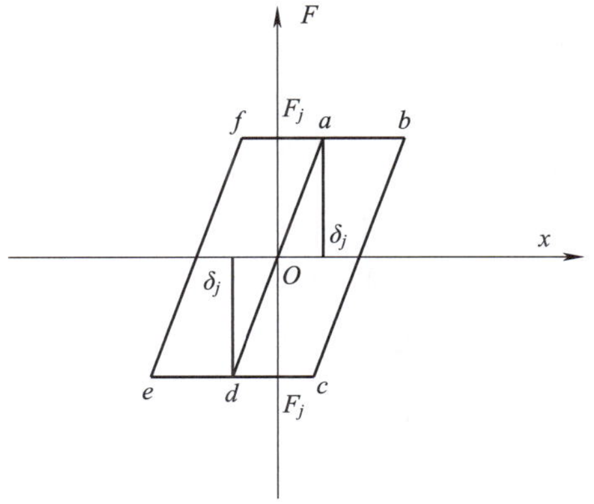

图 4.35　理想弹塑性滞回模型

4. 桥上无缝线路动力计算模型

基于"梁轨相互作用"理论建立的桥上无缝线路纵向地震响应分动力计算模型，如图 4.36 所示[图中，$\ddot{x}_g(t)$为纵向地震波加速度时程，L 为路基计算段长度]。进行一致激励计算时模型中所有桥墩墩底及路基段施加纵向地震波是一样的。

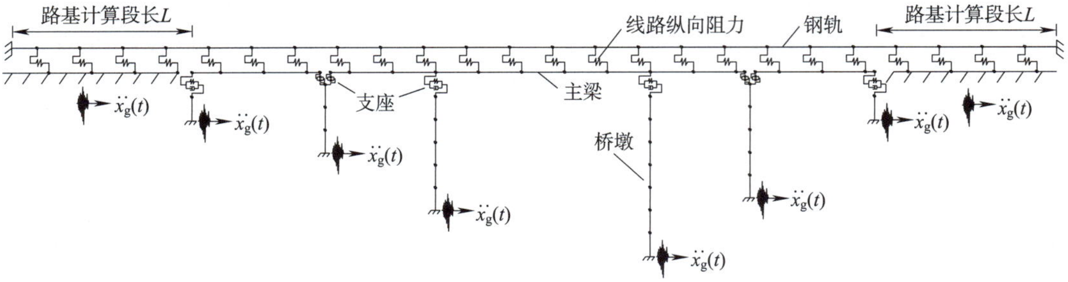

图 4.36　桥上无缝线路纵向地震响应计算模型

既有考虑轨道约束对桥梁地震响应影响的研究中，轨道边界的处理通常是以路基上一定长度轨道作为计算长度，综合考虑此范围内钢轨和所有线路阻力的纵向刚度，最终将该范围内的轨道结构集成为一根线性弹簧，此方法在计算桥上无缝线路纵向地震响应时带来较大的误差。因此，图 4.36 的计算模型中以一定长度路基计算段作为边界条件，此计算段长度 L 不宜过长，以免影响计算效率，也不宜过短，以免影响桥长范围内线路受力变形结果的准确性；参考相关文献，当两端路基长度超过 80 m 时，钢轨最大纵向力较小，因此，为了保证计算的效率和精度，路基计算段长度 L 取为 100 m。

5. 混凝土的应力—应变关系

混凝土的应力—应变关系研究主要分为无约束混凝土和约束混凝土两类，对于钢筋混凝土结构箍筋的横向约束作用国内外研究由来已久，提出了能够反映箍筋约束效果的多种模型，例如 Mander 模型、张秀琴模型、Sheikh 模型、Kent-Park 模型、袁锦根模型、Fafitis 模型等。这里采用被广泛认可的 Mander 应力—应变关系模型如图 4.37 所示。

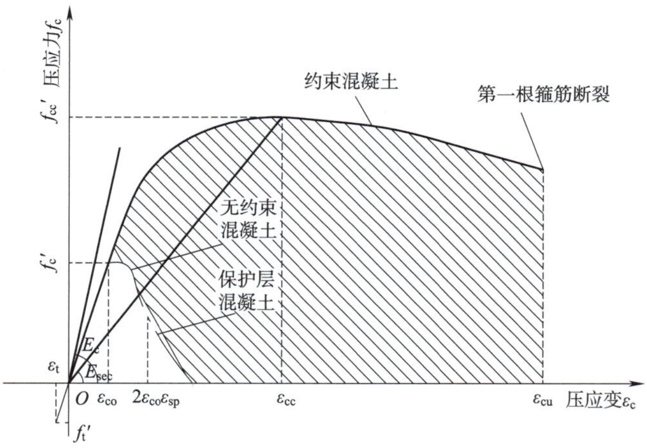

f_{cc}'—约束混凝土的抗压强度(峰值应力)，MPa；

f_c'—无约束混凝土的抗压强度，MPa；

f_t'—无约束混凝土的抗拉强度，MPa；

E_c—无约束混凝土的弹性模量，MPa；

E_{sec}—约束混凝土的峰值割线模量，MPa；

ε_t—无约束混凝土的极限拉应变；

ε_{cc}—约束混凝土的峰值应变；ε_{co}—无约束混凝土的峰值应变；

ε_{cu}—约束混凝土的极限应变；ε_{sp}—保护层混凝土的峰值应变。

图 4.37　混凝土应力—应变关系曲线

桥墩混凝土材料为 C35，混凝土应力—应变曲线如图 4.38 所示。

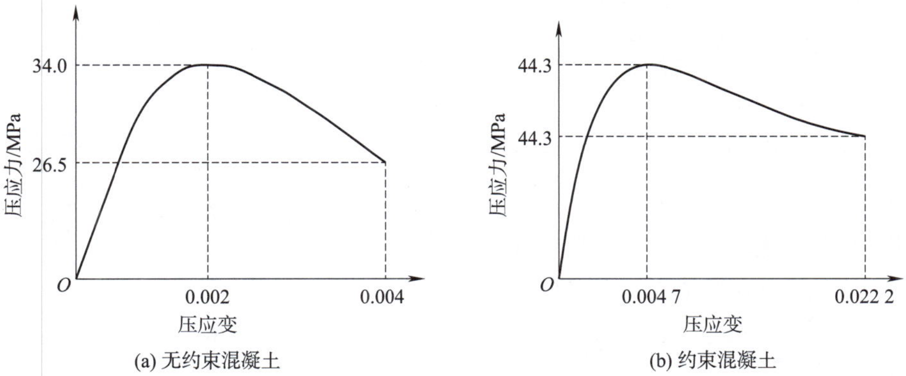

图 4.38　混凝土应力—应变关系曲线

6. 钢筋应力—应变关系

在结构计算中经常把钢筋材料的本构关系特性简化成双折线或三折线模型。其中，考虑硬化阶段的三折线模型情况相对复杂一些，但考虑了加载后期的材料强化行为，因此，当应变比较大时，三折线模型的计算精度高于双折线计算模型。三折线模型应力应变关系曲线包括三阶段：弹性段、屈服平台段和强化段。

桥墩钢筋材料采用 HRB335。HRB335 钢筋的屈服强度和极限强度根据我国《钢筋混凝土用钢　第 2 部分：热轧带肋钢筋》(GB/T 1499.2—2007)分别取为 335 MPa 和 455 MPa。弹性模量取为 2×10^5 MPa。硬化应变和极限应变在没有实测数据的情况下，一般取为 0.01 和 0.15。得到钢筋应力—应变关系如图 4.39 所示。

7. 桥墩塑性铰力学骨架模型

桥墩底部弹塑性行为用塑性铰模型来模拟，按分段弹塑性来描述墩底塑性铰的力学行为。单调荷载作用下的弯矩—曲率关系，将作为塑性铰滞回曲线的骨架。进行截面弯矩—曲率分析需采用以下几个假定：

(1)平截面假定：假定变形前为平面的截面，变形后仍保持为平面；

(2)假定剪切变形的影响可以忽略；

(3)假定钢筋和混凝土之间的黏结滑移可以忽略。

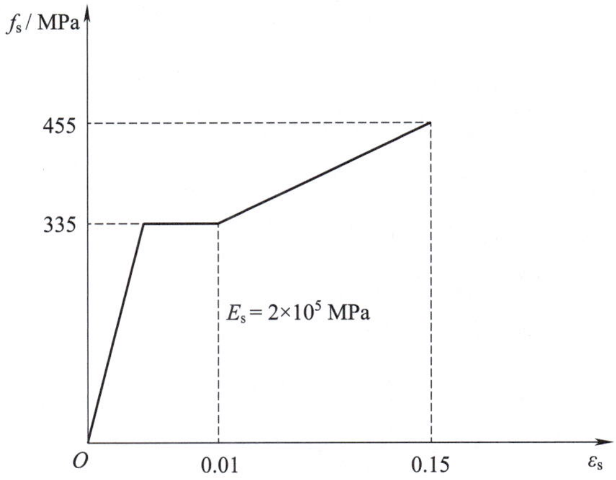

图 4.39　钢筋应力—应变关系

最终得到力与变形的关系曲线如图 4.40 所示。

使用 Xtract 截面分析软件对矩形截面桥墩进行弯矩—转角关系分析，基于 Mander 约束混凝土模型和考虑硬化阶段钢筋模型，输入墩底截面尺寸、纵筋配筋率、体积配筋率、混凝土强度（C35）、钢筋强度（335 MPa）、箍筋强度（335 MPa）和轴压力值，假定桥墩在水平地震作用下墩身轴力是定值，由恒载（自重＋二期恒载）产生，计算出各墩底截面的屈服曲率和屈服弯矩、极限曲率和极限弯矩。

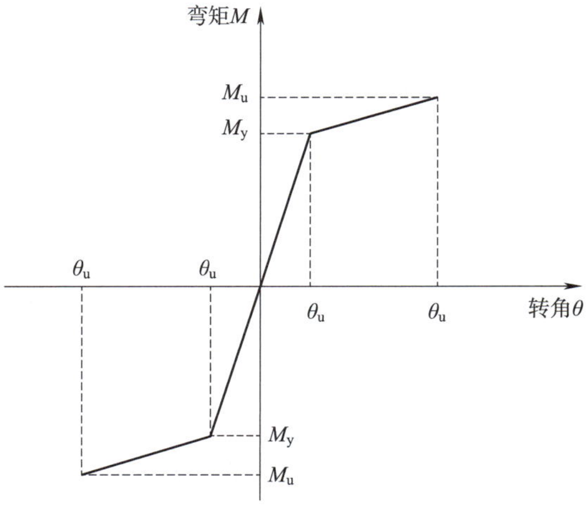

M_y—墩底塑性铰屈服弯矩，kN・m；
θ_y—塑性铰屈服弯矩对应的转角，rad；
M_u—墩底塑性铰可承受的极限弯矩，kN・m；
θ_u—塑性铰极限弯矩对应的转角，rad。

图 4.40　塑性铰区截面弯矩—转角关系的双折线模型

8. 钢筋混凝土桥墩塑性铰恢复力模型

钢筋混凝土构件的恢复力关系集中反映在滞回曲线特性上，包括曲线形状、骨架曲线、刚度变化规律。钢筋混凝土结构的滞回特性模型主要有三类：第一类是根据简单材料试验曲线简化得来的模型，如双线性、三线性和多线性模型；第二类为原点指向型和考虑材料退化特性的峰值指向型模型；第三类为两者的组合模型。

确定滞回曲线主要包括两个基本内容：

（1）确定在单调加载条件下的力—位移曲线，该曲线可作为滞回模型的骨架曲线；

（2）确定在不同加载阶段的刚度及强度退化规律。

自 20 世纪 60 年代以来，国内外许多学者研究并提出了多种恢复力模型，对于以受弯为主的钢筋混凝土构件来说，常用的有双线性模型和 Clough 模型等。

（1）简单双线性模型

双线性模型是常用的模型之一，其优点是以较为简单的形式描述最主要的非线性特征，在达到屈服强度之前，受力与变形之间呈线性关系，坡度系数为 K_1；达到屈服强度之点后，刚度变小，材料开始出现塑性变形从而出现第二个直线阶段，坡度系数为 K_2，直到达到极限强度质点 2 之后卸载，如图 4.41 所示。

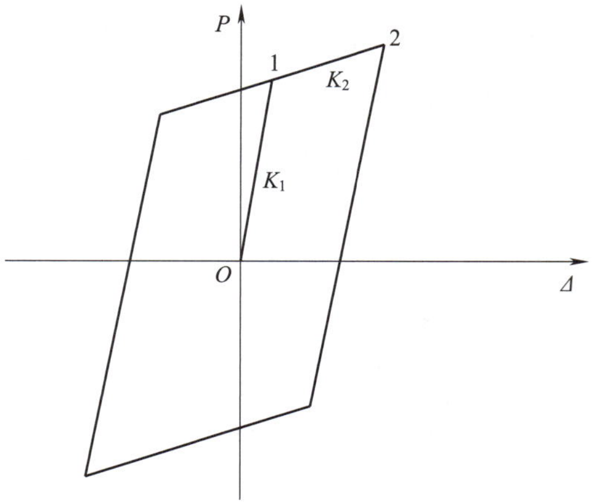

图 4.41　简单双线性滞回模型

(2)Clough 双线性模型

材料初始刚度为 K_y，正向加载时到达点 1 开始产生塑性屈服，达到最大承载力点 2 时开始卸载，但此时并不沿着加载路径返回，而是沿着退化后的刚度 K_r 逐渐减小，点 3～6 为反向加载卸载的过程，当循环多次加载后，退化刚度 K_r 将逐渐指向屈服点，如图 4.42 所示。钢筋混凝土构件在多次循环荷载作用下，常常表现出刚度退化现象。其原因在于钢筋、混凝土及两者黏结作用的非线性变形、裂缝和滑移，计算时桥墩模拟采用简单双线性模型。

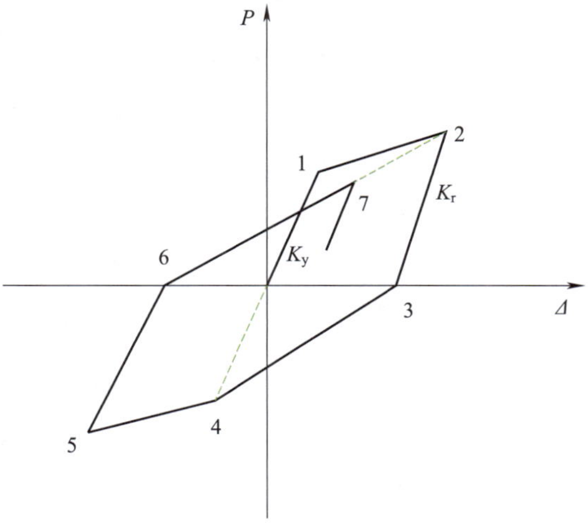

图 4.42　Clough 双线性滞回模型

9. Ansys 优化模块介绍

Ansys 软件的优化模块(OPT 集成于 Ansys 软件包之中，它必须和参数化设计语言 APDL 完全集合在一起工作才能发挥 Ansys 优化设计的功能。其中 APDL 的利用是 Ansys 优化设计的一个核心步骤。Ansys 的优化模块采用了三大优化变量来描述优化过程，它们分别是：

(1)设计变量(DVs)：设计过程中需要不断调整赋值的设计变量参数。每个设计变量可能有上下限，用于规定设计变量的取值范围。常见的设计变量如结构某部分的宽度、高度等几何尺寸。

(2)状态变量(SVs)：约束设计的数值，它们可以是设计变量的函数，也可独立于设计变量。

(3)目标函数(OBJ)：设计、状态变量可能会有上下限，也可能只有单方面的限制，即只有上限或只有下限。常见的状态变量如应力不能超过许用应力、变形不能超过规定大小、振幅限制。中极小化的变量参数，也必须是设计变量的函数，即改变设计变量的数值将改变目标函数的数值。

在 Ansys 优化程序中，只能设定一个目标函数。常见的目标变量如重量、费用、应力、变量等，或者某种导出结果如方差最小、平均值最小。

Ansys 优化模块中提供了两种主要优化方法：

第一种叫零阶优化方法，是通用的函数逼近优化方法，其本质是采用最小二乘法逼近，求取一个函数面来拟合解空间，然后再对该函数面求极值。这无疑是一种普遍的优化方法，不易陷入局部极值点，但优化精度一般不高，故多用于粗优化阶段。

另外一种优化方法是针对第一种方法的缺陷而改进的方法，叫作一阶优化，采用梯度寻优，得到较为精确解。

本部分使用 Ansys 有限元软件优化器中的一阶优化算法对模型进行修正优化，详细理论在此不作赘述。

10. 振动方程建立

地震作用下任意时刻结构动力平衡方程如下：

$$\boldsymbol{M}\ddot{x}(t)+\boldsymbol{C}\dot{x}(t)+\boldsymbol{K}x(t)=-\boldsymbol{MI}\ddot{x}_{\mathrm{g}}(t)+\boldsymbol{F}_{\mathrm{G}} \tag{4.26}$$

考虑结构非线性特性时结构动力平衡方程为

$$\boldsymbol{M}\ddot{x}(t)+\boldsymbol{C}\dot{x}(t)+\boldsymbol{F}=-\boldsymbol{MI}\ddot{x}_{\mathrm{g}}(t)+\boldsymbol{F}_{\mathrm{G}} \tag{4.27}$$

式中 $\boldsymbol{F}$——弹塑性恢复向量代替弹性分析过程中的弹性向量，结构在时刻 $j+1$ 的响应可用时刻 j 的响应叠加一个线性增量得到。

$$\boldsymbol{F}_{j+1}=\boldsymbol{F}_j+\overline{\boldsymbol{K}}_j\Delta x(t) \tag{4.28}$$

式中 $\overline{\boldsymbol{K}}_j$——增量刚度矩阵，随着结构变形和受力状态的不同而改变。

进一步得到结构动力平衡方程的增量形式为

$$\boldsymbol{M}\Delta\ddot{x}(t)+\boldsymbol{C}\Delta\dot{x}(t)+\overline{\boldsymbol{K}}_j\Delta x(t)=-\boldsymbol{MI}\Delta\ddot{x}_{\mathrm{g}}(t) \tag{4.29}$$

式中 $\boldsymbol{M},\boldsymbol{C},\boldsymbol{K}$——系统的质量矩阵、阻尼矩阵及刚度矩阵；

$\Delta\ddot{x}(t),\Delta\dot{x}(t),\Delta x(t)$——结构相对于基础地面的加速度、速度计位移时程差；

$\boldsymbol{I}$——影响矩阵；

$\Delta\ddot{x}_{\mathrm{g}}(t)$——基础地面地震波加速度时程差；

$\boldsymbol{F}_{\mathrm{G}}$——结构静态荷载列阵(如结构重力等)。

阻尼模型这里采用瑞利模型，此模型将系统的阻尼矩阵 $\boldsymbol{C}$ 用系统的质量矩阵 $\boldsymbol{M}$ 和刚度矩阵 $\boldsymbol{K}$ 的线性组合形式来表示，即

$$\boldsymbol{C}=\alpha_j\boldsymbol{M}+\beta_j\boldsymbol{K} \tag{4.30}$$

式中 α_j,β_j——质量阻尼系数和刚度阻尼系数，这两个阻尼系数可通过振型阻尼比计算得到。

$$\alpha_j=\frac{2\omega_i\omega_j(\xi_i\omega_j-\xi_j\omega_i)}{\omega_j^2-\omega_i^2} \tag{4.31}$$

$$\beta_j=\frac{2(\xi_j\omega_j-\xi_i\omega_i)}{\omega_j^2-\omega_i^2} \tag{4.32}$$

式中 ω_i,ω_j——结构的第 i 和 j 阶固有频率；

ξ_i,ξ_j——相应于第 i 和 j 阶振型的阻尼比。

在具体进行计算时，应首先求解结构系统振动特征方程：

$$|\boldsymbol{K}-\omega^2\boldsymbol{M}|=0 \tag{4.33}$$

桥上无缝线路纵向地震响应特性，选取所计算固有频率 ω_{k} 中的前两阶结构纵向自振频率来进行质量阻尼系数和刚度阻尼系数的计算，可以满足计算精度要求，计算时振型阻尼比统一取为 0.05。

求解结构动力平衡方程时，一般通过数值分析求解，具体方法大概分为两种：一种称为坐标变换法，包括假设模态法、模态叠加法，另一种称为时域逐步积分法，又叫作直接积分法。逐步积分法包括中心差分法（隐式算法）、线性加速度法、Newmark-β 法（显示算法）、Wilson-θ 法以及 Houbolt 法等，分析时采用 Newmark-β 法。

11. 地震动输入的确定

选取地震波的目的，是要找出适合于拟建工程场地、抗震设防烈度的地震波，使结构弹塑性地震反应时程分析具有较强的针对性和准确性，为改进结构的抗震设计提供依据。

结构反应对地震记录十分敏感，波形选取不同，对结构影响较大。正确选择输入地震波，是采用时程分析法进行抗震设计的关键步骤。地震时地面运动特征可以通过以下三要素来描述，即地震动强度、频谱特征和强震持续时间，这三要素之间的不同组合，影响着结构物的抗震安全性。一般来说，地震波记录选取主要有以下三种方法可供选取：

（1）选取实际地震波记录。但此方法不易实现，地震波的随机性较强，同一位置地震波可能变化多样，一次实际地震波的记录无法真正反映桥梁结构在服役期内的全部地震响应。

（2）选取既有经典地震波。在现有桥梁抗震研究中，经常使用的地震波有 EI Centro 波、Taft 波、天津波等，分别适用于中硬度、坚硬、软弱三种不同场地对应结构的地震分析。

（3）人工合成地震波。根据桥址场地地震危险性评估报告或规范设计反应谱，主要考虑地震波频谱、加速度峰值及持续时间等统计特征值，人工合成模拟地震波。

由于主要研究地震作用下桥上无缝线路纵向响应分析，因此是在保证桥梁达到抗震设计要求的基础上进行桥上轨道结构受力和变形分析，当桥梁已无法满足抗震要求时其上轨道结构研究已无意义。

实际地震波和人工模拟地震波与结构抗震设计要求的地震波一般存在差异，不能直接采用，需要经过调整后才能应用，计算时采用经典地震波。在已有的实际经典记录地震波中选择表 4.13 中的三条特征周期相差较大的强震记录。选用的连续梁桥适用于抗震设防烈度八度及以下地区，计算时分别将选取的地震波峰值加速度调整为 0.15g，相当于设防烈度 7 度区设计地震水平，图 4.43～图 4.45 为此三条地震波原始加速度时程曲线及频谱图。

表 4.13　所选地震动输入

地震波编号	地震波描述	峰值加速度	特征周期/s
S1	EI Centro Site，270 Deg(1940)	0.356 9g	0.661 5
S2	San Fernando,69 Deg(1971)	0.315 4g	0.279 2
S3	James RD. EI Centro,310 Deg(1979)	0.550 2g	0.461 6

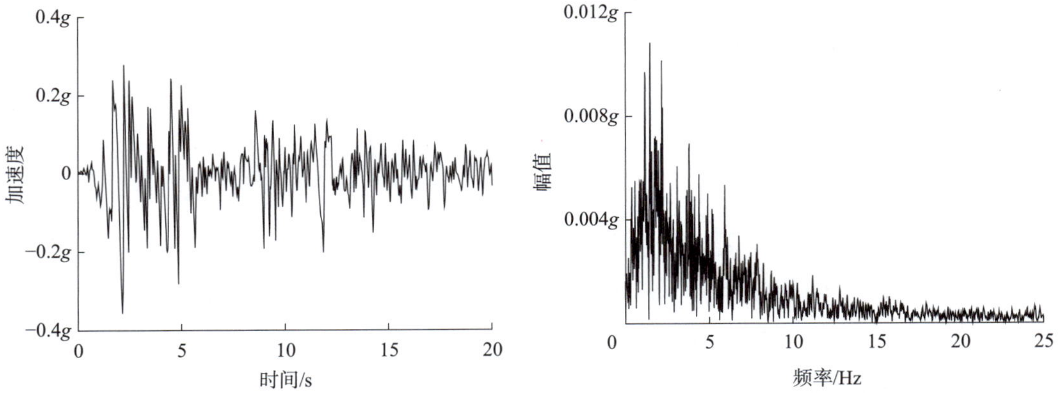

(a) 加速度时程记录　(b) 加速度频谱图

图 4.43　El Centro Site 地震波(1940 年)

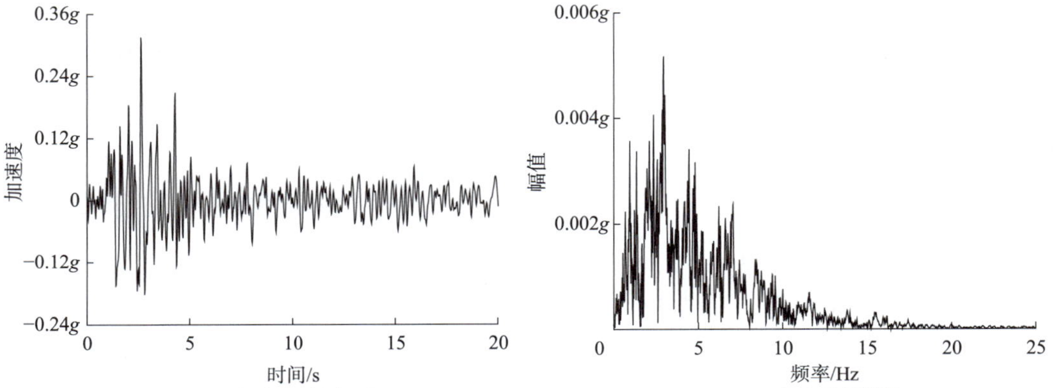

(a) 加速度时程记录　(b) 加速度频谱图

图 4.44　San Fernando 地震波(1971 年)

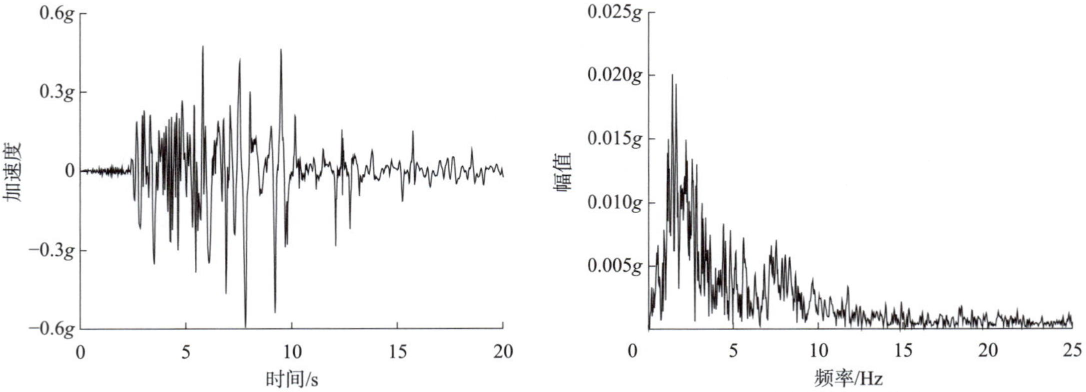

(a) 加速度时程记录　(b) 加速度频谱图

图 4.45　James RD 地震波(1979 年)

4.4.3　加查 2 号雅鲁藏布江特大桥上无缝线路纵向地震响应计算

1. 桥梁概况

加查 2 号雅鲁藏布江特大桥位于念青唐古拉山与喜马拉雅山之间的藏南谷地高山峡谷区，山高谷深，气候条件恶劣。大桥中心里程为 DK216＋312，桥长 757.18 m，桥跨布置形式为(1×32 m＋2×24 m ＋4×32 m)简支梁＋(44＋80＋44)m 连续梁＋(11×32 m)简支梁，大桥主跨总布置图如图 4.46 所示。桥区多为卵石土层，场地类别为Ⅱ类，桥址处地震动幅值加速度为 0.15g。

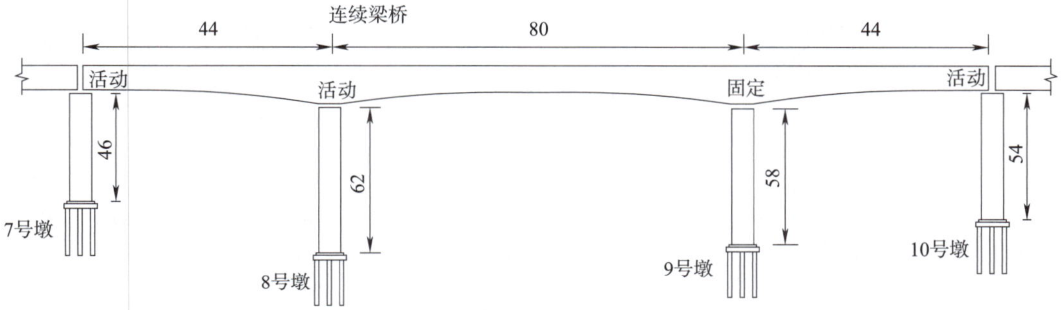

图 4.46　大桥主跨总布置图(单位：m)

(44＋80＋44)m 主跨连续梁梁截面参数如图 4.47 所示，混凝土等级为 C55。墩身采用 C35 钢筋混凝土。

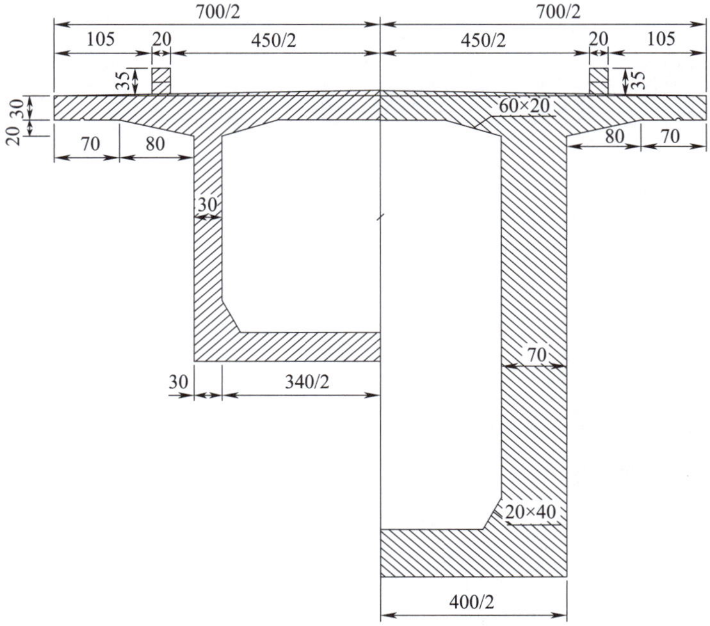

图 4.47　梁截面具体参数(单位：cm)

2. 轨道结构参数

采用 CHN60 钢轨，其具体计算参数见表 4.14。

表 4.14 钢轨断面尺寸参数

项　目	参　数
钢轨类型/(kg/m)	60
每米质量/kg	60.64
断面积/cm^2	77.45
中心距轨底面距离/mm	81
对水平轴的惯性矩/cm^4	3 217
对竖直轴的惯性矩/cm^4	524
弹性模量/(N/m^2)	2.1×10^{11}
线膨胀系数/[mm/(mm·℃)]	1.18×10^{-5}
泊松比	0.3
密度/(kg/m^3)	7 800

参考《铁路无缝线路设计规范》(TB 10015—2012)中对于线路阻力设计取值的规定，有砟轨道采用Ⅲ型混凝土轨枕常阻力扣件，取极限位移为 2 mm 时的线路纵向阻力值为 15 kN/(m·轨)；有砟轨道采用小阻力扣件，取极限位移为 0.5 mm 时的线路纵向阻力值为 8 kN/轨。轨道纵向阻力—位移曲线如图 4.48 所示。

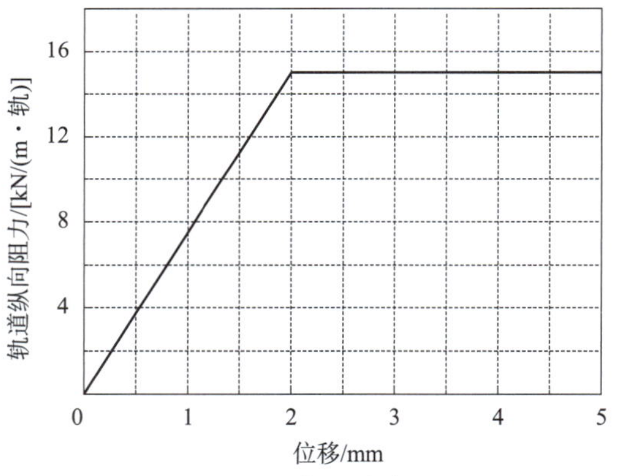

(a) 常阻力扣件

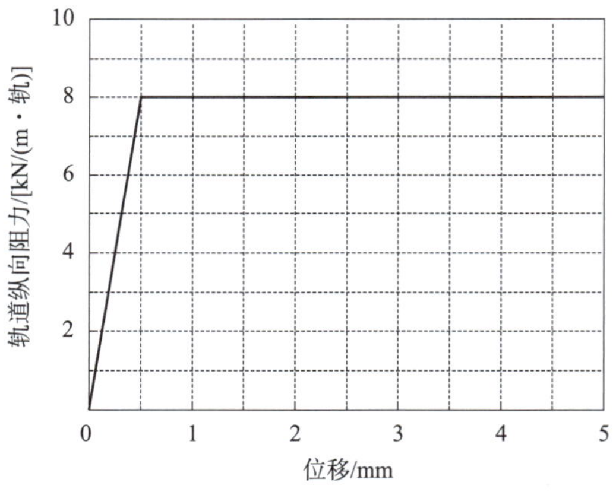

(b) 小阻力扣件

图 4.48 轨道纵向阻力取值

3. 纵向地震响应计算分析

分析主跨(44+80+44)m 连续梁桥桥上无缝线路纵向响应，计算时两端各取 3 跨 32 m 简支梁，分析一致激励下地震频谱特性、加速度幅值、小阻力扣件、梁体温差等对桥上无缝线路受力变形规律的影响。

(1)钢轨纵向力响应

选取 1940 年经典记录地震波 EI Centro 波作为输入地震波。对该波形进行调幅修正，调幅后的加速度波形（最大幅值为 0.15g），如图 4.49 所示。

由于计算数据量巨大，主要提取主桥梁缝、墩顶及桥梁主跨跨中等位置的钢轨纵向力。主桥梁缝位置处的钢轨纵向力时程如图 4.50 所示，9 号固定墩顶纵向力时程如图 4.51 所示，不同位置处钢轨最大纵向力见表 4.15。

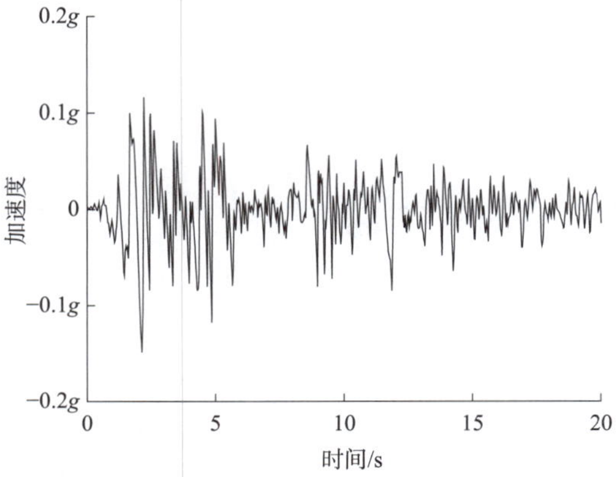

图 4.49　加速度时程记录

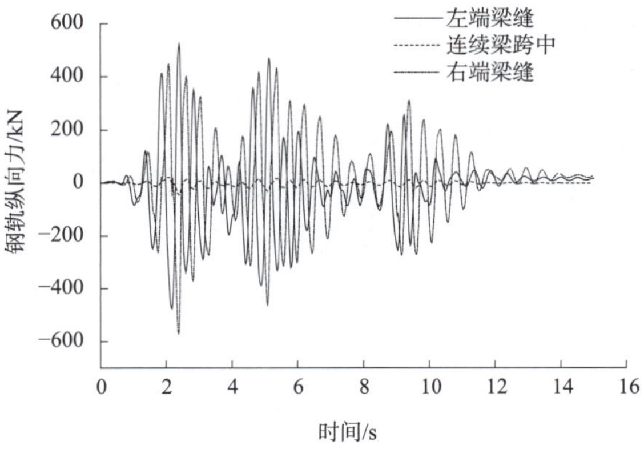

图 4.50　钢轨纵向力

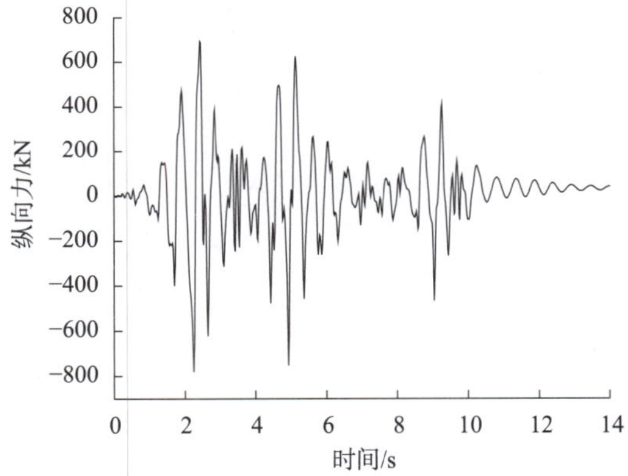

图 4.51　墩顶纵向力

表 4.15　钢轨最大纵向力

位　　置	纵向力/kN
左端梁缝	520.6
连续梁跨中(9 号墩顶)	46.2
右端梁缝	449.7

由上述计算结果可知，地震作用下桥上无缝线路钢轨纵向受力最不利位置仍然在梁缝处，梁跨中间位置的钢轨纵向力要比梁缝处低很多，主跨左右两端梁缝处钢轨最大纵向力依次为 520.6 kN、448.7 kN。对大桥的桥上无缝线路受力进行计算，控制大桥铺设无缝线路检算得到的两端梁缝处的钢轨最大伸缩力（梁温差取 15 ℃）依次为 332.1 kN、263.5 kN（图 4.52）。显然，地震下桥上无缝线路钢轨受力要比伸缩工况计算得到的钢轨受力大很多。对于穿越地震区的铁路桥上铺设无缝线路，有必要增加地震力检算这一指标。

(2)梁轨相对位移响应

主跨温度跨度较大的左右两侧梁缝等位置处的梁轨相对位移时程如图 4.53 所示，当考虑梁体温差为 15 ℃时，伸缩工况下的梁轨相对位移如图 4.54 所示。

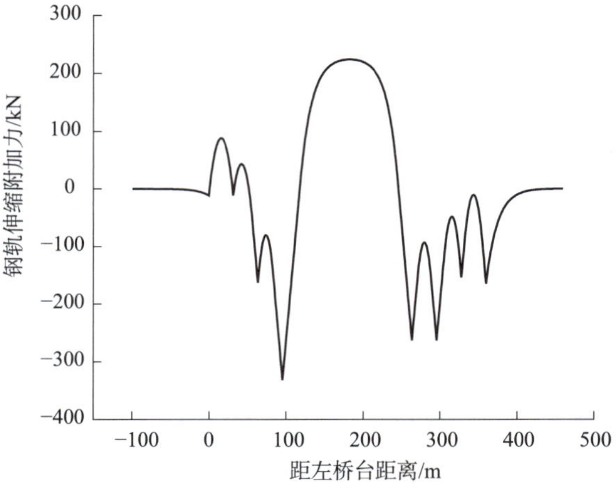

图 4.52　钢轨伸缩力

由图 4.53 计算结果可知，梁轨相对位移仍以梁缝处为最大，地震动作用下连续梁左端梁缝处最大梁轨相对位移将近 12 mm，而靠近桥跨中间部位的梁轨相对位移很小或几乎为 0。桥上无缝线路检算在列车制动工况中，规定梁轨快速相对位移不能超过4 mm，这一规定主要是防止列车突然制动造成的过大梁轨相对位移破坏道床结构、降低道床横向阻力，进而影响线路稳定性。由于地震是在短时间内发生和结束，地震过程中的梁轨相对位移也可看成同列车制动工况下类似的“梁轨快速相对位移”，此短时间内往复变化的“梁轨快速相对位移”可能也会对道床结构产生不利的影响。如果此“梁轨快速相对位移”的影响同制动工况下4 mm 限值要求一样，那么穿越震区的大跨度铁路桥上无缝线路在地震中会发生失稳破坏现象。

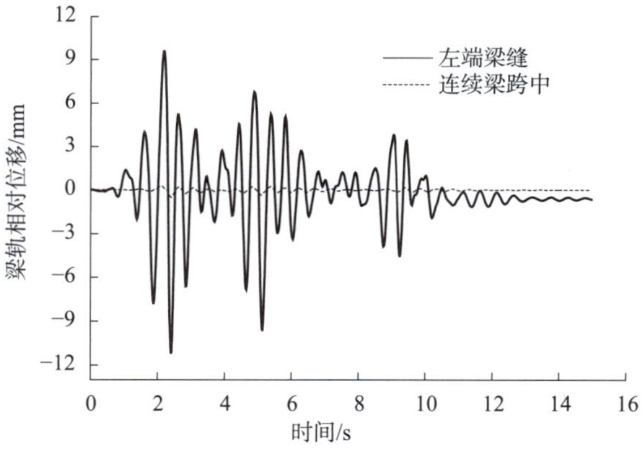

图 4.53　梁轨相对位移时程

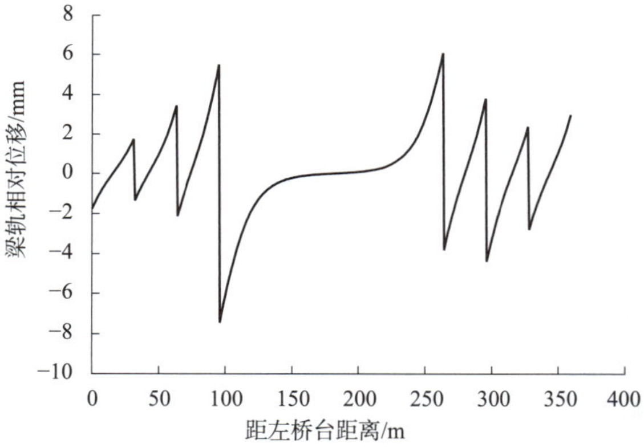

图 4.54　伸缩工况梁轨相对位移

(3)线路纵向阻力响应

根据图 4.53 中梁轨最大相对位移结果，选取 9 号固定墩顶和左桥台梁缝处为研究对象，其线路阻力变化时程如图 4.55 所示。

从图 4.55 可看出，9 号墩顶处梁轨相对位移始终小于 2 mm 的线路纵向阻力极限位移，故线路纵向阻力响应始终呈线性增减变化；由于右桥台梁缝位置处梁轨相对位移较大，其值大部分时间内大于 2 mm 的线路纵向阻力极限位移，线路纵向阻力响应表

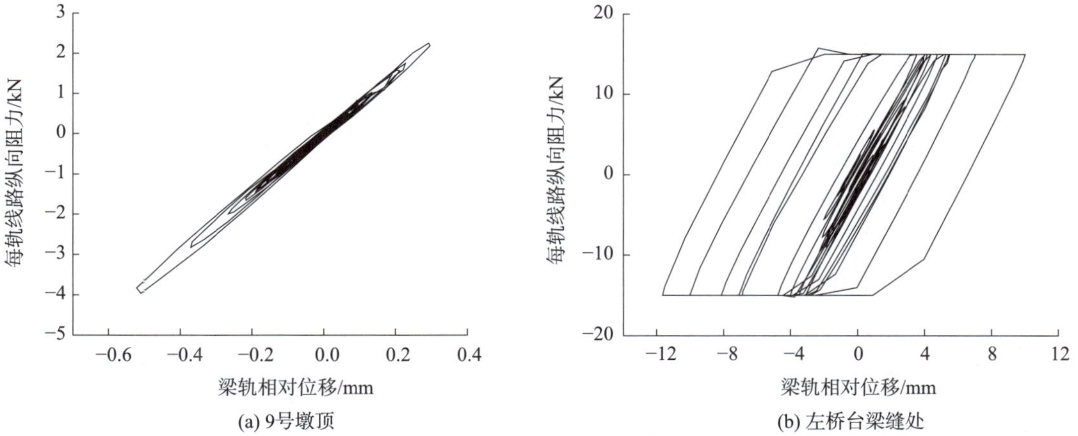

图 4.55　9 号墩顶和左桥台梁缝处的线路阻力

现呈理想的弹塑性滞回特性。

4. 地震下桥上无缝线路受力变形影响因素分析

前面的计算主要针对铺设常阻力扣件下桥上无缝线路地震响应，下面以钢轨纵向力为关注对象，分析地震频谱特性、加速度峰值、小阻力扣件铺设、梁体温差对其的影响。所有计算工况中均未铺设钢轨伸缩调节器。

(1)地震波频谱特性影响

以不考虑梁体温差为例，研究地震波频谱特性对桥上无缝线路地震响应的影响。将图 4.56 中调幅后的 EI Centro 地震波(简称 EI 波)记录时间间隔 0.02 s 扩大得到的 2 组波(分别简称 2.0EI 波、3.0EI 波)进行计算，提取主跨连续梁桥左梁缝位置的钢轨纵向力时程，如图 4.56 所示，提取左右两端梁缝位置的钢轨最大纵向力，见表 4.16。

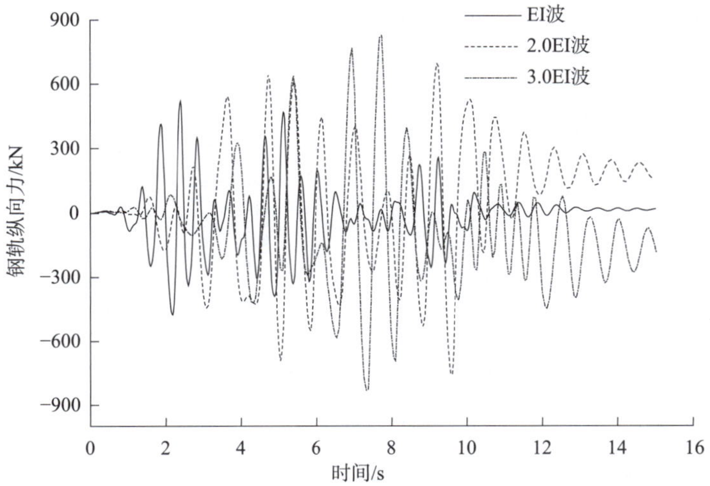

图 4.56　主跨左梁缝钢轨纵向力时程

表 4.16　钢轨最大纵向力

位　置	EI 波	2.0EI 波	3.0EI 波
左端梁缝/kN	520.6	756.6	831.3
连续梁跨中(9 号墩顶)/kN	46.2	56.5	112.4
右端梁缝/kN	449.7	574.1	729.7

地震波的频谱特性主要与桥址处场地土类型、距震源距离等因素密切相关。表 4.16 中钢轨最大纵向力结果彼此间相差很大，其中 EI 波的计算结果最小，说明地震波的频谱特性对计算结果的影响不容忽视，体现了结构抗震检算时地震波合理选取的重要性；以 2.0EI 波为例，从图 4.56 中可发现 2.0EI 波下的钢轨纵向力陡然增大了许多，因为 2.0EI 波的主频是 0.73 Hz，地震波能量集中在 0.58～1.08 Hz 波段内(从图 4.57 中 2.0EI 波频谱图可见)，当考虑轨道约束时，结构整体一阶纵飘频率约为 0.9 Hz，在 2.0EI 波激励下基础与桥梁结构容易出现短时纵向共振现象，会导致结构变形受力急剧增大。因此，铁路桥梁结构抗震设计时要使结构低阶自振频率有效地避开场地处地震波的主频段，否则地震发生时对桥上无缝线路受力变形将会是极大考验。

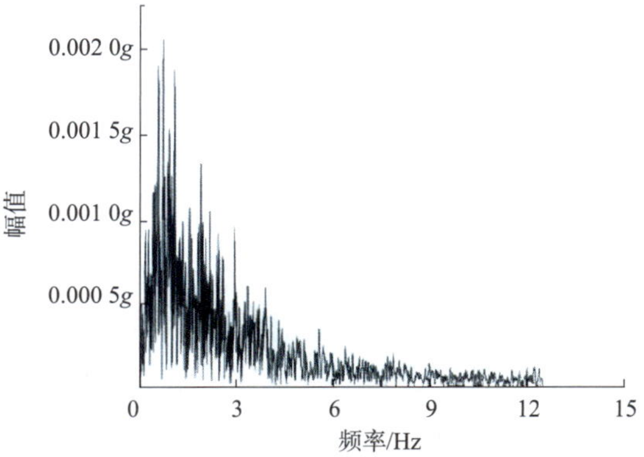

图 4.57　2.0EI 波频谱图

(2)加速度峰值影响

为探讨不同地震加速度峰值作用下桥上无缝道岔的响应规律，选取 S1(EI Centro)地震波，分别将峰值调整为 0.1g、0.15g、0.3g。提取钢轨及下部墩台的受力与位移响应，如图 4.58 和图 4.59 所示，计算结果汇总见表 4.17。

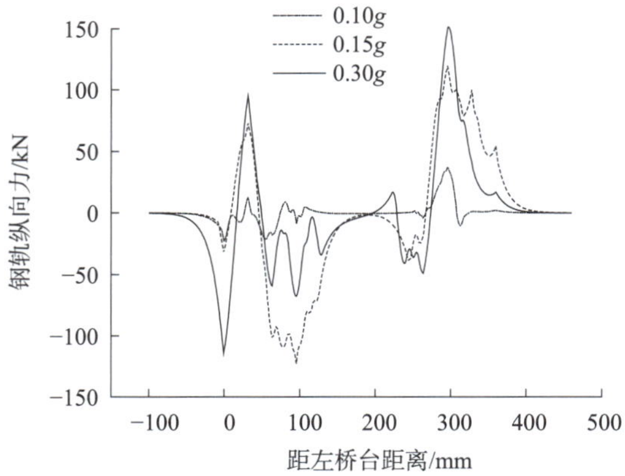

图 4.58　钢轨纵向附加力包络值

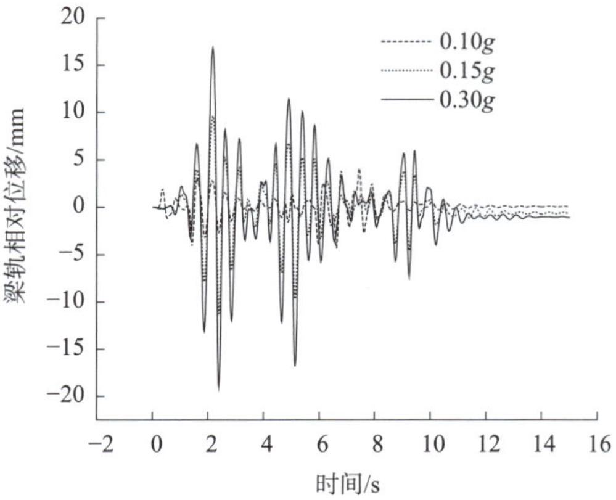

图 4.59　左梁缝梁轨相对位移时程

表 4.17　钢轨最大纵向力

位　　置	0.1g	0.15g	0.3g
左端梁缝/kN	424.0	520.6	796.9
连续梁跨中(9 号墩顶)/kN	21.4	46.2	164.4
右端梁缝/kN	379.3	449.7	722.4

从图 4.58 钢轨纵向力图中可以看出，加速度峰值对地震波作用下结构响应显著，随着加速度峰值的增大，钢轨纵向力、梁轨相对位移随之相应增长。

在梁轨相对位移方面，从图 4.59 中可以看出，高烈度地震荷载作用下梁轨相对位移要远大于列车荷载制启动作用下的梁轨相对位移，在连续梁左端的梁缝位置，仅 0.3g 的 8 度区设计地震时梁轨相对位移最大值已经超过 20 mm，已远超过 4 mm，此时很容易出现道床结构的松动、扣件滑移等现象，线路纵横向阻力骤变，轨道结构稳定性得不到保证，容易发生胀轨跑道。震后会存在较大的不可恢复梁轨相对位移，较大的梁轨残余响度位移，容易造成轨道结构纵向几何形位的突变。

(3)小阻力扣件影响

分别计算主跨连续梁桥全桥铺设小阻力扣件下伸缩工况与地震作用下的钢轨纵向力，并提取左右梁缝及跨中等位置的钢轨最大纵向力与铺设常阻力扣件条件下进行比较，计算结果见表 4.18。

表 4.18　钢轨最大纵向力

位置	常阻力(伸缩工况)	常阻力(地震作用)	小阻力(伸缩工况)	小阻力(地震作用)
左端梁缝/kN	332.1	520.6	252.1	452.2
连续梁跨中(9 号墩顶)/kN	191.4	46.2	142.4	32.7
右端梁缝/kN	263.5	449.7	209.5	396.0

从表 4.18 可以看出，采用小阻力扣件后，左右梁缝处的钢轨最大伸缩力和最大地震力比常阻力扣件分别减小了 24.1%、20.5%和 13.1%、12.0%。可见，小阻力扣件的铺设可有效改善无缝线路受力状态。对于穿越高烈度地震区的铁路桥梁，按伸缩工况检算控制桥上铺设常阻力扣件，能够满足无缝线路的铺设要求，实际采用小阻力扣件可有效降低地震发生时线路发生断轨或胀轨跑道的风险。此外，有砟轨道小阻力扣件系统提供线路纵向阻力的是扣件与轨枕间的滑动作用，即使地震中有较大的梁轨相对位移(图 4.60)也不会破坏道床的稳定性，又为桥上无缝线路不失稳破坏提供进一步保障。当然，重要的是要保证小阻力扣件系统的正常工作状态，否则扣件系统锈蚀失效后，线路存在很大的安全隐患。

(4)梁体温差影响

上述的计算都是基于桥上无缝线路长钢轨中附加应力为零的条件下进行的。然而，由于地震发生的偶然性，地震发生前钢轨中极有可能已经积聚了较大附加力，其中梁体温差的影响不可忽略。以下仍以桥上铺设常阻力扣件为例，考虑地震发生前梁体

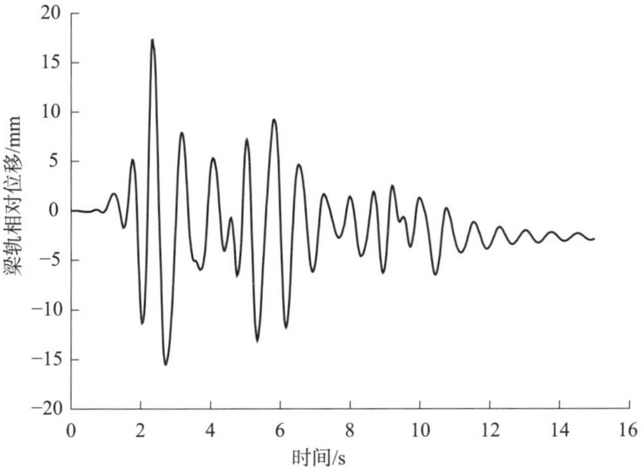

图 4.60　左梁缝梁轨相对位移时程

温差为 5 ℃、10 ℃及 15 ℃进行计算研究，提取 3 个梁缝位置的钢轨最大纵向力，见表 4.19。表中数据为考虑梁体整体升温或降温条件下的最不利计算结果。

表 4.19　钢轨最大纵向力比较

位　　置	仅伸缩	无温差	温差 5 ℃	温差 10 ℃	温差 15 ℃
左端梁缝/kN	332.1	520.6	686.3	701.2	718.2
连续梁跨中(9 号墩顶)/kN	191.4	46.2	108.8	143.2	164.8
右端梁缝/kN	263.5	449.7	548.4	565.2	574.7

由表 4.19 可知，随着梁体温差的增大，梁缝处的钢轨最大纵向力呈显著增大趋势。以左桥台梁缝处为例，考虑梁体温差 15 ℃时，地震中该位置处钢轨最大纵向力比考虑伸缩工况下的钢轨纵向力增大了 116.3%，比不考虑梁体温差的钢轨纵向力增大了 37.9%，钢轨最大附加力达到了 718.2 kN，当考虑 40 ℃的钢轨升温幅度时钢轨的最大纵向力为 1 486.5 kN。根据以往检算经验，铺设Ⅲ型混凝土桥枕的无缝线路钢轨允许最大纵向力约为 1 500 kN。如果按现有规范将伸缩工况作为线路设计控制工况检算，地震作用下桥上无缝线路稳定性可能得不到保障，说明穿越震区桥上无缝线路方案设计时合理考虑梁体温差的必要性，但具体检算方法还需进一步研究。

此外，分别以梁体整体升温、降温 15 ℃为例，研究地震过后钢轨纵向力沿线路方向分布，如图 4.61 所示。

从图 4.61 可看出，震后钢轨纵向力分布规律发生了较大的变化，梁缝处钢轨纵向力峰值均比震前有所减小；部分梁缝处甚至会出现纵向力峰值下凹变号的现象，此时在梁缝左右范围内会出现两个纵向力峰值，这种现象应与地震作用下梁缝附近线路阻力往复变化时对钢轨内力重分布有密切的关系；梁体中部一定范围内钢轨纵向力变化较小甚至无变化，是因为大跨梁体中部钢轨与梁体位移跟随性较好，梁轨相对位移很小。

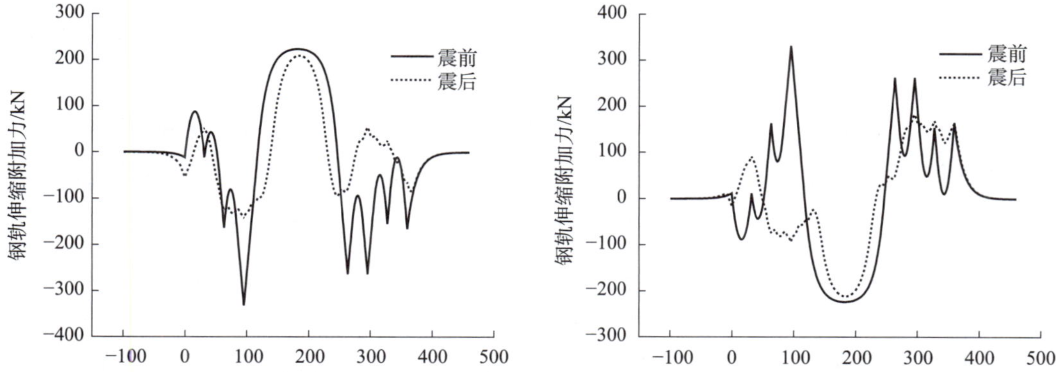

图 4.61　地震后钢轨纵向力沿线路方向分布

本节以加查 2 号雅鲁藏布江特大桥为例，研究了一致激励下大跨桥上无缝线路纵向地震响应，并对地震下大跨桥上无缝线路钢轨纵向力的几个影响因素进行了深入研究，主要得出以下结论：

（1）桥上无缝线路的纵向约束作用对大跨桥梁结构的低阶纵向自振频率有较大的影响；在研究桥上无缝线路纵向地震响应时，两端路基上计算段长度宜取为 100 m。

（2）地震作用下大跨桥梁缝处钢轨最大纵向力比按现规范伸缩工况计算得到的纵向力大很多，建议对穿越震区的铁路桥上铺设无缝线路增加钢轨地震力计算这一指标。

（3）大跨桥上铺设小阻力扣件后，地震时梁缝处钢轨最大纵向力会比铺设常阻力扣件的钢轨最大纵向力降低约 20%～30%。

（4）考虑震前梁体整体温差后，地震时各个梁缝处钢轨最大纵向力均有不同幅度的增大，因此，对穿越震区桥上无缝线路方案设计时应合理考虑梁体温差，但具体检算方法还需进一步研究。

（5）对穿越震区铁路桥梁抗震设计时需考虑轨道约束的影响，并使结构低阶纵向自振频率有效避开场地处地震波的主频率段，否则一旦地震发生，桥上无缝线路工作状态将会受到极大考验。

4.5　无缝线路轨道结构动静态评估

4.5.1　桥上无缝线路存在的问题

（1）自然条件的影响。桥上无缝线路处于自然环境中，受日照、降水、气温升降、风荷载、地震荷载等影响，轨道结构受力呈现出了周期性与随机性的特点。

（2）轨道结构部件本身及病害的影响。首先，无缝线路本身存在着无缝道岔、伸缩调节器等部件，列车与轨道结构的相互作用较一般线路更为复杂。其次，当轨枕空吊、扣件生锈、弹条折断以及断轨等病害出现时，桥上无缝线路的力学变化规律也非常复杂。

(3)轨下基础对无缝线路的影响。除梁体的伸缩、挠曲使得桥上无缝线路承受巨大的附加力之外，梁端转角及梁体温度不均还导致了轨面不平顺以及线路受力不均等问题。此外，桥墩、路基以及过渡段的不均匀沉降也对无缝线路的受力影响较大。

(4)桥上无缝线路因为存在桥梁伸缩引起的附加力，同时高速铁路中不设钢轨伸缩调节器的桥梁温度跨度较长，因此大跨桥上无缝线路仍然存在着胀轨跑道的风险。

(5)桥上无缝线路在桥梁与其他结构物连接处的差异是巨大的。在不同轨下基础连接处，轨道刚度会产生突变，从而引起车轮的运动轨迹产生跳跃，导致车轮产生垂向加速度，形成对轨道结构的动力冲击，行车速度越高，轮轨动力冲击作用就越大。

(6)道砟的累计变形过大。这是造成轨面平顺性的重要因素，主要与道床的密实度及垂向支撑刚度密切相关。以垂向下沉为例，道床的下沉可以分为前期剧烈下沉和后期缓慢下沉两个部分。初期下沉，是由于道床捣固作业后，道砟颗粒间所呈现的不稳定组合及间隙较大状态；在列车荷载作用下，转成稳定的组合及间隙被压缩状态过程中所造成的下沉，是由于在列车荷载反复作用下，压力和振动使孔隙率进一步降低、道砟破坏，颗粒间摩擦阻力降低、石砟产生一定的流动而造成的下沉。无论是哪种下沉，对轨道的不平顺影响都很大，对列车的不平顺影响都很大，对列车的平稳、安全运营有不利影响，影响线路的施工速度。

4.5.2 周期性纵向荷载下散粒体道床阻力试验

有砟轨道散粒体道床是由不同粒径的碎石道砟颗粒组成的堆积体，是一种非均匀的固体颗粒散体组织结构。细观尺度上它由大量的不可压缩的固体颗粒通过相互啮合的方式形成的组合体，具有结构相关性和离散性，有许多区别于固体和流体的力学行为特性，具有一定的承压和抗剪能力，一般不能承受拉力，且弹性好、减振性能优良、透水能力强及易于养护维修，是世界各国采用的主流的铁路道床结构形式。

20 世纪 20 年代末以来，铁路无缝线路技术的发展应用，使与线路稳定、钢轨爬行密切相关的道床纵向阻力研究越来越受到各国铁路科研工作者的重视。特别是桥上无缝线路区段的道床纵向阻力取值及分布规律，直接影响着桥梁和轨条设计方案。然而，由于温度和列车荷载循环作用，道床始终处于拉伸—压缩的动态变化状态，道床阻力分布呈现离散、随机和强非线性特征。因此，研究散粒体道床在纵向反复荷载下的位移—阻力滞回曲线及其变化规律，成为深入理解有砟轨道无缝线路动态服役性能和辨识桥上无缝线路在循环荷载作用下的受力变形机理的基础。

由于道床纵向阻力的测试结果一致性较差，各国学者多在试验数据的基础上采用统计学方法进行道床纵向阻力研究，如：杨艳丽采用现场原位测试法测试了单根Ⅲ型混凝土轨枕道床的纵向阻力，并拟合得到典型道床阻力—位移曲线。Olli Kerokosk 对某铁路站场内道床纵向阻力进行了测试，结果表明无载时道床阻力实测值与 UIC 规范值差别较小，而有载时阻力实测值要小于 UIC 规范建议值。此外，随着散粒体力学的发展，国内外学者还采用数值仿真的手段对散体道床的力学性能进行了研究。高亮等通过建立有砟道床—轨枕三维模型，研究了道床边坡、道床厚度等断面尺寸对横向阻力的影响。孙珊珊等采用扩展多面体单元构造非规则的道砟颗粒，对散粒体道砟在往复荷载作用下的动力特性进行离散元分析。虽然现有数值仿真技术能够较为准确地模拟道砟颗粒形态及颗粒间接触几何关系，但并不能完全真实地再现结构的微观作用机理和宏观力学响应，且现有研究成果更多关注的是道床垂向及横向力学性能，有关道床纵向阻力性能的研究较少。

为深入研究散粒体道床的纵向阻力特性，下面将介绍基于足尺试验模型测定散粒体道床周期性荷载位移—阻力滞回特性，分析在周期性荷载下的有砟道床的弹塑性变形规律，并深入探讨滞回特性曲线在周期性荷载作用下的演化机理。

1. 试验模型及试验工况

(1)试验模型以及加载和测试方法参考本书 4.3.4。

(2)试验工况：

由于散粒体道床的黏塑性，外荷载作用下的变形特征是率相关和位移相关的，为研究不同的加载速率和位移幅值等周期荷载行为对道床纵向阻力的影响，需要考虑不同的加载工况。设置了两种加载方案：加载工况一为纵向重复加卸载；加载工况二为纵向周期加载。试验过程中采用位移控制加载模式，且加载过程中加载速率始终保持不变。为保证测试过程的稳定性，单向加载速率取为 2 mm/min；循环加载速率分别取 2 mm/min、4 mm/min、6 mm/min 及 8 mm/min，循环位移幅值分别取±10 mm 和±20 mm。加载曲线示意如图 4.62 所示。

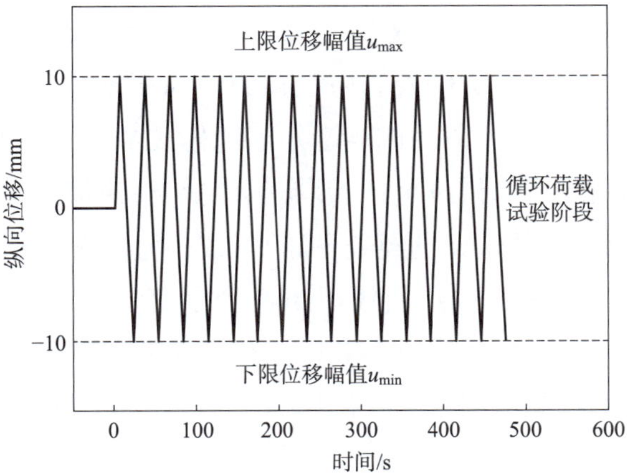

图 4.62　作动器单元加载时程曲线示意图

2. 试验结果

(1)纵向重复加卸载道床阻力性能分析

相关研究表明,荷载的重复作用对于构件的弹塑性全过程分析、结构的延性和恢复力等特性有较大的影响。散粒体道床是由细尺度的固体颗粒组成的非连续介质,具有散体性、组合性、流动性和维度差异大的特点,重复加卸载作用下残余塑性变形的累积会导致散粒体状态的改变,并最终决定着道床的传力能力。

在纵向重复加卸载工况下的实测道床纵向阻力—位移曲线如图 4.63 所示。

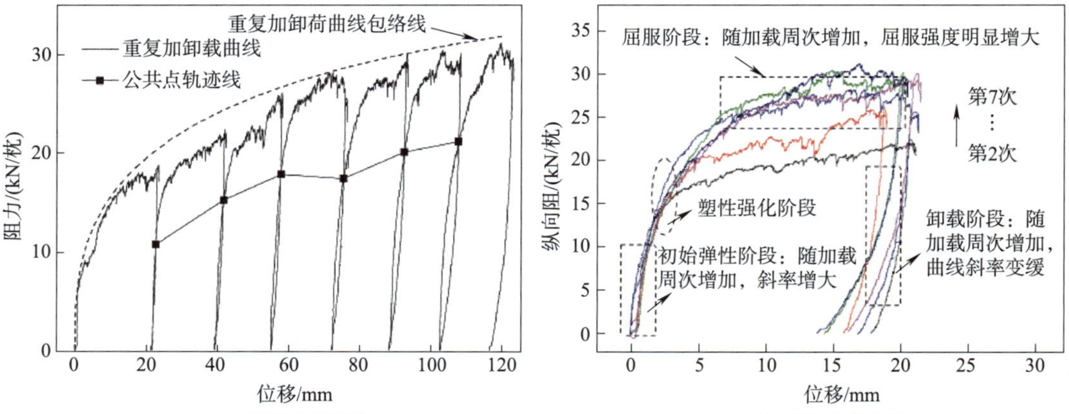

(a) 累积位移曲线　　(b) 单次位移曲线

图 4.63　重复加卸载下道床纵向阻力—位移曲线

由图 4.63 可知,每一个加卸载周期均可分为四个阶段:弹性阶段、塑性强化阶段、屈服阶段和卸载阶段。试验结果表明:

①弹性阶段的道床纵向阻力随着纵向位移的增加而线性增大,在纵向位移 2～3 mm 后快速进入塑性强化阶段。

②塑性强化阶段的道床纵向阻力随着纵向位移的增加而非线性增大,增大速率小于弹性阶段,且曲线平均变化斜率越来越小;伴随有偶尔的道床挤密、石砟颗粒摩擦声。

③屈服阶段的道床纵向阻力随着纵向位移的增加而不再显著增长,道床塑性变形显著增加,阻力出现一定程度的波动或跳动等不稳定现象,表现出强烈的非线性特性;道床内部发出大量的石砟颗粒错位重排、颗粒间摩擦声;道床表面出现上鼓;道床状态有流变趋势,可以认为此时的道床已经处于屈服状态,为纵向承载能力的极限。

④卸载阶段的纵向阻力—位移曲线不再沿原加载路径变化,而是近似弹性的卸载,曲线斜率与加载时弹性阶段的斜率相近;卸载后的道床存在不能恢复的残余变形。

在多个加载过程的反复荷载阻力—位移曲线中,前一周期的卸载曲线与后一周期的再加载曲线存在一个交点,称为“公共点”[图 4.64(a)]。Sinha 等认为公共点轨迹的峰值应力约等于临界应力。公共点是弹性变形与塑性强化阶段的临界点,在加载曲线的斜率过了公共点将逐渐减小,阻力增加有限而变形增长迅速,这表明道床中道砟颗粒间相对稳定的啮合状态开始破坏，出现相对错位、破碎和重排列。因此，公共点的轨迹可作为弹性与塑性的分割界限，当阻力水平超过此界限时，散粒体道床就会产生塑性变形。由试验结果可知，测试曲线的公共点轨迹的道床阻力值随荷载作用次数的增加而呈逐渐增长的趋势，另外，重复加卸载曲线包络线均随着荷载作用次数的增加而单调递增，且增长量越来越小，这表明在单向加卸载过程中散粒体道床累积塑性变形会使得道床密实度增加，承受单调加载时道床的弹性承载能力和极限承载能力均随之增大。对比图 4.64(b)更清晰地表明随着加载次数的增加，道床阻力出现蠕变强化现象，且前 3 次增长迅速，后期增长非常有限。随着外荷载卸载后，弹性变形得以恢复，塑性变形保留下来成为残余塑性变形。残余塑性变形是重复加卸载过程中一个重要的变形参数，其值与道床的塑性状态和密实程度紧密相关。多次荷载单向作用所形成的微量残余变形会逐渐积累，其与重复加卸载次数间的关系如图 4.64 所示（图中 U_p 为残余变形与卸载点位移的比值，N_x 为重复加卸载次数）。随着重复加卸载次数的增加，散粒体道床的累积塑性变形不断增加，道砟颗粒的错位、重排列持续发展，道床反复挤压后更加密实，残余变形与卸载点位移比值随重复荷载次数呈线性减小，这说明在单向重复荷载作用下残余塑性变形越来越小，散粒体道床将逐渐趋于弹性状态。

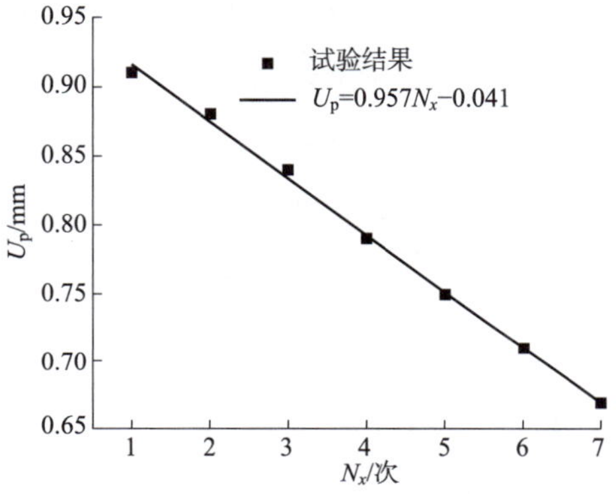

图 4.64　残余塑性变形与荷载次数的关系

(2)周期荷载阻力—位移曲线

单调荷载作用下的散粒体道床只承受纵向压力，其表现出的力学响应更为接近固体力学的范畴，而周期性荷载引起的动态位移导致轨枕盒内道砟的状态处于“挤压—松弛”的循环变化中，道床密实度和纵向阻力随之改变。经测定，道床的纵向阻力—位移曲线与单调加载过程的变化规律不同，且与动态位移速率、幅值等均存在一定的关系。下面重点对无载工况（昼夜交替的温度变化）下轨排与碎石道床的纵向阻力性能进行研究，并对位移幅值 10 mm、20 mm 时不同加载速率的测试结果加以介绍。

①位移幅值 10 mm

对试验模型采用位移控制模式加载，加载速率分别取 2 mm/min、4 mm/min 及 8 mm/min，道床纵向阻力—位移曲线如图 4.65 所示。

由图 4.65 可见，散粒体道床在周期性荷载作用下的卸载曲线与加载曲线不重合，形成一条封闭的滞回曲线，这表明道床在受到周期性荷载纵向作用时处于相对稳定的耗能状态。其中，起始加载时的力—位移曲线存在与单向加载相一致的变化规律，且与其后的曲线变化不重合；自第 2 个加载周期开始，力—位移曲线基本相同，道床阻力处于稳定的滞回变化中。

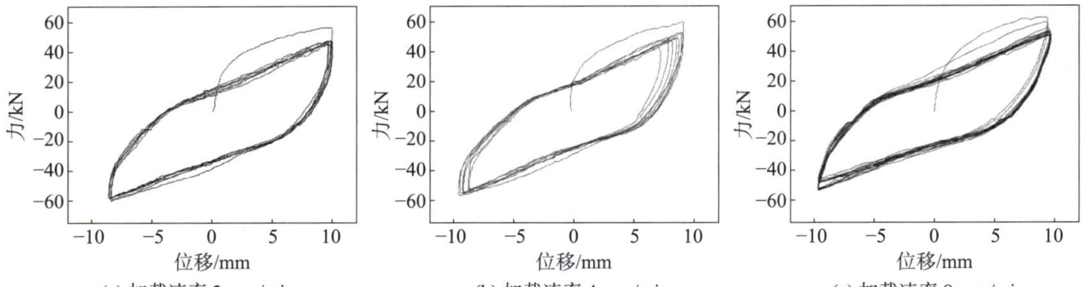

(a) 加载速率 2 mm/min　(b) 加载速率 4 mm/min　(c) 加载速率 8 mm/min

图 4.65　不同位移速率下的阻力—位移曲线(位移幅值±10 mm)

为进一步揭示不同加载周期及加载速率对道床阻力和变形的影响，提取图 4.65 中各曲线正向加载的残余塑性变形、极限阻力，其与循环周次间关系曲线如图 4.66 所示。

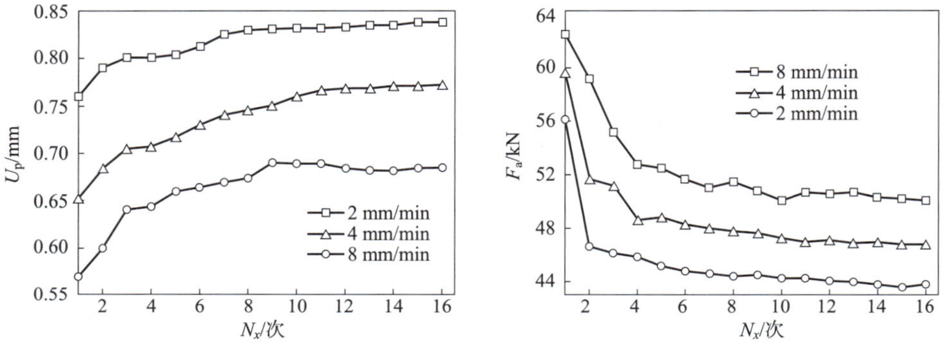

(a) 残余变形　(b) 极限阻力

图 4.66　残余变形及极限阻力与循环周次间的关系

图 4.66(a)表明，残余塑性变形率随循环作用次数的增加呈非线性增长，且前 5 个周期增长较快，而后逐渐趋于稳定；不同的加载速率残余变形率不同，变化趋势相同；加载速率越大，残余塑性变形率越小，证明了周期性荷载下的散粒体道床变形特征是率相关的，且在小位移幅值条件下，加载越快道床纵向刚度越大。

由图 4.66(b)可知，纵向阻力极值随循环作用次数的增加而减小，且前 4 个周期减小非常快，而后少量衰减，基本维持稳定状态。这一现象可称为散粒体道床在循环加载条件下的循环软化行为。随着位移加载速率的增加，阻力幅值增大。由此可知，在循环往复变化的纵向荷载作用下，散粒道床可能出现循环软化效应；当荷载作用速率相对较大时，道床内部应力来不及扩展，道砟颗粒来不及错位、重排，软化效应较轻微，宏观上表现为道床纵向刚度增强、阻力增大。

②位移幅值 20 mm

对于大变形的道床塑性流变，轨道纵向位移可能远超 10 mm，故对位移幅值±20 mm 时的力—位移曲线进行了试验测定，试验结果如图 4.67 和图 4.68 所示。

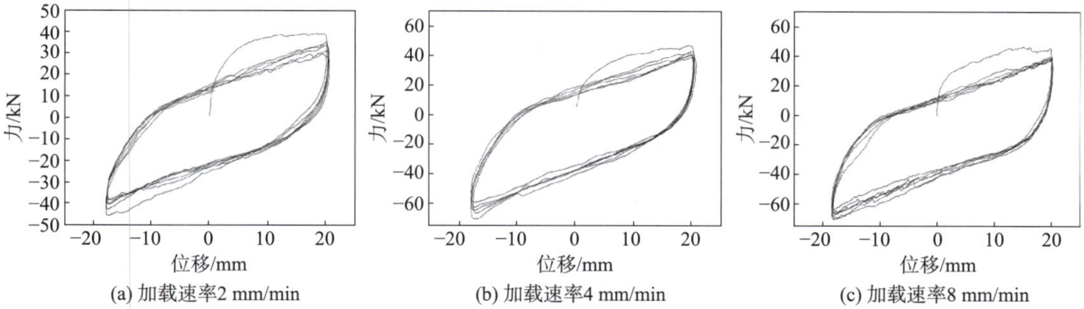

图 4.67　不同位移速率下力—位移曲线(位移幅值±20 mm)

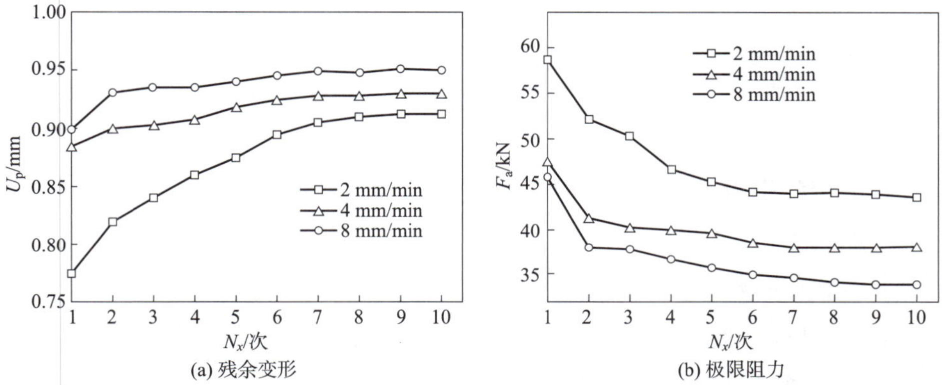

图 4.68　残余变形及极限阻力与循环周次间的关系

试验表明，当位移幅值相对较大时，散粒体道床表现出更明显的循环软化特性，且不同位移速率下的循环软化规律基本相同。由于道床结构大变形使道砟颗粒产生塑性流动，道床受扰动较大，随加载速率的增加，循环周期中的残余塑性变形增加；加载速率较低时残余塑性变形率随加载次数增长而快速增大，加载速率较高时则残余塑性变形率一直维持较高的水平。道床的极限阻力幅值则随加载速率的增大而减小，这与较小位移幅值的变化规律相反；且前 5 个加载周期阻力幅值呈快速衰减趋势，而后趋于稳定。因此，对于始终处于拉伸—压缩往复变化状态的道床而言，应考虑纵向往复荷载作用下的道床阻力—位移曲线的软化效应。对于现场实际道床的堆积状态，其还会受到外部荷载、复杂环境等因素的影响，如风沙、脏污及雨雪结冰等，试验道床状态与现场实际有所差异，但有砟道床作为一种散粒体堆积结构，其所表现出的数值规律应该差别不大，只是数值的大小会有所差异，重点对周期性纵向荷载下的轨排—道床阻力性能进行规律性的探讨。

3. 滞回曲线变化规律

(1)滞回曲线方程

为进一步分析不同位移速率和位移水平时，散粒体道床在周期性荷载作用下滞回曲线的变化规律，结合试验结果，将纵向荷载—位移滞回曲线分解为正向加载和反向加载段，典型周期循环加载时纵向阻力—位移曲线如图 4.69 所示。

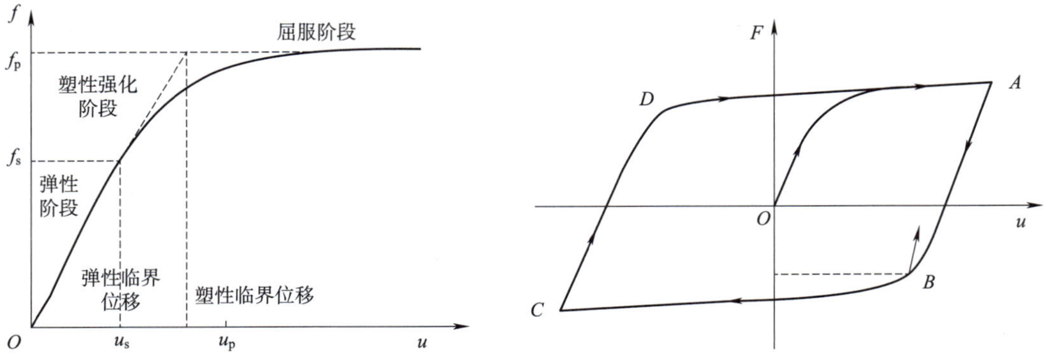

(a) 初始加载　　(b) 循环加载

图 4.69　道床纵向阻力—位移曲线

在周期性荷载作用下，道床纵向阻力—位移滞回曲线处于以下阶段：

①正向加载阶段(C→D→A)

当变形达到负向最大值后反向运动，其中 CD 段为正向弹性阶段，在滞回曲线上表现为 C 点折向 CD 段，加载路径可认为是曲线；DA 段表示正向加载塑性阶段，直到变形达到正向最大值，加载路径可认为是直线。

②反向加载阶段(A→B→C)

当变形达到正向最大值后反向运动，其中 AB 段为反向弹性阶段，表现为 A 点折向 AB 段，加载路径可认为是曲线；BC 段表示反向加载塑性阶段，加载路径可认为是直线。

(2)滞回曲线变化规律

以位移幅值±10 mm、位移速率为 8 mm/min 工况为例，分析道床纵向阻力与位移的时程曲线如图 4.70 所示。

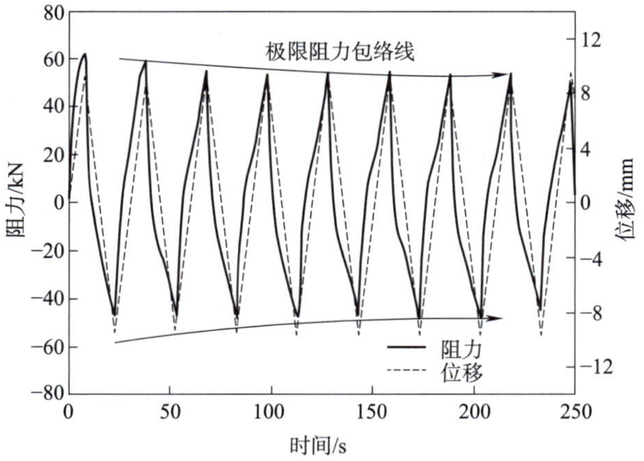

图 4.70　道床纵向阻力和位移的时程曲线

循环周期荷载下的道床纵向阻力和位移的时程曲线变化规律相同，且均呈周期性变化。周期性荷载作用下的散粒体道床具有流变物体的性质，其力学性质随时间、荷载历程是变化的，时间效应与荷载历史效应较显著，主要体现在蠕变、松弛和长期荷载作用下强度降低等方面。由试验结果可知，周期性荷载作用下的散粒体道床的纵向承载力体现出循环软化特性，且随循环加载周次的增加，道床纵向阻力极值呈减小的趋势，说明滞回曲线受到滑移的影响，散粒体道床的塑性变形能力较强。

根据试验结果，可取第 6 圈时的滞回曲线作为基准，根据前文定义的滞回曲线方程，不同位移速率和幅值下的阻力—位移拟合滞回曲线如图 4.71 所示。

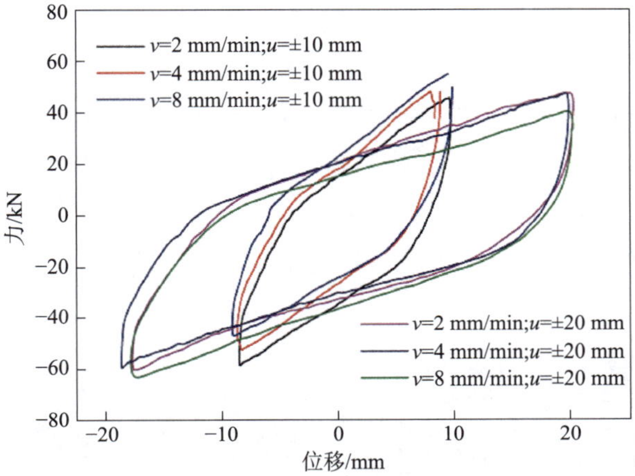

图 4.71　不同位移速率和幅值下拟合滞回曲线

由图 4.72 知，散粒体道床的纵向承载力、变形能力会受到位移幅值和加载速率变化的影响。位移幅值对周期性荷载下道床纵向阻力性能的影响显著，当循环位移幅值较大时，道床受扰动的程度较大，周期荷载下循环软化行为愈加明显，在阻力—位移滞回曲线上表现为滞回圈的交叉，以滞回曲线正向加载 DA 段为例，相同位移下的道床阻力值明显较大。试验研究的加载速率范围内，加载速率对道床纵向阻力性能的影响并不显著，且随着位移幅值的增加，道床纵向阻力性能受加载速率的影响程度有所提高。

当位移幅值较小时，加载速率提高后，荷载作用时间缩短，材料消耗同样的能量则需要更高的应力条件，由于道床的黏性滞后现象，有效地延缓了长期荷载下道床的软化效应，导致道床内部应力扩展不充分，随着加载速率的增加，散粒体颗粒接触点数量和接触面积增加，宏观上即表现为道床强度的提高。当位移幅值较大时，外荷载超过一定值时，就会产生塑性流动，此时道床处于相对较松散的状态，加载速率对纵向力学性能的影响规律与小位移幅值相反。所选取的加载速率范围内，在同等位移幅值下，加载速率对周期性纵向荷载下道床阻力性能的影响不大，循环位移幅值对其影响较为显著，对于无缝线路，尤其是大跨桥上无缝线路，由于昼夜交替的温差变化所导致的伸缩效应，应分段、分区域地考虑线路阻力的循环滞回特性。

4.5.3 桥面振动对道床稳定性影响

有砟轨道结构中，道床是一个薄弱环节。虽然道砟颗粒之间的相互摩擦和动能传播具有一定的黏弹性，但在列车重复荷载的压力和振动下，道床可能会产生失稳，影响列车运行的安全平稳性。在长大桥上由于桥面的振动较大，会直接影响道床的稳定性。因此，采用室内试验和仿真计算两种方法分析了桥面振动对道床稳定性的影响。

试验为了模拟桥面振动对道床稳定性的影响，试验分别测量了不同振动位移幅值、加速度幅值及振动频率工况下对道床边坡的影响。

1. 试验方案

(1)试验仪器

试验属于模拟现场试验，在西南交通大学轨道试验室进行。首先用铁皮制作2.5 m×1 m×0.4 m尺寸工装，用来模拟桥面，提供支撑以及相应纵向约束，工装内配铺设一半的道床结构。工装下铺设七个弹簧供其振动。道砟为特级道砟，采用标准级配。试验工具有疲劳机、位移计(国家计量认证仪器)、喷漆、卷尺等。定位好的试验现场如图4.72所示。

图4.72 试验加载图

(2)试验工况

试验中采取不同频率加载，并通过改变振动幅值调整加速度，加速度、频率和振幅之间的关系见式(4.34)。

$$a_s = 4\pi^2 f_s^2 A_s \tag{4.34}$$

式中 a_s——加速度，取 $a_s = 9.81\ \text{m/s}^2$；

f_s——频率，Hz；

A_s——振幅，mm。

由于振动中的加载荷载是通过人工方式进行调整，加载中的加速度值无法保证其一致性。因此综合考虑室内的试验条件、试验设备、人为因素等，确定出了加载工况，见表4.20。

表 4.20　试验加载工况

工况	工况 1	工况 2	工况 3	工况 4	工况 5	工况 6	工况 7	工况 8
频率/Hz	1	2	3	3	4	4	5	5
振幅/mm	8	8.5	4	8.5	5.3	6.7	4	8
加速度	0.032g	0.137g	0.145g	0.308g	0.342g	0.432g	0.403g	0.806g

(3)试验方法

《铁路轨道设计规范》(TB 10082—2017)中要求道床边坡为 1∶1.75,可换算出边坡角度为 29.74°。因此,首先在试验工装上将道床边坡角堆积成 29.74°,然后在工装底部装设位移计,根据表 4.20 进行加载。在加载过程中根据位移计读取的位移数值调整疲劳机的高压设备,直至整个试验试件达到位移要求。每组试验振动 6 000 次,振动时记录道床的边坡角度和位移。

2. 结果分析

(1)加载频率对道床边坡的影响

由表 4.20 的加载工况可知,工况 4 和工况 5 的加速度较为接近,工况 6 和工况 7 的加速度较为接近,因此分别对比了这两组工况下的道床边坡角,如图 4.73 所示。

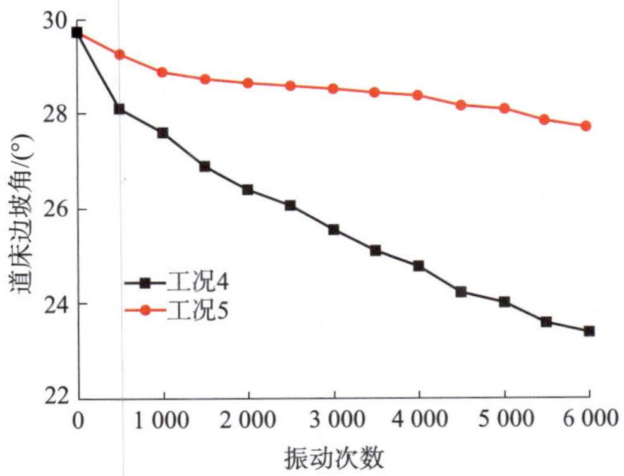

(a) 工况4和工况5对比图

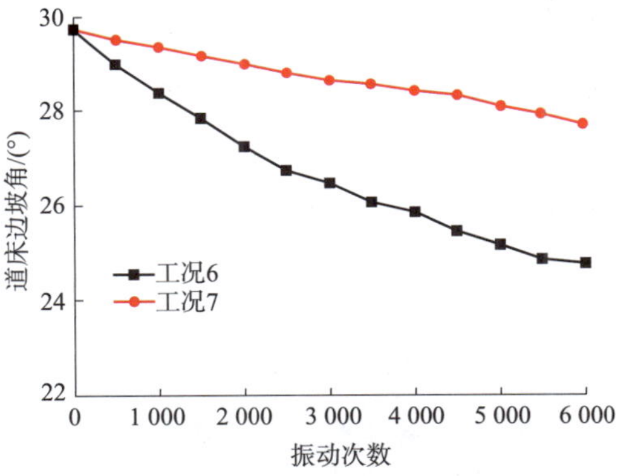

(b) 工况6和工况7对比图

图 4.73　振动频率对道床边坡的影响

由图 4.74 可知,振动过程中道床边坡角随振动次数的增大而逐渐减小,且变化趋势逐渐趋于平缓。并且振动 6 000 次后,工况 4 和工况 5 道床边坡角的变化分别为 6.83%、20.24%;工况 6 和工况 7 道床边坡角的变化分别为 6.72%、16.92%。由此可以看出,相同振动加速度条件下,振动频率越低(即振幅越大),道床边坡角的变化越大。

(2)桥面振动加速度幅值对道床边坡的影响

由表 4.20 可知,工况 3 和工况 4、工况 5 和工况 6、工况 7 和工况 8 这三组加载工况的加载频率一致,但加速度幅值不同;因此,此处分别对比这三组工况的结果,如图 4.74 所示。由于工况 8 在加载至 3 500 次时,道床边坡角度已接近 20°因此工况 7 和工况 8 只对比了加载次数为 3 500 次以内的结果。

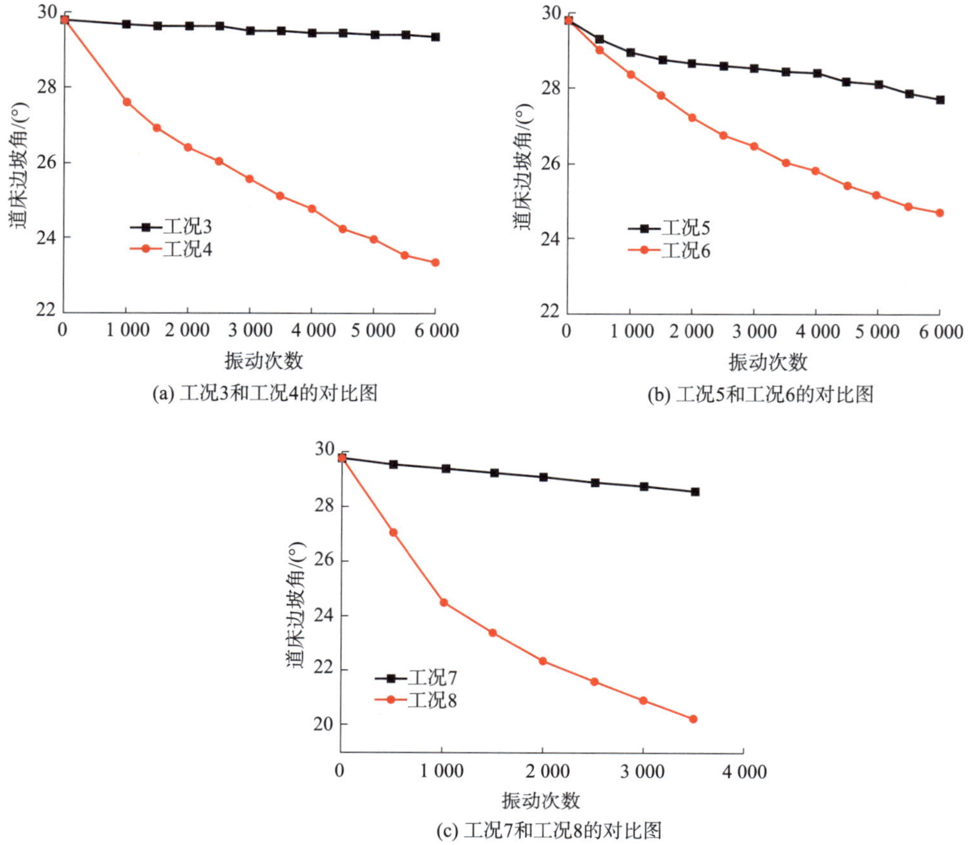

(a) 工况3和工况4的对比图

(b) 工况5和工况6的对比图

(c) 工况7和工况8的对比图

图 4.74　加速度幅值对道床边坡的影响

由图 4.75 可知，工况 3 和工况 4 道床边坡角的变化分别为 1.41%、20.24%；工况 5 和工况 6 道床边坡角的变化分别为 6.83%、16.92%；工况 7 和工况 8 道床边坡角的变化分别为 6.72%、32%。由此可以看出，相同振动频率条件下，加速度越大，道床边坡角的变化就越大。其中，工况 8（即加载频率为 5 Hz，加载幅值为 8 mm，加速度为 0.806g）这一组仅振动了 3 500 次道床边坡角变化就已经达到 32%，道砟发生了较大的迁移现象。

(3)道砟位移

为了分析振动对道砟位移的影响，试验中在道砟顶部和边坡上共喷了三层漆，并记录三层喷漆和道床底部道砟的横向位移，为了便于描述依次编号为 1～4，如图 4.75 所示。

图 4.75　测点编号

道砟的横向位移如图 4.76 所示，由于工况 8 加载条件下道砟出现较大的迁移，因此未给出工况 8 的位移值。

由图 4.76 可知，工况 3、5、7 加载条件下道砟的位移值较小，工况 1、2、4、6 加载条件下道砟的位移相对较大；比较这几种加载工况可发现，虽然各工况下桥面振动加速度及加载频率均相差较大，但工况 3、5、7 的加载振幅相对较小，工况 1、2、4、6 的加载振幅较大，说明了道砟的位移与桥面的振动位移幅值相关，即振幅越大道砟的位移越大。比较四个测点的位移可发现，测点 1 的道砟位移较小，测点 2、3、4 的道砟位移较大，说明了道砟位移主要发生在边坡的中下部。

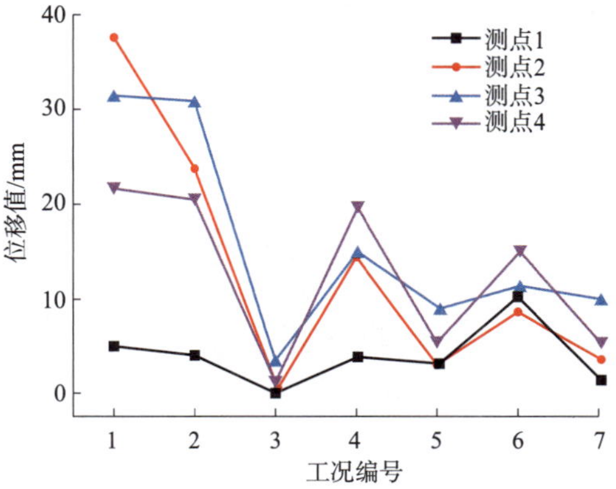

图 4.76　道砟位移

图 4.77 和图 4.78 分别给出了行车速度为 160 km/h 和 200 km/h 情况下的桥面振动加速度曲线。由桥面振动加速度可知，桥面振动加速度最大值不足 0.04g，结合试验结果可认为桥梁振动加速度不会导致道床产生较大的变形，即不会引起道床失稳。

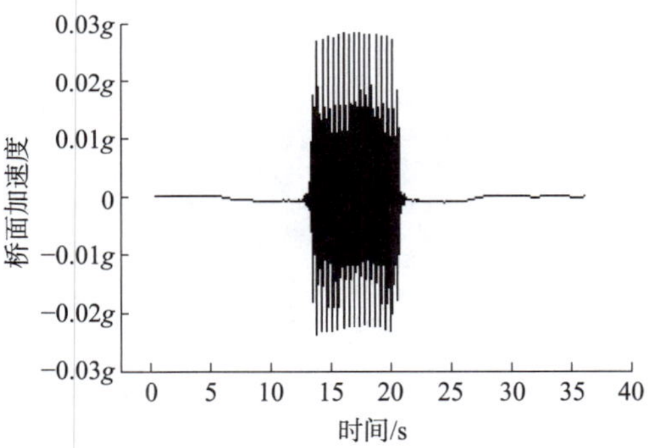

图 4.77　速度 160 km/h 桥面振动加速度

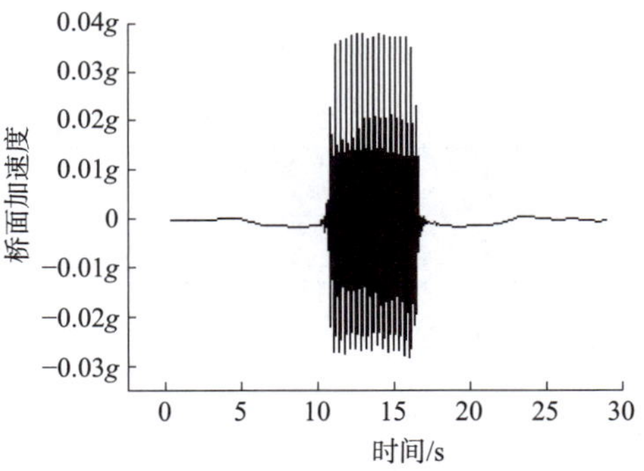

图 4.78　速度 200 km/h 桥面振动加速度

4.5.4　道床仿真分析

1. 计算原理

在解决连续介质力学问题时，除了边界条件外，还有三个方程必须满足：平衡方程、变形协调方程和本构方程。变形协调方程保证介质的变形连续性；本构方程即物理方程，它表征介质应力和应变的物理关系。对于颗粒流而言，由于介质一开始就假定为离散颗粒体的集合，故颗粒之间没有变形协调的约束，但必须满足平衡方程。如果某个颗粒受到与它接触的周围颗粒的合力和合力矩不为零，则不平衡力和不平衡力矩便使该颗粒根据牛顿第二运动定律运动。运动的颗粒不是自由的，它会遇到邻接颗粒的阻力。这种位移和力的作用规律就相当于物理方程，它可以是线性的，也可以是非线性的。计算按照时间步迭代，并遍历整个颗粒集合，直到每个颗粒的不平衡力和不平衡力矩小于允许值为止。其计算过程如图 4.79 所示。

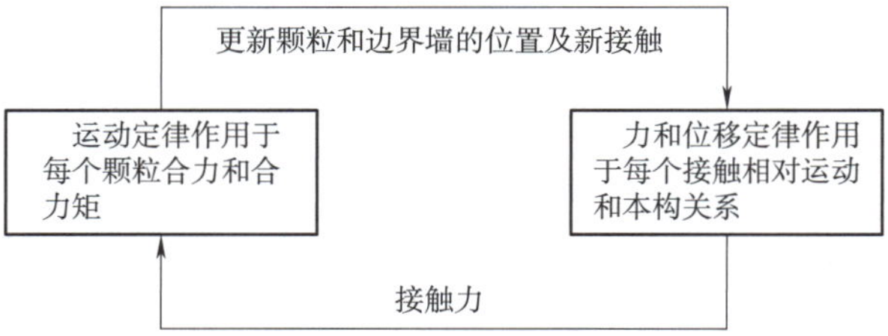

图 4.79 离散单元法计算原理

运用软件对一个实际问题进行研究时，均需要首先确定物理模型，也就是研究对象，然后对影响因素进行敏感性分析，方便在建立数学模型时，尽量简化处理，这样才能快捷方便地解决问题。

2. 模型建立及计算参数

计算模型由散粒体道床、混凝土桥梁板、轨枕和钢轨组成。模型纵向长度 1 500 mm，横向宽度 5 400 mm，竖向高度 700 mm，轨枕埋深 175 mm，道床厚度 300 mm。模型中各组成部分参数见表 4.21。

表 4.21 模型计算参数表

参数类型	材质	密度/(kg/m³)	剪切模量/Pa	泊松比
道砟颗粒	玄武岩	2 900	2×10^{8}	0.25
桥梁板、轨枕	混凝土	2 500	1×10^{10}	0.2
钢轨	钢铁	7 800	7×10^{10}	0.3

根据以上计算参数建立离散元计算模型如图 4.80 所示。

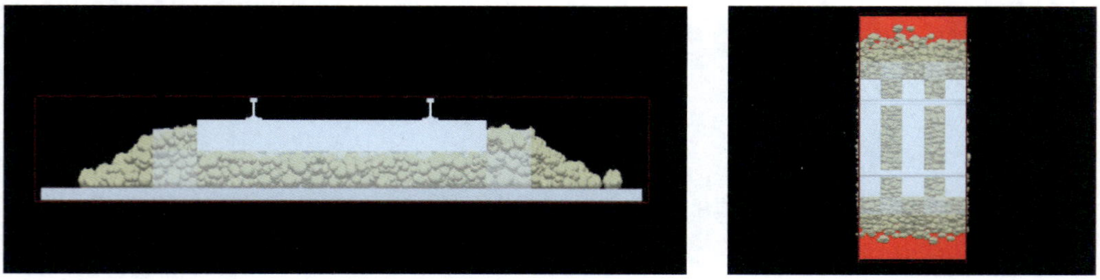

图 4.80 散粒体计算模型图

以某大跨桥上无缝线路为例，桥梁在列车通过时产生振动，采用有限元建立模型计算得到列车通过速度为 160 km/h 时梁振动特性。选取振动最大位置点 A1204 处的竖向振动参数输入进行道床稳定性分析计算，振动参数如图 4.81 和图 4.82 所示。

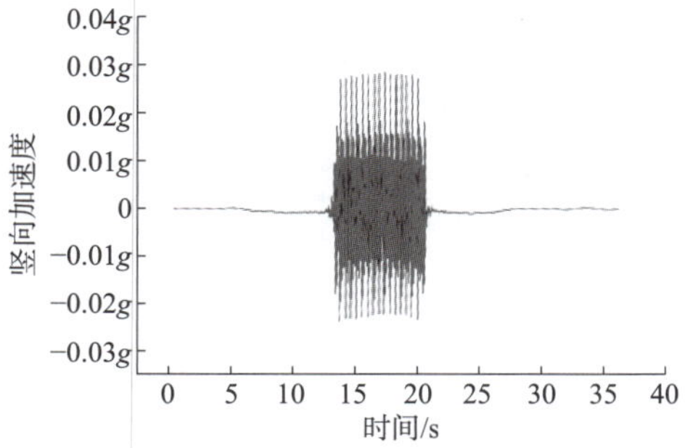

图 4.81　速度 160 km/h 桥面振动加速度

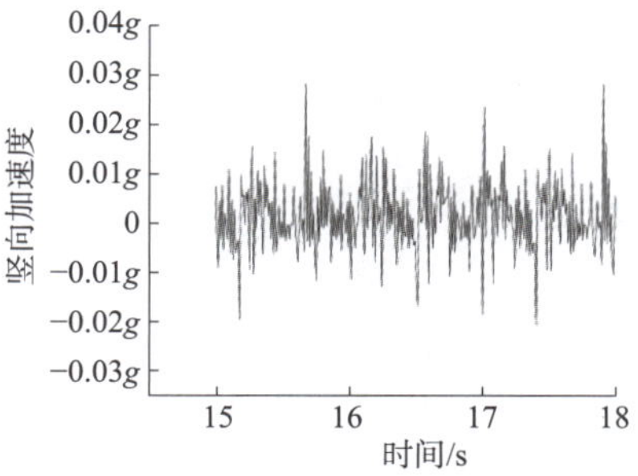

图 4.82　提取中间 15～17 s 桥梁振动输入计算

3. 计算结果分析

(1)断面形状分析

图 4.83 和图 4.84 为桥面振动前后道床横断面截面形状图。从图中可以看出桥梁振动之后，道砟迁移明显，道床截面尺寸产生明显变化。道床砟肩道砟高度降低，边坡脚向外移动，坡度变缓。模型中道砟颗粒采用圆球颗粒黏结而成，颗粒之间咬合力比实际道砟低，因此实际工程中道床截面形状变化会更小。

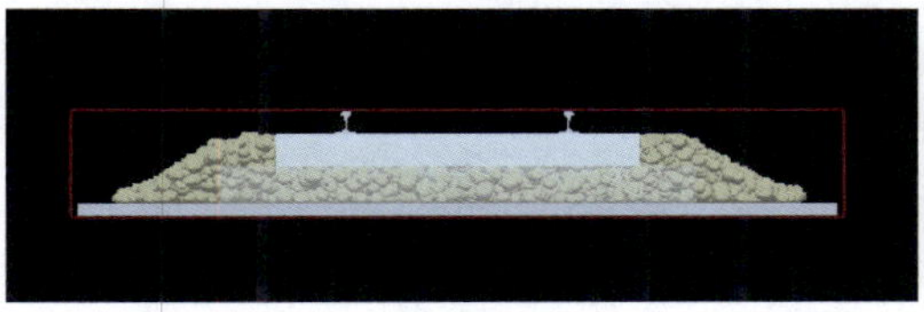

图 4.83　振动前断面

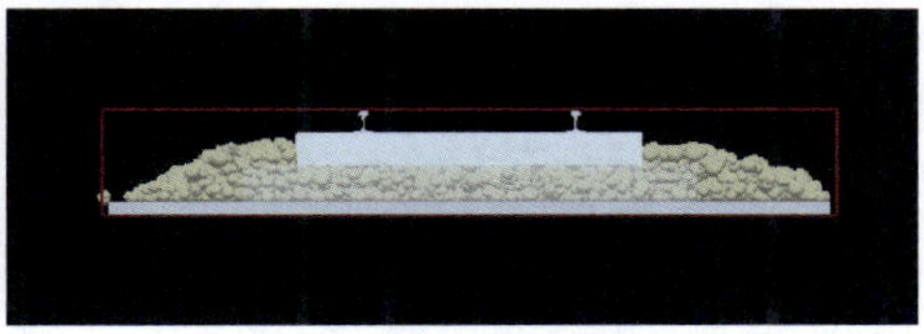

图 4.84　振动后断面

(2)轨枕纵横向阻力变化分析

由图 4.85 可得，根据我国道床阻力测试规范，选取位移 2 mm 时对应的值为道床阻力，振动后阻力值降低了 3%。桥面振动过后，在横向位移较小时，横向阻力下降明显。这是由于此时道床肩部道砟减少，道床密实度降低，导致轨枕在道砟表面移动时的摩擦阻力下降。同时，由于道砟颗粒外形咬合力低，轨枕为光滑底面，因此数值仿真模拟结果比实际横向阻力值低。

由图 4.86 可得，同理选取位移为 2 mm 时，振动后道床纵向阻力降低了 28.5%。此时纵向阻力下降明显，这是由于道床振动过后轨枕间道砟密实度降低，颗粒间咬合力下降，道床抗剪强度降低。由于道砟颗粒较为圆滑，因此计算结果比实际测试值较低。

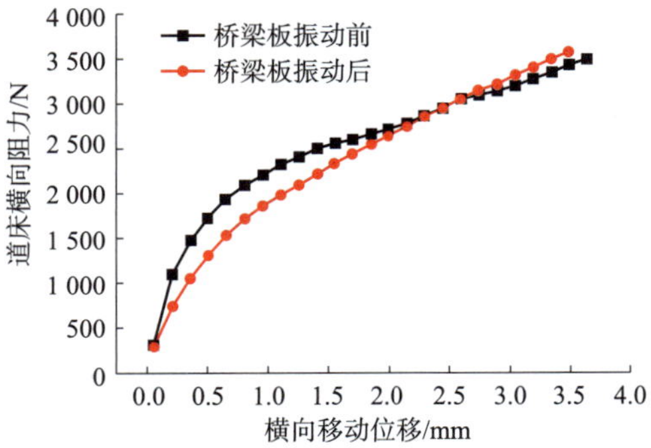

图 4.85　横向阻力变化图

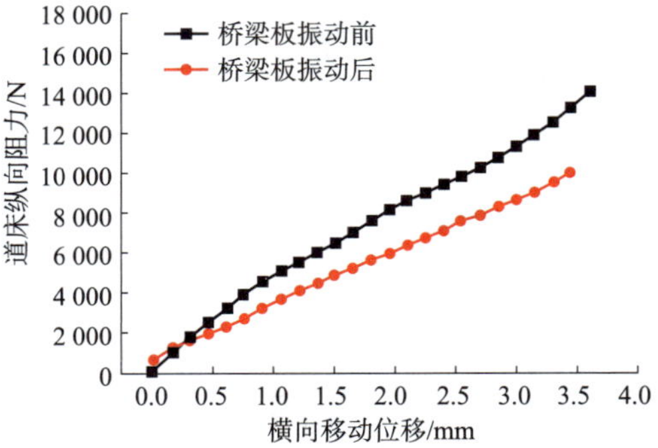

图 4.86　纵向阻力变化图

从试验分析可知，相同振动加速度条件下，振动频率越低（即振幅越大），道床边坡角的变化越大，对道床稳定性越不利；相同振动频率条件下，加速度越大，道床边坡角的变化就越大，对道床稳定性越不利；结合桥梁专业提供的桥面振动加速度可知，桥面振动加速度最大值不足 0.04g，可认为桥梁振动加速度不会导致道床产生较大的变形，即不会引起道床失稳。

从理论分析可知，桥梁振动会导致道砟迁移，使得道床横截面尺寸发生变化；振动后道床密实度降低，道床砟肩尺寸的改变，导致道床纵、横向阻力下降。建议在运营一段时间之后，检测道床阻力变化，根据其下降规律，制定相应的养护维修方法。

从线路平纵断面的角度评价可知，各个荷载工况下大桥轨道平纵断面指标均满足 200 km/h 规范的要求。

从线路静态几何偏差的角度评价可知：

（1）风和温度荷载作用下，轨道各项指标都满足线路几何偏差管理的作业验收标准。

（2）列车荷载和荷载组合工况下，轨道高低几何偏差均满足作业验收标准，其中组合工况轨道高低偏差的最大值为 2.86，与作业验收标准（3 mm）较为接近。

（3）列车荷载和荷载组合工况下，钢轨水平幅值较大，但是水平变化率的最大值远小于 2‰，说明沿线路纵向每股道的两根钢轨都存在一个均匀变化的水平高差，动力学分析表明，钢轨水平不会导致车辆产生较大的振动，钢轨水平类似于线路中的欠、过超高，并且其数值小于《铁路轨道设计规范》（TB 10082—2017）对欠、过超高的最小限值。

从轨道谱的角度评价可知：

（1）各荷载工况下，在短波频段轨道各项不平顺能量谱密度曲线位置较低，但随着波长的增长各项不平顺的能量谱密度迅速增大，说明了该桥轨道不平顺的能量主要集中于长波频段。

（2）相比而言，风和温度荷载作用下的轨道谱曲线位置较低，轨道平顺性较好。

(3)列车荷载工况下,加载股道数越多,轨道高低能量谱密度越大,轨道平顺状态越差。

(4)荷载组合工况下,轨道高低能量谱曲线位置较高,即使在短波频段其能量谱曲线与德国低干扰谱也很接近,轨道状态较差。

(5)温度、风和列车单股、双股、三股荷载工况下的轨道高低谱与德国谱的交点波长,均大于列车的最大敏感波长,说明这些加载工况下不会引起车体较大的振动。列车四股加载以及荷载组合工况下,轨道高低谱与德国低干扰谱的最小交点波长接近车体垂向振动的最大敏感波长,说明了在列车四股加载以及荷载组合工况下,可能会引起车体较大的垂向振动。但是,结合动力学评价结果表明,大桥的轨道高低能满足列车安全平稳运行的要求。

从动力学评估的角度可知:轨道高低、水平激励下,车辆系统各项动力学指标均小于限值要求;叠加德国低干扰谱随机样本后,车辆系统各动力学指标受德国低干扰谱线路随机不平顺影响有了一定程度的增大,但仍满足限值要求;说明虽然轨道高低、水平幅值较大,但其动力学计算结果表明车辆动力响应能满足列车安全平稳运行的要求。

第5章　高原高寒区跨区间无缝线路研究

5.1　无缝道岔设计

5.1.1　循环温度荷载作用下无缝道岔计算模型

拉林铁路具有气温年变化小，日变化大的特点，在现有道岔设计中均已考虑了无缝化的要求，一般情况下可在年轨温差 90 ℃地区铺设。但由于拉林铁路复杂的气候环境，气温日温差变化较大，因此，对于无缝道岔来说，在很短的温度变化周期中，其始终处于交替变化的升、降温过程中，这就使得无缝道岔纵向受力变化规律较为复杂，容易引起卡阻、尖轨侧拱、间隔铁破裂、心轨爬行、联结螺栓变形过大等病害，从而影响道岔使用性能。

当区间线路为Ⅲ型混凝土枕，每公里铺设 1 667 根时，以单组 18 号无缝道岔为例进行计算分析，道岔前后线路无爬行；铺设时道岔与区间线路锁定轨温一致。所采用的计算参数：钢轨截面积 $F=77.45\ \mathrm{cm^2}$；弹性模量 $E=2.1\times10^{11}\ \mathrm{N/m^2}$；线膨胀系数为 1.18×10^{-5} mm/(mm·℃)；岔枕间距为 0.6 m；岔枕截面顶宽 260 mm，底宽 300 mm，高 220 mm；对垂直轴的惯性矩为 $5.029\ 9\times10^{-4}\ \mathrm{m^4}$；混凝土的弹性模量为 $3.45\times10^{6}\ \mathrm{N/m^2}$。

由于整组道岔中，钢轨、轨枕、扣件及其他部件数量较多，因此模型作了如下简化：将钢轨简化成与 U71Mn 轨截面相同的梁；将轨枕简化为梯形截面梁；扣件、限位器、间隔铁均采用非线性弹簧单元模拟。为了尽可能减小边界条件的影响，模型边界长度选取 100 m。模型中，扣件和钢轨、扣件和轨枕通过节点位移耦合相连，限位器、间隔铁通过节点与钢轨位移耦合相连；轨枕与地基通过均布弹簧相连；钢轨端部用非线性弹簧固定。模型中用七种材料分别模拟钢轨、轨枕、扣件、限位器、间隔铁、地基弹簧和边界弹簧，建好的整体道岔模型如图 5.1 所示。

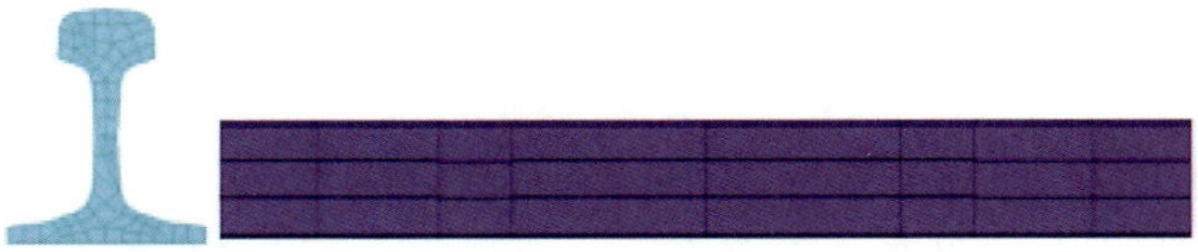

(a) 钢轨梁单元

(b) 轨枕梁单元

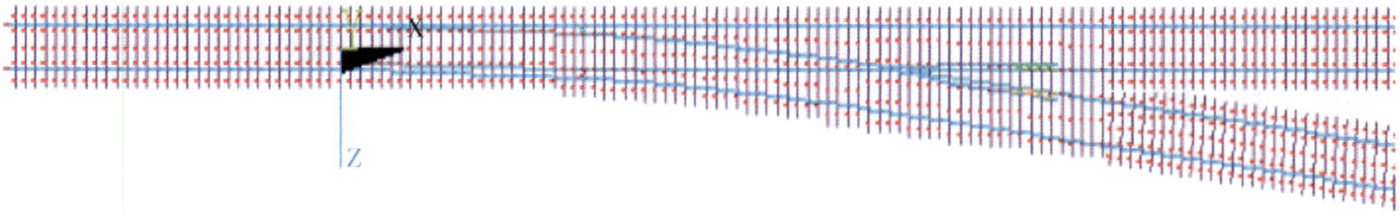

(c) 道岔整体模型

图 5.1　计算模型

5.1.2　轨温变化幅度对无缝道岔受力与变形的影响

重点分析无缝道岔轨温变化幅度对基本轨附加温度力、钢轨伸缩位移、限位器及间隔铁受力的影响。

1. 基本轨附加温度力的影响范围

当轨温变化幅度从 5 ℃增至 60 ℃时，直基本轨附加温度力变化见表 5.1。

表 5.1　基本轨附加温度力

升温/℃	5	10	15	20	25	30	35	40	45	50	55	60
固定区温度力/kN	96.0	191.9	287.9	383.8	479.8	575.8	671.7	767.7	863.6	959.6	1 055.6	1 151.5
最大附加温度压力/kN	25.5	51.3	77.5	98.8	121.5	143.6	162.2	187.2	198.6	220.2	262.9	295.0
最大附加温度拉力/kN	14	28.6	44.3	60.6	76.3	94.7	113.2	132.5	151.8	176.7	195.7	216.5
最大温度力增幅	26.6%	26.7%	26.9%	25.7%	25.3%	24.9%	24.1%	24.3%	23.0%	22.9%	24.9%	25.6%

基本轨附加温度力随轨温变化的规律如图 5.2 所示。

从表 5.1 和图 5.2 中可得，随着轨温变化幅度增大，基本轨附加温度力也随之增大，附加温度力的增加幅度在 22.9%～26.7%之间变化。在限位器子母块未贴靠前，附加温度力的增加幅度随轨温升高逐渐降低，当限位器承受作用力之后，附加温度力的增加幅度随轨温升高而增大。随着轨温升高，附加温度力的影响范围也逐渐增大，且尖轨跟端前的影响范围增长率大于心轨跟端后的影响范围的增长率。

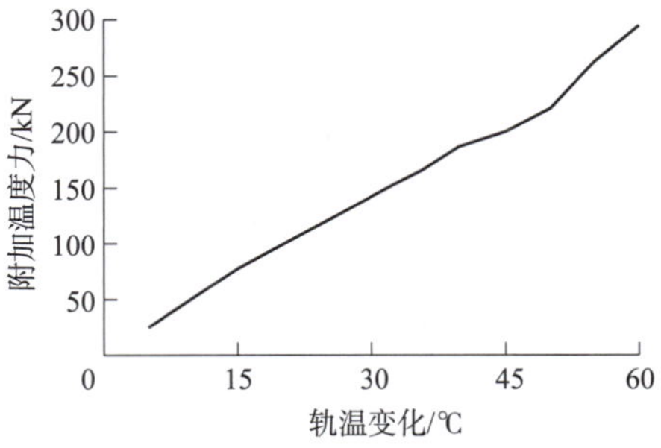

图 5.2　附加温度力随轨温变化

2. 钢轨伸缩位移

尖轨及心轨伸缩位移随轨温变化的情况见表 5.2，尖轨跟端、心轨跟端伸缩位移随轨温变化情况如图 5.3 所示。

表 5.2　基本轨附加温度力

升温/℃	5	10	15	20	25	30	35	40	45	50	55	60
曲尖轨跟端位移/mm	0.5	1.1	1.8	2.6	3.5	4.6	5.8	7.2	8.7	10.1	10.8	11.7
曲尖轨尖端位移/mm	1.5	3.2	5.0	6.8	8.8	10.9	13.3	15.3	18.3	20.7	22.5	24.4
曲尖轨尖端与基本轨相对位移/mm	1.5	3.1	4.9	6.7	8.7	10.8	13.0	15.0	18.0	20.2	21.9	23.7
长心轨跟端位移/mm	0.1	0.2	0.3	0.5	0.8	1.1	1.4	1.7	2.1	2.5	2.9	3.3
心轨尖端位移/mm	0.6	1.4	2.1	2.9	3.8	4.7	5.6	6.5	7.5	8.5	9.5	10.5

从表 5.2 和图 5.3 中可得，随着轨温变化幅度的增大，尖轨跟端及尖端、心轨跟端及尖端伸缩位移均逐渐增大，且增加幅度随轨温升高而增大。尖轨跟端伸缩位移增加幅度为 0.1～0.3 mm/℃，心轨跟端伸缩位移增加幅度为 0.02～0.08 mm/℃。当限位器子母块贴靠后，因导轨伸缩位移受基本轨的阻碍，增加幅度逐渐降低。心轨跟端伸缩位移要小于尖轨跟端，且增加幅度也要小于尖轨跟端，这主要是由于心轨跟端所受阻力更大所致。

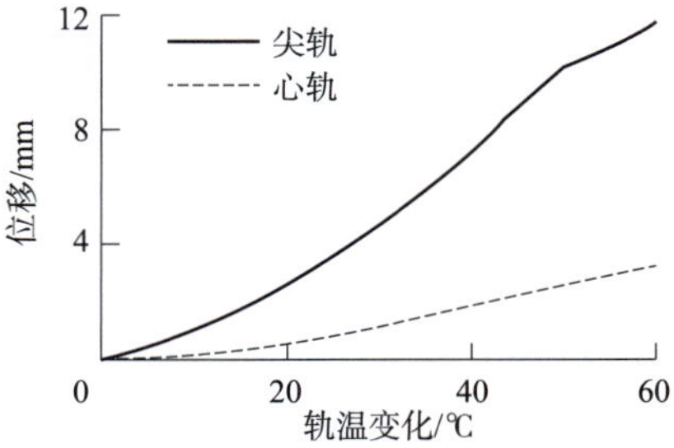

图 5.3　尖轨及心轨跟端位移随轨温变化

3. 限位器和间隔铁受力

限位器和间隔铁阻力随轨温变化的情况见表 5.3 和图 5.4、图 5.5。

表 5.3　基本轨附加温度力

升温/℃	5	10	15	20	25	30	35	40	45	50	55	60
固定区温度力/kN	96.0	191.9	287.9	383.8	479.8	575.8	671.7	767.7	863.6	959.6	1 055.6	1 151.5
限位器作用力/kN	0.0	0.0	0.0	0.0	0.0	0.0	0.0	0.0	0.0	38.5	85.3	139.3
长心轨间隔铁阻力/kN	41.3	46.2	59.3	73.4	88.1	103.3	118.3	132.9	146.9	160.9	175.2	189.8
短心轨间隔铁阻力/kN	41.3	51.8	67.5	83.7	100.9	118.1	135.1	151.4	167.5	184.4	202.9	222.8

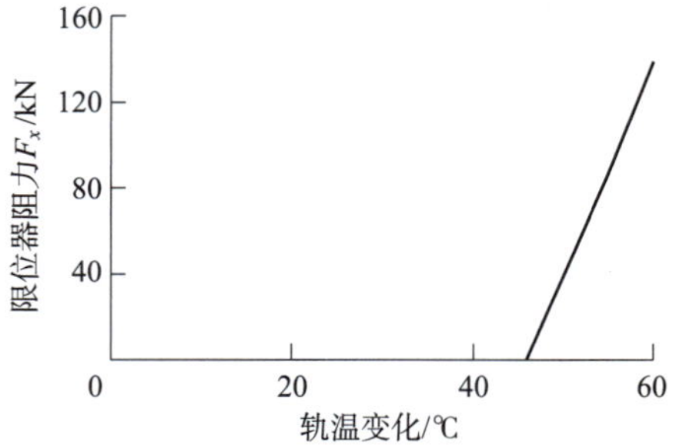

图 5.4　限位器阻力随轨温变化

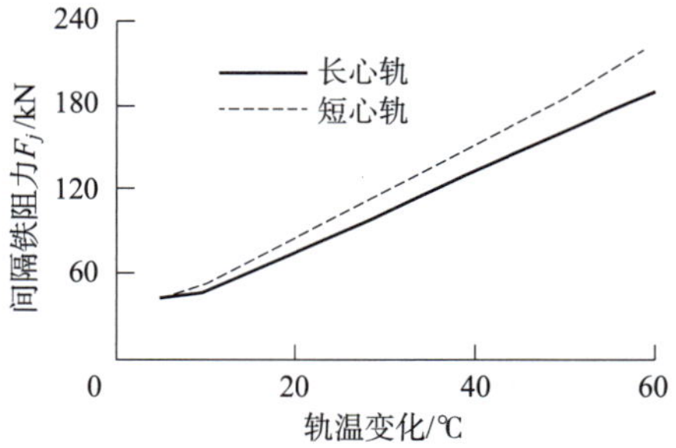

图 5.5　间隔铁阻力随轨温变化

从以上计算结果可知，限位器子母块在轨温变化 46 ℃左右开始贴靠，随后随轨温升高，限位器阻力逐渐增大，与轨温变化几乎呈线性增长，增长率约为 10 kN/℃。间隔铁阻力随轨温变化也近似呈线性增长，短心轨处间隔铁阻力的增长幅度约为 3.5 kN/℃，长心轨处间隔铁阻力的增长幅度约为 2.9 kN/℃。

综上可知，随着轨温变化幅度的增大，基本轨附加温度力、尖轨及心轨伸缩位移、限位器及间隔铁阻力均随之增大，附加温度力的增加幅度在 22.9%～26.7%之间变化，限位器子母块在轨温变化 46 ℃左右开始贴靠。由此可见，轨温变化幅度是影响无缝道岔受力与变形的一个主要因素。

5.1.3　循环温度荷载下病害机理分析

为模拟循环温度场下无缝道岔的受力及变形，需确定所要模拟的循环温度场。鉴于不同地区环境温度变化存在显著的差异性，无法一一进行模拟，重点对考虑循环温度荷载累积效应下的线路受力变形规律进行研究，模拟对象的循环温度荷载曲线如图 5.6 所示。

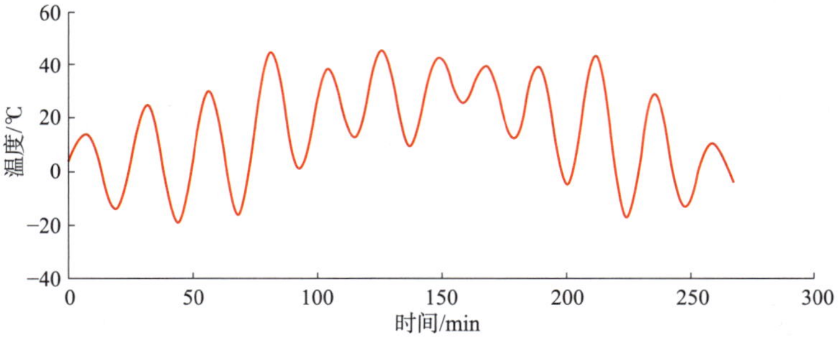

图 5.6　循环温度荷载曲线

提取循环温度场作用下道岔区各部位的最大温度力和最大纵向位移，汇总结果见表 5.4。

表 5.4　循环温度场下模拟结果

道岔部位		最大温度应力/MPa	最大纵向位移/mm
基本轨	岔区	67.20	0.000 16
	岔区外	65.90	0.000 13
翼轨	咽喉区	50.94	0.008 4
	咽喉区外	61.14	0.006 1
长心轨	尖端	—	−10.78
	跟端	59.24	−0.14
短心轨	尖端	—	−6.58
	跟端	50.76	−0.19

时程曲线如图 5.7～图 5.10 所示。

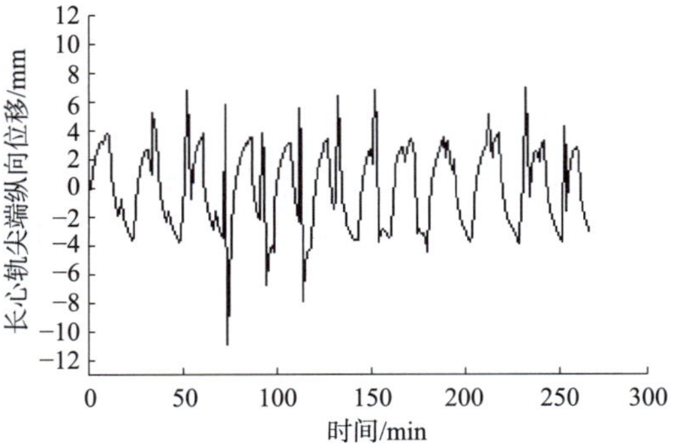

图 5.7　长心轨尖端纵向位移

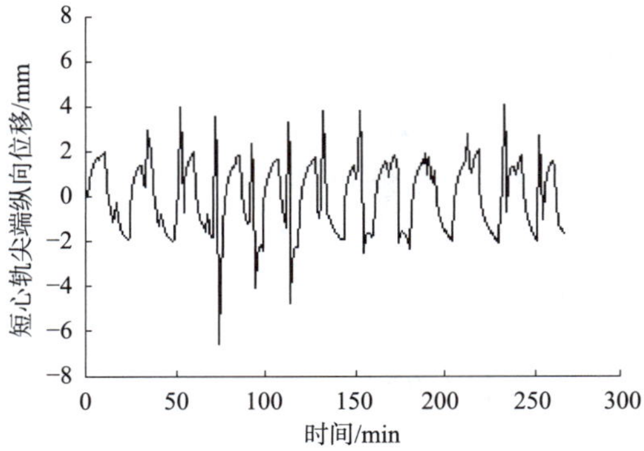

图 5.8　短心轨尖端纵向位移

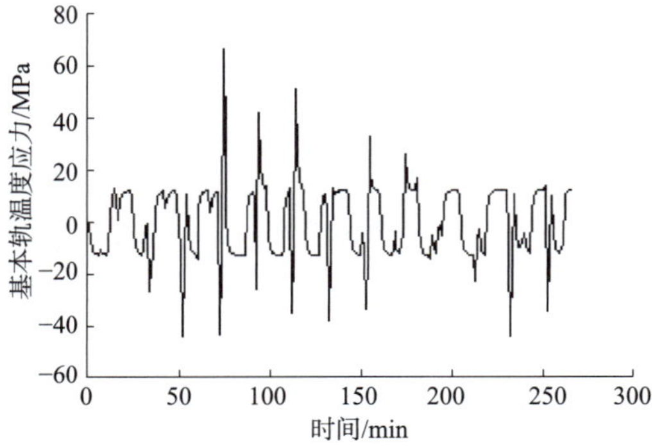

图 5.9　基本轨温度应力随时间变化

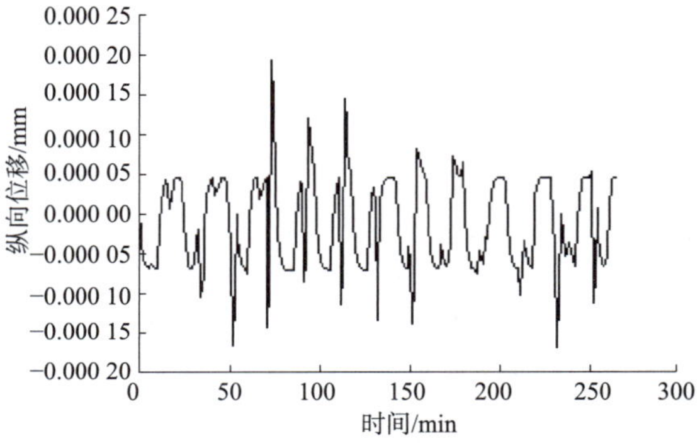

图 5.10　基本轨纵向位移随时间变化

由以上结果分析可知，钢轨纵向位移和应力变化与环境温度变化的整体趋势大体一致，但在个别时刻存在突变的现象，经分析与温度的骤变程度有关。长、短心轨的纵向相对位移也随环境温度的变化而发生相应的伸长和收缩。而长、短心轨尖端位移的突变点有可能导致道岔心轨的卡阻和磨耗；同时长、短心轨尖端在伸长与收缩的过程中，由于存在变形累积效应的影响，在长期的循环温度荷载影响下，伸缩量有可能过大或过小。如果心轨伸缩量过大，会导致心轨与翼轨顶死，进而导致心轨与翼轨前靠后不靠，造成心轨与翼轨不密贴。在环境温度变化的过程中，基本轨的纵向位移变化不大，这是因为基本轨端部采用全约束，说明温度场的存在对基本轨纵向位移的影响较小。

5.2　桥上无缝道岔受力变形计算

以单组 18 号无缝道岔铺设在连续梁桥上为例，分析不同桥跨布置形式、桥墩刚度等对钢轨纵向力、钢轨位移及墩台力的影响。

5.2.1 不同梁跨布置的连续梁

道岔布置在连续梁上，道岔两边布置 3 跨 32 m 简支梁。两边桥台的墩台纵向刚度为 1.0×10^7 kN/m，中间桥墩的刚度均为 1.0×10^5 kN/m。考虑以下四种工况：

工况 1：3 跨 32 m 连续梁，固定支座位于道岔前端；

工况 2：3 跨 32 m 连续梁，固定支座位于道岔后部；

工况 3：2 跨 48 m 连续梁，固定支座位于梁中间；

工况 4：3 跨 32 m 连续刚构桥。

1. 钢轨温度力

道岔钢轨升温 50 ℃时，无缝道岔基本轨纵向力如图 5.11 所示。桥上无缝道岔范围内并未出现最大温度力峰值，钢轨的最大温度力出现在道岔前端连续梁和简支梁的交界处，最小温度力出现在辙叉前。工况 1 和工况 4 的温度力峰值较小，工况 2 的温度力峰值最大。

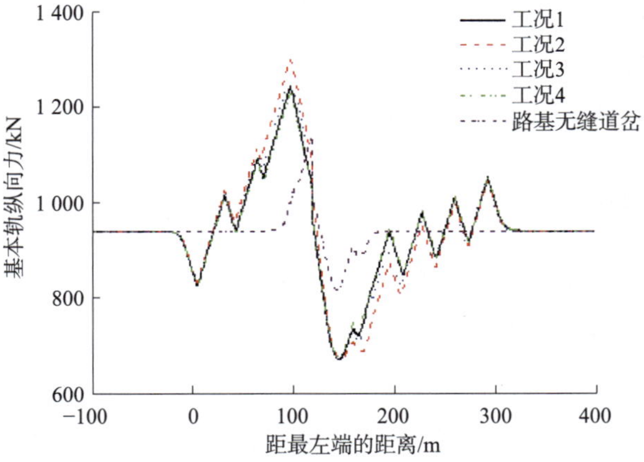

图 5.11 四种工况下基本轨纵向力的比较

2. 钢轨位移

无缝道岔钢轨升温 50 ℃时，道岔尖轨及心轨尖端梁轨相对位移比较见表 5.5，四种工况均小于路基上无缝道岔，工况 4 位移最大，工况 2 的位移最小。

表 5.5 道岔尖轨及心轨尖端梁轨相对位移

位　置	工况 1	工况 2	工况 3	工况 4	路基无缝道岔
尖轨尖端/mm	−13.9	−13.5	−13.7	−14.1	−19.7
心轨尖端/mm	−6.9	−6.3	−6.7	−7.1	−8.9

3. 墩台所受纵向力

各种计算工况下的桥梁墩台所受纵向力见表 5.6。由计算结果可知，由于道岔的影响，桥上无缝道岔与桥上无缝线路的墩台所受纵向力不相同。虽然工况 1 和工况 2

的梁跨布置情况相似，但由于连续梁固定墩的位置不同，所以墩台所受纵向力也大不相同。工况 1 的固定墩位于限位器附近，处在道岔导轨伸缩区的前端，因此，固定墩需承受较大的纵向力。工况 2 的固定墩位于辙叉附近，处在道岔伸缩区的后端，固定墩承受的力相对较小。工况 3 的固定墩位于伸缩区中间，因此该工况下固定墩所受纵向力介于工况 1 和工况 2 之间。工况 4 的连续梁有两个固定墩，由于墩台与梁固结，刚度较大，因此墩台所受纵向力较大，除此外，其余墩台所受纵向力与工况 1 较为相似。

表 5.6　墩台所受纵向力　　单位：kN

固定支座编号		1	2	3	4	5	6	7
工况 1	无缝道岔	319.5	152.9	302.3	1 212.9	204.5	134.7	168.4
	无缝线路	557.3	105.9	159.8	27.4	−101.8	4.7	120.2
工况 2	无缝道岔	333.0	183.4	365.5	861.8	344.6	187.0	187.9
	无缝线路	587.4	150.3	257.7	−363.3	8.2	54.3	139.9
工况 3	无缝道岔	326.0	167.0	330.9	1 023.2	285.3	164.9	180.7
	无缝线路	571.7	127.2	207.1	−172.1	−42.3	31.6	130.3
工况 4	无缝道岔	315.1	149.3	289.4	1 257.2	190.8	129.0	166.2
	无缝线路	575.5	133.6	220.9	−210.4	−35.7	34.3	131.4

注：固定支座编号 1～7 分别为道岔梁及其前后各 3 跨简支梁固定支座的依次序号。

5.2.2　桥墩刚度的影响

以上四种计算工况的桥梁形式不变，只将连续梁的固定支座刚度由 1×10^5 kN/m 增加到 1×10^7 kN/m，其余计算参数不变。

1. 钢轨纵向力

中间桥墩刚度增大后，各工况下道岔直基本轨纵向力比较如图 5.12 所示。

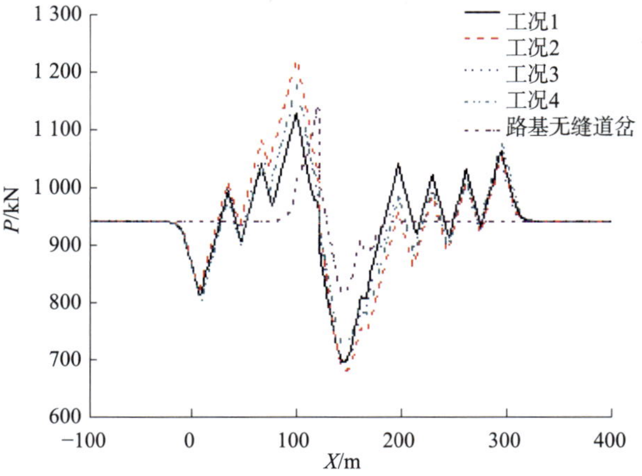

图 5.12　增大桥墩刚度时各种工况下的基本轨纵向力

桥墩刚度增大，则各基本轨的纵向力峰值减小。当固定墩刚度较大时，工况 1 的基本轨伸缩力峰值最小，其值比路基上道岔的基本轨温度力还小；工况 2 的伸缩力最大，工况 3 次之，工况 4 与工况 3 较为接近。

2. 钢轨位移

桥墩刚度增大后，各工况下道岔尖轨及心轨尖端梁轨的相对位移见表 5.7。桥墩刚度增大，尖轨和心轨的梁轨相对位移也有所增大，但增幅不大。

表 5.7　道岔尖轨及心轨尖端梁轨相对位移　　单位：mm

位　置	工况 1	工况 2	工况 3	工况 4	路基无缝道岔
尖轨尖端	−15.0	−14.2	−14.6	−15.2	−19.7
心轨尖端	−8.8	−7.3	−8.1	−7.9	−8.9

3. 墩台所受纵向力

桥墩刚度增大后，各工况下墩台所受纵向力见表 5.8。连续梁固定墩的纵向刚度越大，其墩台所受纵向力也越大。由于连续梁的固定墩承担了较多的道岔传给桥梁的力，所以与其相邻的简支梁的墩台所受纵向力有所减小。

表 5.8　墩台所受纵向力　　单位：kN

固定支座编号		1	2	3	4	5	6	7
工况 1	无缝道岔	287.2	92.2	173.4	1 811.8	−1.0	49.3	136.0
	无缝线路	556.5	104.9	157.1	45.7	−108.7	1.3	118.8
工况 2	无缝道岔	311.7	142.6	280.9	1 326.0	163.7	117.6	162.6
	无缝线路	607.5	177.6	317.0	−617.3	86.2	86.3	151.8
工况 3	无缝道岔	298.7	118.1	225.2	1 559.4	86.4	86.4	151.6
	无缝线路	582.2	140.8	238.7	−290.7	−10.4	45.1	135.7
工况 4	无缝道岔	272.3	124.4	269.7	1 520.2	106.7	81.2	248.7
	无缝线路	520.0	179.9	354.6	−427.2	2.4	59.5	243.8

注：固定支座编号 1～7 分别为道岔梁及其前后各 3 跨简支梁固定支座的依次序号。

单组无缝道岔铺设在连续梁上时，采用连续刚构的桥梁形式最为有利。若采用一般的连续梁形式，固定墩的墩台纵向力很大，对墩台受力极为不利。将无缝道岔的传力部件设置在连续梁固定墩附近，可以减小道岔可动部分的纵向位移和传力部件的纵向力。提高桥梁的墩台刚度可以减小钢轨的纵向力，但如果墩台原有刚度已很大，再提高墩台的刚度对减小钢轨伸缩力效果不明显，而且增加墩台刚度会增大道岔传给墩台的纵向力，对墩台受力也不利。计算结果表明，桥上无缝道岔连续梁两边的简支梁固定支座的布置方式对道岔钢轨、桥梁的受力和位移影响很大，在简支梁靠连续梁的一端设置固定支座最为有利。

5.3 大坡道上铺设无缝道岔纵向力计算分析

我国无缝道岔铺设地段坡度一般不大于6‰,大坡道上铺设无缝道岔尚缺乏实际工程经验。但是在山区铁路的困难地段,尤其是对于高原铁路,由于环保、节约用地或者地形条件的限制,部分联络线、走形线上的道岔不得不设置在坡度超过6‰或者更大坡度的大坡道上。列车在长大坡道运行时需制动,且比平原地带更为复杂,道岔设在大坡道上将恶化道岔运营环境,不利于行车的安全性和舒适性。然而,国内外缺乏大坡道地段道岔铺设、维护及运营管理的经验,列车通过道岔舒适性和安全性能否得到保证,道岔结构是否安全和耐久,都有待进一步科学地论证。

5.3.1 制动荷载作用

轮轨制动力率根据UIC标准取0.275,道岔直股从左向右制动,不同坡度下钢轨纵向力、钢轨位移图分别如图5.13和图5.14所示。

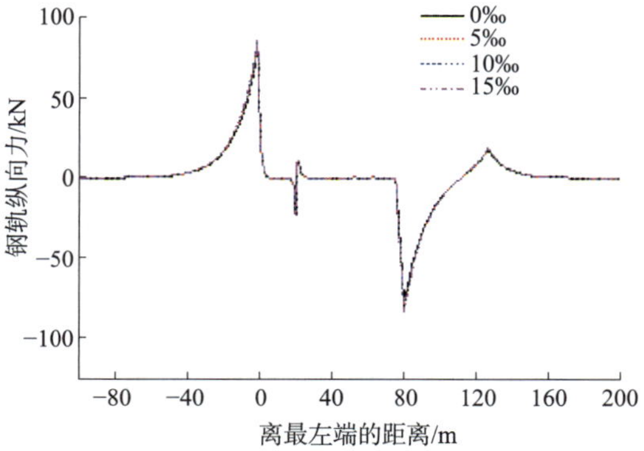

图5.13 钢轨纵向力

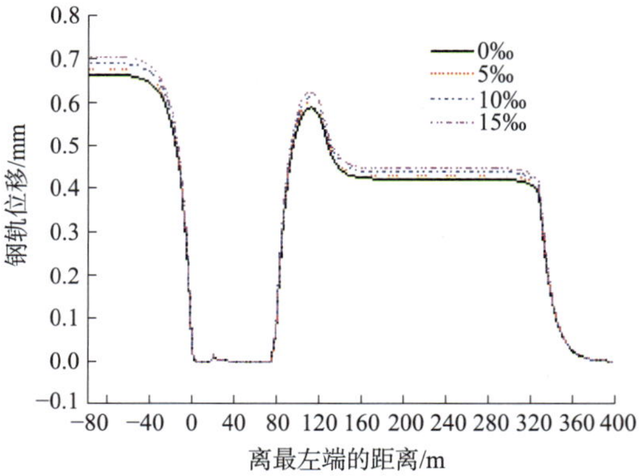

图5.14 钢轨位移

坡度分别为0‰、5‰、10‰、15‰时的钢轨纵向力及位移见表5.9。

表5.9 不同坡度时钢轨位移、纵向力

坡　　度	钢轨最大位移/mm	钢轨最大纵向压力/kN	钢轨最大纵向拉力/kN
0‰	0.666	81.371	79.286
5‰	0.679	82.974	80.918
10‰	0.694	84.577	82.502
15‰	0.707	86.332	84.090

图5.15和图5.16分别为不同坡度下,钢轨最大位移、钢轨最大纵向拉力随坡度变化的趋势图。

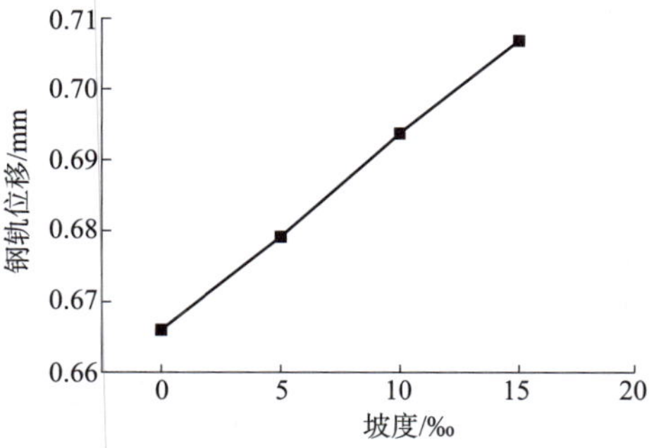

图 5.15　钢轨最大位移变化图

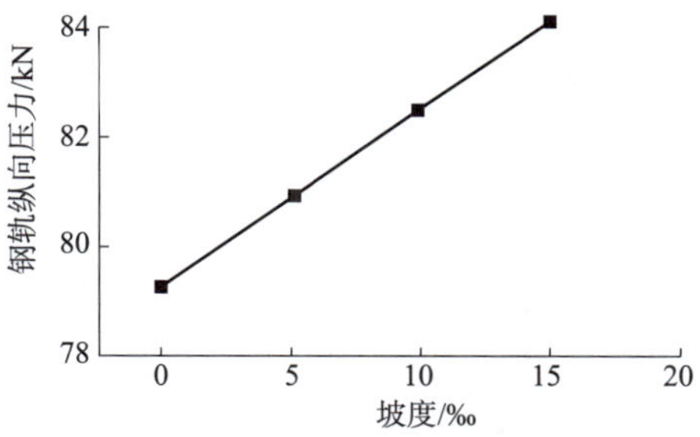

图 5.16　钢轨纵向拉力变化图

从图 5.15 和图 5.16 可以看出，随着坡度的增大，钢轨最大位移和最大钢轨纵向力绝对值都近似呈线性递增。提取道岔心轨、尖轨的位移见表 5.10。

表 5.10　制动工况的心轨、尖轨各种位移

坡度	15‰	10‰	5‰	0‰
尖轨绝对位移/mm	0.98	0.96	0.94	0.93
尖轨相对于基本轨伸缩位移/mm	0.98	0.96	0.94	0.92
尖轨相对于岔枕伸缩位移/mm	0.98	0.96	0.94	0.92
心轨绝对位移/mm	0.33	0.32	0.31	0.30
心轨相对于翼轨伸缩位移/mm	0.33	0.32	0.31	0.30
心轨相对于岔枕伸缩位移/mm	0.33	0.32	0.31	0.30

比较尖轨尖端与心轨尖端的相对位移，尖轨尖端相对于基本轨的位移随坡度变化如图 5.17 所示，心轨尖端相对于翼轨的位移随坡度变化如图 5.18 所示。

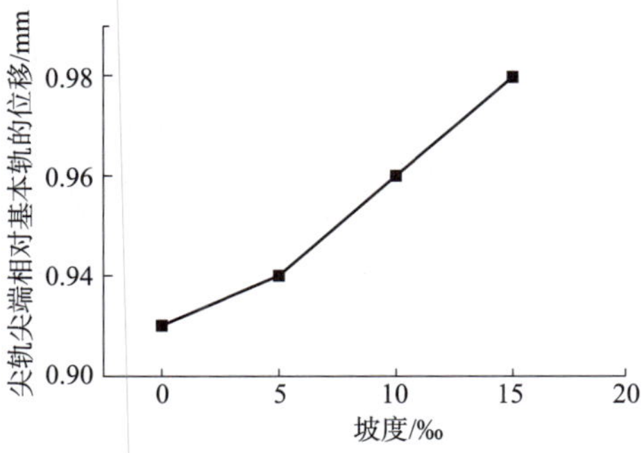

图 5.17　尖轨尖端相对基本轨的位移图

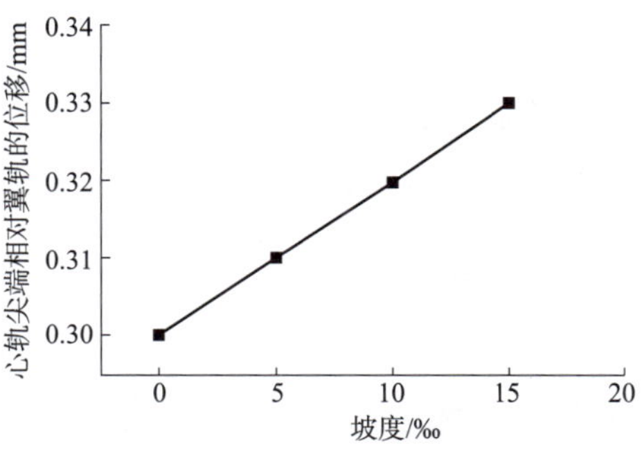

图 5.18　心轨尖端相对翼轨的位移图

从图 5.17 和图 5.18 可以看出，随着坡度的增大，尖轨尖端相对于基本轨的位移和心轨尖端相对于翼轨的位移都近似地呈线性在增长。

5.3.2 伸缩与制(启)动组合荷载

1. 15‰ 坡度

计算 15‰坡度时的尖轨、心轨的位移,见表 5.11。

表 5.11 尖轨、心轨各种位移(坡度 15‰)

温度/℃	40	38	36	34	32	30
尖轨绝对位移/mm	10.05	9.59	9.12	8.67	8.21	7.76
尖轨相对于基本轨伸缩位移/mm	10.05	9.58	9.11	8.66	8.21	7.76
尖轨相对于岔枕伸缩位移/mm	10.05	9.58	9.12	8.66	8.21	7.76
心轨绝对位移/mm	5.35	5.10	4.85	4.60	4.35	4.09
心轨相对于翼轨伸缩位移/mm	5.35	5.10	4.85	4.60	4.34	4.09
心轨相对于岔枕伸缩位移/mm	5.35	5.10	4.85	4.60	4.34	4.09
直股间隔铁/mm	17.6	16.8	15.9	15.0	14.1	13.2
侧股间隔铁/mm	17.5	16.6	15.7	14.9	14.0	13.1

由表 5.11 可知,随着温度的增加,尖轨、心轨的位移近似呈线性增加。

2. 10‰坡度

计算 10‰坡度时的尖轨、心轨的位移,见表 5.12。

表 5.12 尖轨、心轨各种位移(坡度 10‰)

温度/℃	40	38	36	34	32	30
尖轨绝对位移/mm	10.03	9.57	9.10	8.65	8.20	7.74
尖轨相对于基本轨伸缩位移/mm	10.03	9.56	9.09	8.64	8.19	7.74
尖轨相对于岔枕伸缩位移/mm	10.03	9.56	9.10	8.64	8.19	7.74
心轨绝对位移/mm	5.35	5.10	4.84	4.59	4.34	4.09
心轨相对于翼轨伸缩位移/mm	5.35	5.09	4.84	4.59	4.34	4.09
心轨相对于岔枕伸缩位移/mm	5.35	5.09	4.84	4.59	4.34	4.09
直股间隔铁/mm	17.6	16.8	15.9	15.0	14.1	13.2
侧股间隔铁/mm	17.5	16.6	15.7	14.8	14.0	13.1

3. 5‰ 坡度

计算 5‰ 坡度时的尖轨、心轨的位移,见表 5.13。

4. 0‰坡度

计算 0‰坡度时的尖轨、心轨的位移,见表 5.14。

5. 主要结论

在不同温度列车制动的影响下,通过对道岔铺设在不同坡度上的受力及变形进行计算分析后,得到的主要结论如下:

表 5.13　尖轨、心轨各种位移(坡度 5‰)

温度/℃	40	38	36	34	32	30
尖轨绝对位移/mm	10.01	9.55	9.08	8.63	8.18	7.73
尖轨相对于基本轨伸缩位移/mm	10.01	9.55	9.08	8.62	8.17	7.72
尖轨相对于岔枕伸缩位移/mm	10.01	9.55	9.08	8.62	8.17	7.72
心轨绝对位移/mm	5.34	5.09	4.84	4.59	4.33	4.08
心轨相对于翼轨伸缩位移/mm	5.34	5.09	4.84	4.58	4.33	4.08
心轨相对于岔枕伸缩位移/mm	5.34	5.09	4.84	4.58	4.33	4.08
直股间隔铁/mm	17.6	16.8	15.9	15.0	14.1	13.2
侧股间隔铁/mm	17.5	16.6	15.7	14.8	14.0	13.1

表 5.14　尖轨、心轨各种位移(坡度 0‰)

温度/℃	40	38	36	34	32	30
尖轨绝对位移/mm	10.00	9.53	9.06	8.61	8.16	7.70
尖轨相对于基本轨伸缩位移/mm	9.99	9.52	9.06	8.61	8.15	7.70
尖轨相对于岔枕伸缩位移/mm	9.99	9.52	9.06	8.61	8.15	7.70
心轨绝对位移/mm	5.34	5.08	4.83	4.58	4.33	4.08
心轨相对于翼轨伸缩位移/mm	5.33	5.08	4.83	4.58	4.33	4.07
心轨相对于岔枕伸缩位移/mm	5.33	5.08	4.83	4.58	4.33	4.07
直股间隔铁/mm	17.6	16.8	15.9	15.0	14.1	13.2
侧股间隔铁/mm	17.5	16.6	15.7	14.8	14.0	13.1

(1)随着坡度的增大,钢轨纵向力和位移、尖轨的绝对位移以及直侧股间隔铁的纵向力都近似呈线性递增,可见,坡度的增大对无缝道岔的受力和变形是不利的。

(2)坡度的存在会使列车通过时频繁制动,引起钢轨爬行,当扣件阻力降低、轨温变化幅度增加会造成钢轨爬行量的增加,限位器子母块间距减小可以限制钢轨的爬行,但是会大幅度增加钢轨受力。

①在大坡道上安装道岔时必须保证道岔范围内及范围外 200 m 的扣件扭矩,并且运营过程中需要经常检查,保证扣件阻力满足要求。

②无缝道岔铺设时应该严格限制铺设轨温,从而保证轨温变化幅度严格控制在合理范围,减少运营过程中的钢轨爬行。

③安装道岔时需要精确定位限位器子母块的间距,控制钢轨爬行,减小钢轨受力。

④大坡道上道岔范围内钢轨爬行以及轮轨接触可能会造成钢轨伤损,影响列车通过性能及道岔使用寿命,因此在运营过程中需要加强观测。

总之,在大坡道上铺设道岔,应加强道岔运营过程中的监测,同时对道岔的使用、维护进行跟踪,保证大坡道上道岔的使用性能。另外,对大坡道上无缝道岔的计算理论进行相关的试验验证及理论发展。

第6章　跨区间无缝线路试验与长期监测

6.1　国内外研究现状

准确测量无缝线路锁定轨温和纵向力，可有效地防止无缝线路胀轨和断轨，提高无缝线路的稳定性。铁路无缝线路钢轨纵向力检测技术方面，国内外对于轨道受力和变形的测试多基于电阻、电容、电感、压电及光电效应等的电参数测试技术，例如电阻应变片、应变计、压力盒、加速度计等传感器件，一般以电缆作为模拟信号传输载体，以静、动态应变仪作为数据采集系统，以电子计算机为操作和存储装置，构成测试网络进行现场测试。

6.1.1　国外研究现状

1. 日本

日本铁路采用测量钢轨纵向机械应变的方法来测量钢轨纵向力。典型的设备是，日本株式会社制造的 KS646 钢轨轴应力测定仪，如图 6.1 所示。设备由钢轨测长器、采集装置、轨温传感器、测针、台座等部件构成。测试在长钢轨施工锁定前，在轨腰安装固定间距为 110 mm 的测针，无缝线路施工锁定时测量测针的间距和轨温，以后每次测量测针间距和轨温，以此计算应变，并换算成钢轨纵向力及实际锁定轨温。

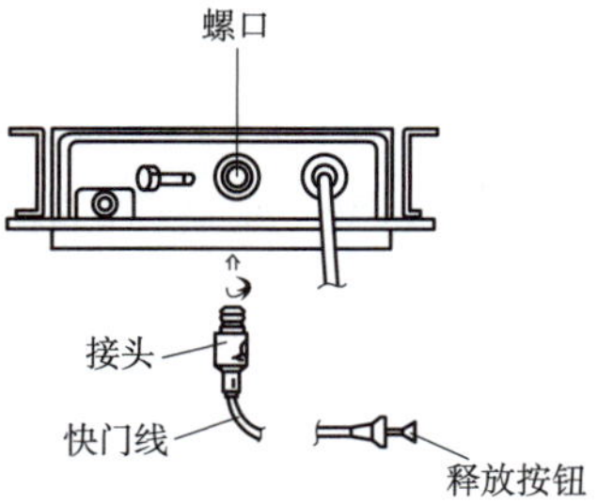

(a) 钢轨测长器

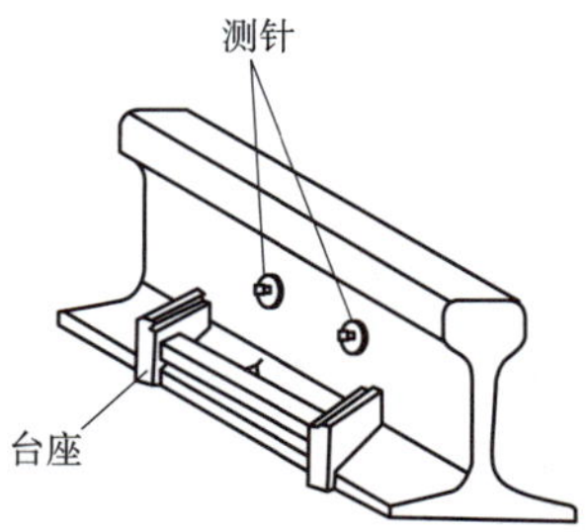

(b) 台座及测针

图 6.1　KS646 钢轨轴应力测定仪—测长器

设备所采用的原理决定了最终换算结果均是相对初值。这种设备的特点是不仅要求消除因温度变化引起的测试漂移，还要求设备测量传感器精度较高，以及测针的加工和安装精度较高。

2. 法国

法国铁路采用测量钢轨纵向机械应变的方法来测量钢轨纵向力，与日本不同的是法国采用焊接应变计的方式来测取钢轨应变。典型的设备是法国 GEISMAR 公司制造的 N096LK-2115 型钢轨应力测试仪。设备由 900 型数据采集监视器、700 型便携式点焊机、LWK 型可焊应变计、WWT 型可焊轨温计构成。

测试方法是在长钢轨施工锁定前，采用点焊机将应变计及轨温计焊在轨腰表面，并引出带接头。在施工锁定时，接上采集仪和电脑，记录应变初值和轨温，以后每次测量应变和轨温，以此计算两次测量之间应变差，并换算成钢轨纵向力及实际锁定轨温。

由于该设备的原理是通过应变计直接测定钢轨纵向应变，因此同样需要初值，同时要求该应变计及采集设备能消除因温度变化引起的漂移。

3. 美国

美国一家公司采用测量钢轨纵向机械应变的方法来测量钢轨纵向力，传感器大体与法国 GEISMAR 公司的传感器相近，设备需在钢轨零应力时测定初值才能测定钢轨锁定轨温，同样要求该设备能消除因温度变化引起的漂移。

美国还采用通过测量长钢轨非应变物理量的方法测量钢轨纵向力，该非应变物理量为钢轨提升刚度。最典型的设备是美国铁路运输试验中心 TTCI 采用 LVT 轨道加载车(图 6.2)，其具有测定无缝线路钢轨纵向力和锁定轨温功能。

图 6.2　美国 LVT 加载车具备测定钢轨纵向力功能

4. 德国

采用电磁方式研究测定钢轨纵向力是国外的研究热点之一，其依据磁致弹性原理，通过钢轨内部张力来和钢轨的磁性发生关联，以一定的磁场通过钢轨轨腰，同时接收所通过的磁通量，当钢轨纵向力发生变化时，所通过的磁通量也发生变化，通过标定可换算出当时的钢轨纵向力。

电磁测量原理如图 6.3 所示，在钢轨轨腰交叉 45°放置磁场激励单元和接收磁场的电压传感器，当给两个磁场激励单元提供交流电源时，在其附近的钢轨表面形成磁涡流，并且该磁场涡流具有 N—S 极的特性。当钢轨没有表面残余应力且未承受纵向力时，磁场涡流具有对称性。此时，磁场涡流在传感器的两极所感应的电势相等，传感器两极之间不产生电压信号。当钢轨承受纵向力作用时，钢轨截面应力使钢轨磁导

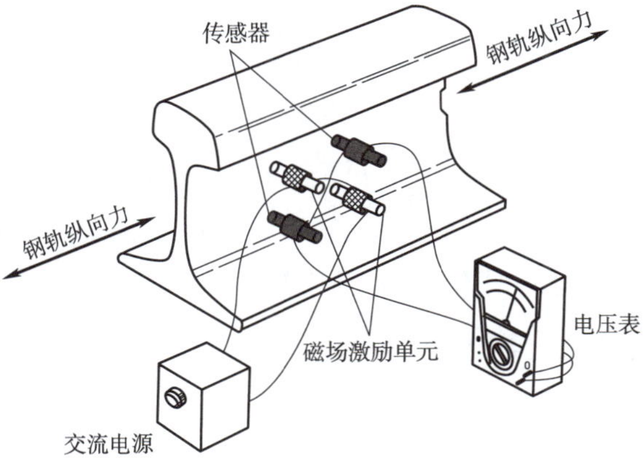

图 6.3　电磁测量原理

率发生变化，磁场涡流出现不对称，导致在传感器的两极感应出的电势不等，传感器两极之间产生电压信号。试验表明，提供的激励交流恒定且钢轨外形、材质较均匀时，传感器所输出的电压与钢轨纵向应力呈线性关系。

6.1.2 国内研究现状

1. 位移观测桩方法

利用位移观测桩观测的方法是检测无缝线路锁定轨温是否变化的传统方法，也是现行铁路无缝线路设计、养护维修标准不可缺少的内容之一。其原理是无缝线路铺设锁定后，在固定区单元轨节每隔 500 m 左右设置一对位移观测桩，在每处位移观测桩的钢轨轨头外侧粘贴标尺（图 6.4），并采用准直仪或弦线观测和记录标尺的初始位置。

如图 6.5 所示，某次观测第 i 对桩时，钢轨纵向位移的值为 Δ_i，相邻的第 $i+1$ 对桩的钢轨纵向位移为 Δ_{i+1}，则两桩之间无缝线路锁定轨温的变化值按式(6.1)计算。

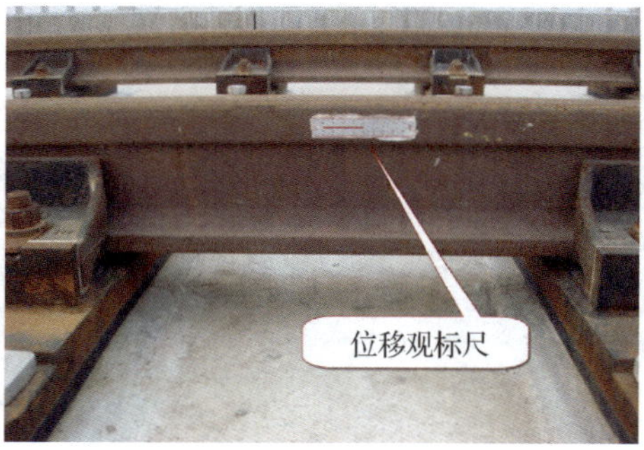

图 6.4 无缝线路位移观测桩的位移观测标尺

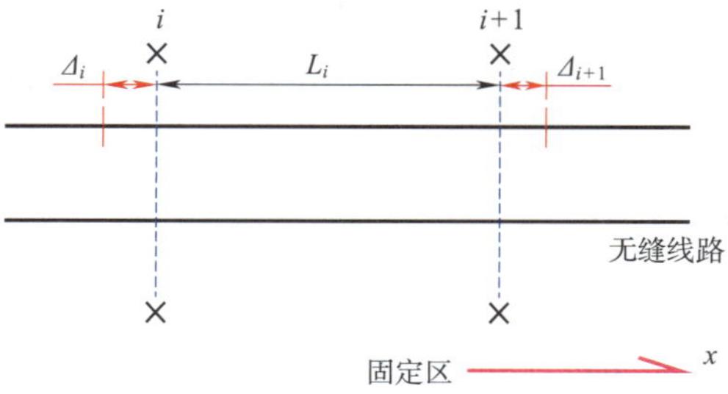

图 6.5 无缝线路位移观测桩

$$\Delta t_i = \frac{\Delta_{i+1} - \Delta_i}{L_i \cdot \alpha_1} \tag{6.1}$$

式中 Δt_i——第 i 对桩与第 $i+1$ 对桩之间的无缝线路锁定轨温变化值，℃；

Δ_{i+1}——第 $i+1$ 对桩的钢轨纵向位移值，mm；

Δ_i——第 i 对桩的钢轨纵向位移值，mm；

L_i——第 i 对桩与第 $i+1$ 对桩之间的无缝线路钢轨长度，mm。

无缝线路按单元轨节进行施工锁定，一个单元轨节长度约 2 000 m，则单元轨需布置 5 对位移观测桩，按上述计算方法计算每两对桩之间锁定轨温的变化值，取平均后即为该单元轨的锁定轨温变化值，再加上原锁定轨温值得到该单元轨的锁定轨温值。

2. 采用钢轨轴向力测定设备

我国自主研发的无缝线路锁定轨温测试系统（NTS），采用钢轨受力的物理模型实现了对锁定轨温的测量，NTS 力学模型如图 6.6 所示。在钢轨纵向力 F 为拉力的前提下，松开 L 长范围内所有扣件，分别在距两端为 L_1 及 L_4 处的轨枕上，各垫上高度为 H_1

和 H_2 的钢轨支座，然后在中部约 $L/2$ 的轨枕处，提升钢轨，记录提升力 P 及提升位移 a 过程曲线。NTS 系统软件采用有限元方法对以上参数进行计算，通过测得钢轨提升力、位移和钢轨温度这三个物理量，得到钢轨的实际锁定轨温。现场测试照片如图 6.7 所示。

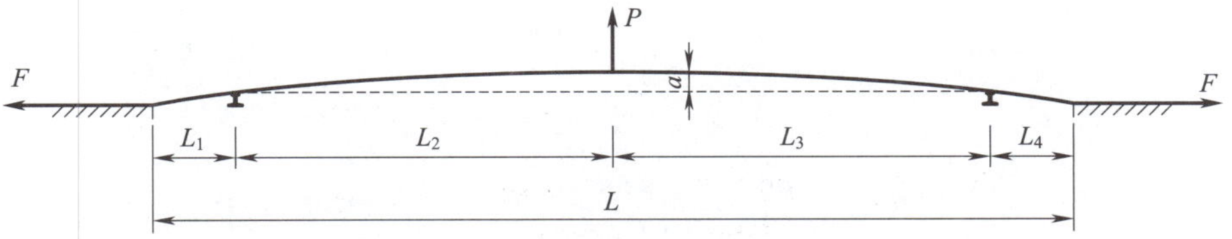

图 6.6　NTS 力学模型

图 6.7　现场测试

6.2　热当车站道岔无缝化胶接冻结试验

拉林铁路的热当车站进行道岔无缝化试验。热当车站海拔约 3 200 m，属于横列式会让站，不办理客货运业务，车站设置在热当双线特大桥上，如图 6.8 和图 6.9 所示。桥梁小里程方向连接藏日拉隧道，大里程方向连接热当隧道，前后隧道采用单线电气化无砟轨道线路，特大桥上采用有砟轨道，有砟与无砟轨道在隧道内完成过渡，桥上设正线 1 股，会让线 1 股，道岔采用 60 kg/m 钢轨 12 号可动心轨道岔[图号：GLC(08)01]。

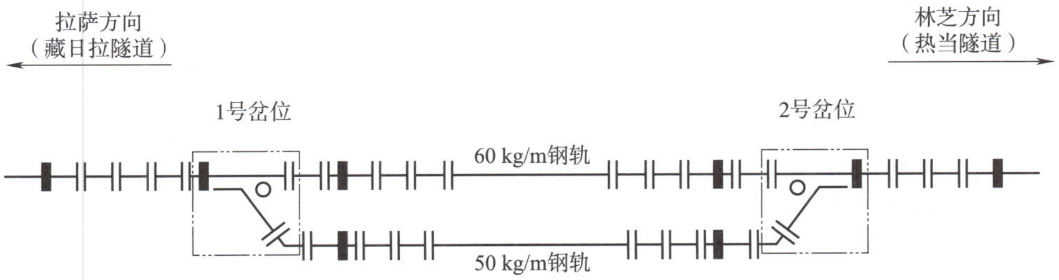

图 6.8　热当车站道岔布置图

图 6.9　热当双线特大桥

6.2.1　钢轨接头胶接冻结材料

热当车站道岔无缝化所采取的措施是将钢轨接头进行胶接冻结，锁定轨温为(22±5)℃，岔区除轨道电路要求设置胶接绝缘接头外，均为普通钢轨接头。两组道岔共胶接冻结接头 64 个，包括 60 kg/m 钢轨接头 50 个(1 号岔位 26 个，2 号岔位 24 个)，50 kg/m 钢轨接头 14 个(1 号岔位 6 个，2 号岔位 8 个)。胶接冻结所用设备和材料见表 6.1。

表 6.1　胶接冻结设备材料清单

序　号	名　称	单　位	数　量
1	角磨机(100 mm)	台	2
2	发电机	台	1
3	起道机	台	1
4	液压钢轨拉伸器	台	1
5	万用表	台	1
6	扳手	把	2
7	测力扳手(0～2 000 N·m)	把	1
8	1 m 直尺	把	1
9	塞尺	把	1
10	轨距尺	把	1
11	41 mm 套筒	个	1
12	撬棍	根	2
13	卷尺	把	1

6.2.2　钢轨接头布置

热当车站共设有两组道岔，1 号岔位钢轨接头布置情况如图 6.10 所示，2 号岔位钢轨接头布置情况如图 6.11 所示。1 号岔位的钢轨接头 9 号、10 号、23 号、24 号、33 号和 34 号为胶接绝缘接头(图 6.12),31 号和 32 号为冻结接头(图 6.13)。2 号岔位的钢轨接头 7 号、8 号、21 号、22 号、33 号和 34 号为胶接绝缘接头,29 号和 30 号为冻结接头。

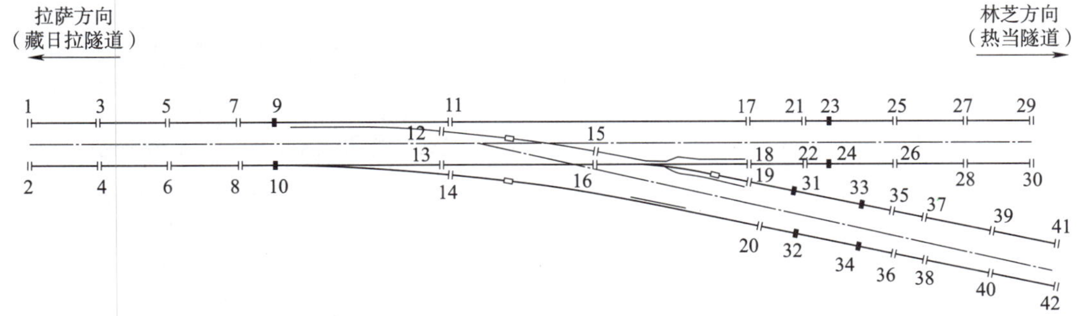

图 6.10　热当车站 1 号岔位钢轨接头布置图

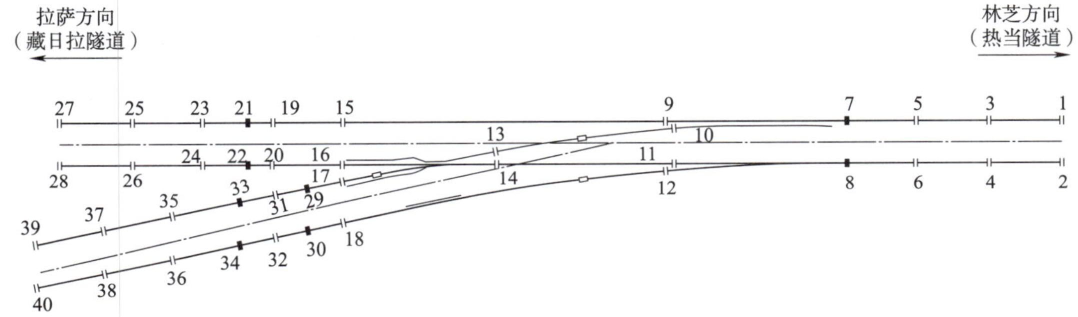

图 6.11　热当车站 2 号岔位钢轨接头布置图

图 6.12　热当车站 1 号岔位胶接绝缘接头(9 号、10 号、23 号、24 号)

6.2.3 钢轨接头胶接冻结

图 6.13 热当车站 1 号岔位冻结接头(31 号和 32 号)

全部胶接冻结工作由铺轨单位完成，用时四天。

第一天，对热当车站两组道岔内钢轨接头进行了胶接冻结，共完成胶接冻结接头 20 个，包括 1 号岔位的 10 个和 2 号岔位的 10 个。1 号岔位未胶接冻结接头的数量包括 60 kg/m 钢轨接头 16 个和 50 kg/m 钢轨接头 6 个。2 号岔位未胶接冻结接头的数量包括 60 kg/m 钢轨接头 14 个和 50 kg/m 钢轨接头 8 个。

第二天，对热当车站剩余钢轨接头进行了胶接冻结，共完成胶接冻结接头 24 个，包括 1 号岔位的 22 个(60 kg/m 钢轨 16 个，50 kg/m 钢轨 6 个)和 2 号岔位的 2 个 50 kg/m 钢轨。

第三天，对热当车站 2 号岔位剩余钢轨接头进行了胶接冻结，共完成胶接冻结接头 12 个，包括 60 kg/m 钢轨 6 个和 50 kg/m 钢轨 6 个。

第四天，对热当车站 2 号岔位剩余钢轨接头进行了胶接冻结，共完成胶接冻结接头 8 个(60 kg/m 钢轨)，胶接冻结接头现场施工如图 6.14～图 6.17 所示。

图 6.14 打磨轨端飞边

图 6.15 胶接完成后打磨轨缝处轨头

图 6.16　胶接冻结接头(1 号和 2 号)

图 6.17　胶接冻结接头(19 号和 20 号)

1 号、3 号和 5 号钢轨接头胶接完成后,将 1～7 号接头范围内的扣件全部松开,在 23 ℃时,将 7 号钢轨接头胶接冻结,同时紧固扣件。2 号、4 号和 6 号钢轨接头胶接完成后,将 2～8 号接头范围内的扣件全部松开;在 25 ℃时,将 8 号钢轨接头胶接冻结,同时紧固扣件。25 号和 27 号钢轨接头胶接完成后,将 21～29 号接头范围内的扣件全部松开;在 22 ℃时,将 29 号钢轨接头胶接冻结,同时紧固扣件。26 号和 28 号钢轨接头胶接完成后,将 22～30 号接头范围内的扣件全部松开;在 21 ℃时;将 30 号钢轨接头胶接冻结,同时紧固扣件。

6.2.4　钢轨接头状态

热当车站的两组道岔进行无缝化后,经过 1 年多的运营,各钢轨胶接冻结接头状态良好,未出现拉开情况,如图 6.18 所示。

图 6.18　热当车站道岔胶接冻结接头

6.3 道岔服役状态监测系统

6.3.1 总体方案

监测系统可对环境温度、轨温、尖轨纵向位移和钢轨温度力等参数进行长期监测。监测系统主要包括传感器、数据采集设备、服务器和供电系统等部分,构成如图 6.19 所示。

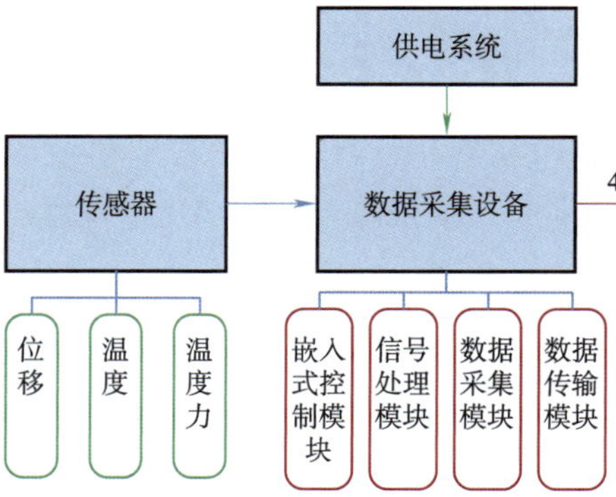

图 6.19 监测系统构成图

(1)传感器:对温度、应变和位移等信号的识别。长检测周期和恶劣检测环境对传感器的稳定性和耐久性等均提出了较高要求。

(2)数据采集设备:对传感器频率信号和电流信号进行采集,将采集的数据进行自动存储,保证数据安全,通过数据传输网络将相关参数测试值传递回后台服务器。

(3)服务器:接收现场采集的数据,对数据进行存储并进行计算分析。

(4)供电系统:为数据采集设备、数据传输模块等提供电源。在具备条件的前提下优先采用 220 V 交流电对系统进行供电。

6.3.2 系统指标

针对高海拔地区道岔无缝化轨道状态监测需求,监测系统可对环境温度、轨温、尖轨纵向位移和钢轨温度力等参数实时在线监测。为了适应拉林铁路现场恶劣工况,以及复杂多变的现场情况,研发了适用于高海拔的轨道状态监测系统,为相关参数的长期监测提供稳定可靠的检测平台,并能满足相关测试精度,该系统的主要指标如下:

1. 主要技术指标

(1)工作温度:−40～70 ℃;

(2)温度精度:±0.5 ℃,位移精度:±0.1 mm,钢轨温度力精度:±5%;

(3)供电:交流 220 V 或太阳能供电;

(4)数据传输:4G 或 5G。

2. 实现功能

(1)实时检测轨温、环境温度、位移和钢轨温度力等参数;

(2)自动完成数据采集和传输;

(3)具备联网运行和远程设备维护能力。

6.3.3　传感器

1. 光纤光栅传感技术

光纤是光纤光栅传感器的核心元件。光纤由 3 部分组成,最外层为硅有机物或丙烯酸包裹物,中间一层为二氧化硅覆盖层,内部核心为二氧化硅核芯层,用于传递光的能量(图 6.20)。光纤传感技术始于 1977 年,伴随光纤通信技术发展起来。光纤传输媒质在受到外部压力、温度以及自身材料特性的影响时,会引起内部传输光波的物理参数(例如光强、相位、频率和偏振等)发生改变,此过程实现了光波调制,后续可通过解调将物理量提取出来。根据调制原理,光纤传感技术可分为光强调制型、相位调制型、偏振调制型、波长调制型和频率调制型,其中,波长调制型的光纤光栅传感技术在近几年得到了快速的发展,为光纤传感器开辟了新的前景。

光纤光栅的纤芯折射率延径向周期性分布,空间周期小于 1 μm 的称为布拉格光栅(FBG)。当多种波长的光束经过光栅时,符合布拉格条件的光波信号被光栅反射,而其他波长信号基本不被反射。一旦布拉格光栅遭受应力或温度变化影响,光栅栅距就会发生变化,反射波的光波波长也会随之改变,通过连接光纤光栅解调仪,可以测定独立反射波的光波波长,从而获得外部的应力或温度变化。

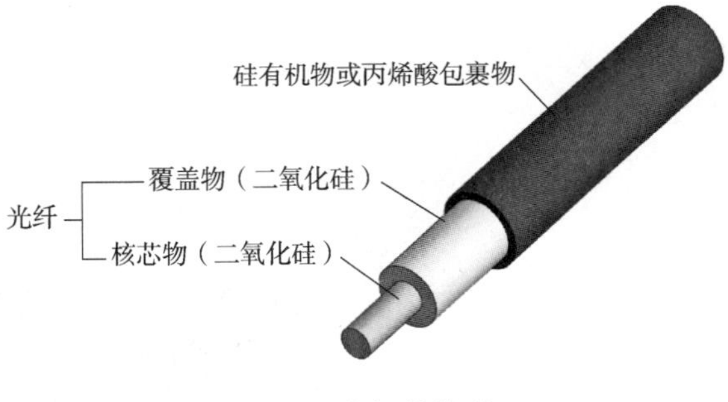

图 6.20　光纤的构成

以光纤光栅为核心部件的监测系统主要由光纤光栅传感器、光源、解调仪和工控机组成。其中,光纤对外部物理场敏感,测量灵敏度高;光纤体积小,适用于受限空间;光学传输方式本身不带电且抗电磁干扰和辐射,适合于易燃、易爆及强电磁干扰等恶劣环境下使用;光纤传输损耗低,适合于远距离监测。光纤传感器被广泛应用于桥梁、隧道、大坝等土木工程的长期监测中。国内曾利用 MOI 光纤光栅传感器及动态解调仪 sm130 对轮轨力进行了连续测试试验,试验发现光栅传感器短时测试效果表现良好;但是,相对传统应变片测量方式,光纤光栅传感器监测系统的整体售价高达 16 万元/台,成本高昂;光纤光栅传感器的安装过程相对复杂,光纤材料较为脆弱,在线路上长期使用容易被损坏;此外，长期使用过程中发现，在粗犷的铁路现场环境下，由于激光光源、解调仪及工控机等系统硬件的稳定性差，光纤光栅监测系统的故障率高，日常维护十分困难。

2. 振弦传感技术

振弦式传感器的内部结构由受力弹性外壳（或膜片）、钢弦、紧固夹头、激振和接收线圈构成，利用振弦振动频率的变化反映外部作用力的变化。振弦式传感器的输出是频率信号，信号处理过程中无须进行 A/D 及 D/A 转换，调理电路简单，便于计算机处理，因此，抗干扰能力强，信号传输距离远，而且对传输电缆要求低。另外，振弦式传感器还具有结构简单、精度高、寿命长等特点，因而一直受到工程界的关注。振弦应变传感器可以测量混凝土和钢结构中的应变，被广泛应用在大坝、桥梁监测等领域。

拉林铁路热当车站安装振弦应变传感器，测量了无缝道岔区钢轨的应变，其测量量程为±1 500 $\mu\varepsilon$，精度为 0.1 $\mu\varepsilon$，温度测量精度为 0.1 ℃。

振弦应变计在长期稳定性上与光纤光栅传感器具有同样的优势，在《大坝监测仪器 应变计 第 2 部分：振弦式应变计》（GB/T 3408.2—2008）中规定，长期监测用振弦类传感器的寿命至少达到 40 000 h。除此之外，振弦应变传感器价格低廉，十分适合在长期监测场景中大量布设。

综上，光纤光栅传感器和振弦传感器均具有测量分辨率高、体积小、抗电磁干扰、长期稳定性好的优点。相比而言，振弦传感器构成的监测系统更为简单，系统稳定性更高，成本更低。温度力测量选择振弦式传感器，如图 6.21 所示。

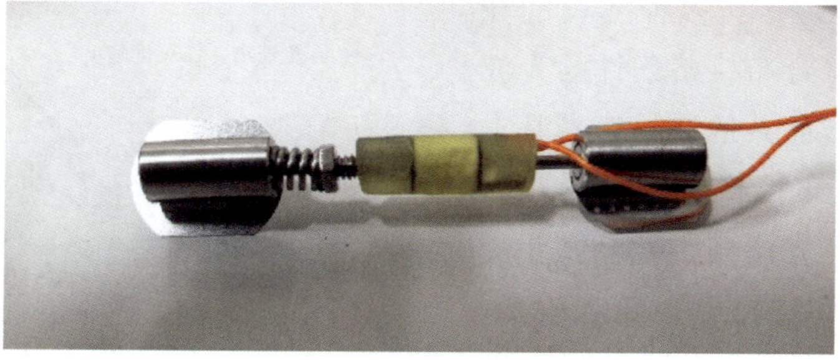

图 6.21　振弦式应变传感器

3. 机器视觉技术

通过图像识别的方式对尖轨伸缩量进行测量。在待测结构物上安装或喷涂带有信息的二维码，如图 6.22 所示。当 AI 摄像机检测到二维码后，对二维码内的信息进行解码。根据解码数据从云端数据库中获取到该二维码，对应的项目信息，如二维码的实际尺寸、其他辅助修正传感器的情况及其数据相关算法等信息。系统自动建立起以摄像机为原点的真实世界坐标系，并根据二维码中的关键参数获取到二维码的世界坐标。当测点上的二维码发生空间位移时，二维码在视频中的形状和或位置随之发生改变，4 个角点的图像坐标随之改变，二维码中心的世界坐标也随之发生改变，从而获取被测物随时间变动的三维位移数据。

6.3.4　数据采集设备

数据采集设备主要由嵌入式控制模块、信号处理模块、数据采集模块和数据传输模块等组成。

1. 嵌入式控制模块

嵌入式控制模块是数据采集设备的核心模块，其主要功能是控制数据采集模块按照指令工作。

2. 信号处理模块

信号处理模块的主要功能是将接收到的微弱信号调理放大到适合数据采集模块的幅值范围。

图 6.22　二维码安装图

3. 数据采集模块

数据采集模块的主要功能是将信号处理模块调理放大得到的模拟信号进行 A/D 转换，并将获得的数字信号发送到嵌入式控制模块。

4. 数据传输模块

数据传输模块的主要功能是通过 4G/5G 网络将监测结果发送到监测中心服务器。

6.3.5　电源供电系统

为了预防测试工点不具备接入 220 V 交流电的条件，必须选取别的方法解决电源问题。

太阳能供电系统主要由太阳能电池组件、控制器、蓄电池和逆变器等组成。太阳能电池组件用于将太阳能转换成电能；控制器控制电能的存储速度和使用；蓄电池用于存储电能，保证该系统能在没有光照情况下正常工作 7 d；逆变器将直流电转化成交流电。白天太阳能发电给负载供电，将多余的电量存入蓄电池；在夜晚（太阳能不发电）或阴雨天时再由蓄电池持续给负载供电。

白天在光照条件下，太阳电池组件产生一定的电动势，通过组件的串并联形成太阳能电池方阵，使得方阵电压达到系统输入电压的要求。再通过充放电控制器对蓄电池进行充电，将由光能转换而来的电能贮存起来。晚上蓄电池组为逆变器提供输入电，通过逆变器将直流电转换成交流电，输送到配电柜，由配电柜切换进行供电。蓄电池组的放电情况由控制器进行控制，保证蓄电池的正常使用。光伏电站系统还应有限荷保护和防雷装置，以保护系统设备的过负载运行及免遭雷击，维护系统设备的安全使用。

6.4 无缝道岔状态监测

6.4.1 监测方案

拉林铁路按区间无缝线路设计，岔区前后设4对标准定尺缓冲轨，岔区除轨道电路要求设置胶接绝缘接头外，均为普通钢轨接头，如图6.8和图6.9所示。

温度力监测点位于热当站1号岔位，如图6.23和图6.24所示，2号岔位与1号岔位对称，通过工况一致(单线铁路，顺逆向相同)，因此，对其中1组道岔进行测试即具有代表性。

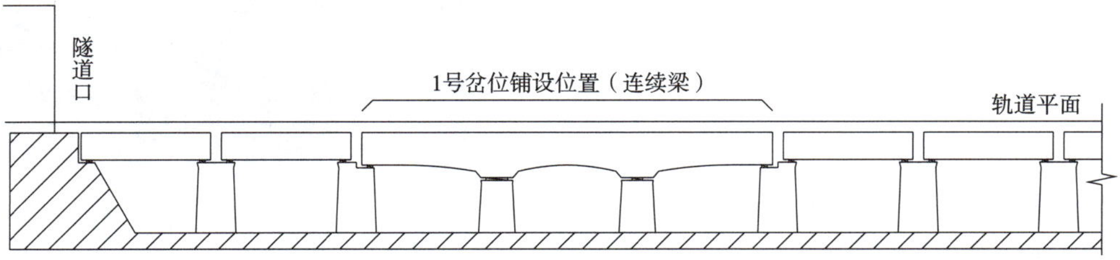

图6.23 热当站1号岔位道岔铺设位置示意图

具体测点布置主要在道岔区内，见表6.2和图6.25，其中1～10号测点位于直基本轨，11～15号测点位于曲上股—岔后直股右轨轨线上。

表6.2 监测点布置

序号	轨件	测试内容	枕号	备注
1	直基本轨	温度力、轨温	1～2枕间	
2	直基本轨	温度力、轨温	17	
3	直基本轨	温度力、轨温	24	限位器前
4	直基本轨	温度力、轨温	26	限位器后
5	直外导轨	温度力、轨温	34～35	
6	直外导轨	温度力、轨温	41～42	
7	直外导轨	温度力、轨温	49～50	
8	直外导轨	温度力、轨温	57～58	
9	直外导轨	温度力、轨温	65～66	
10	岔后左轨	温度力、轨温	73～74	
11	曲上股导轨	温度力、轨温	26～27	限位器后
12	曲上股导轨	温度力、轨温	39～40	
13	曲上股导轨	温度力、轨温	50～51	
14	曲股翼轨	温度力、轨温	66～67	间隔铁前
15	岔后右轨	温度力、轨温	73～74	

图6.24 热当站1号岔位(热当特大桥上)

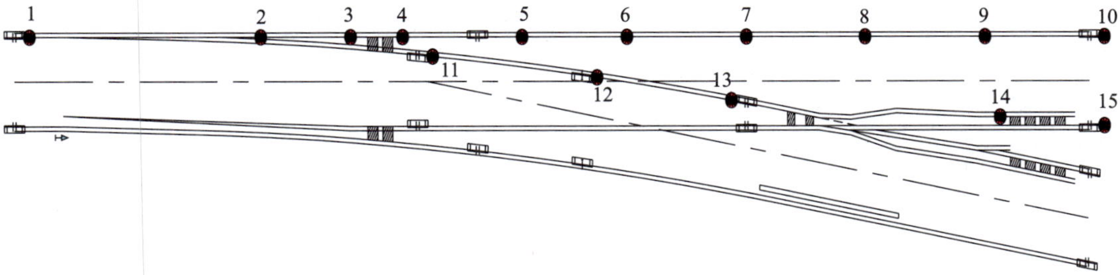

图 6.25　GLC(08)01 道岔结构与测点布置示意图

6.4.2　监测结果

测点从 2021 年 4 月 22 日正式投入使用，监测数据截至 2022 年 4 月 12 日，包括道岔区内钢轨温度力、轨温和环境温度数据。

1. 温度

温度监测内容包括道岔区内 15 个轨温和 1 个环境温度，15 个轨温取平均值进行分析。上述温度关系如图 6.26 所示，轨温和环境温度极值对应关系见表 6.3。

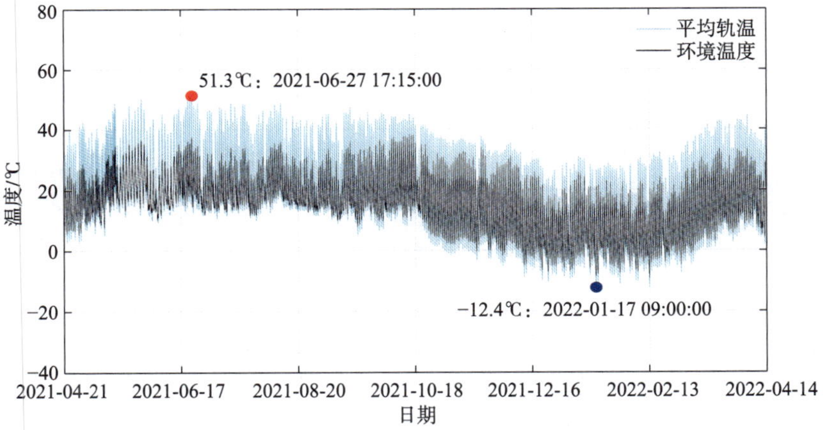

图 6.26　轨温和环境温度图

表 6.3　监测期间轨温和环境温度最值对应关系

项　目		平均轨温	环境温度
全部温度	最高温度/℃	51.3	38.3
	出现时刻	2021 年 6 月 27 日 17:15	2021 年 10 月 15 日 16:45
	最低温度/℃	−12.4	−9.4
	出现时刻	2022 年 1 月 17 日	2022 年 2 月 13 日

续上表

项　　目		平均轨温	环境温度
单日温度	单日变化量最大值/℃	40.9	30.1
	日期	2022 年 3 月 14 日	2021 年 12 月 1 日
	主要分布区/℃	26～38	12～28
	百分比	80.3%	88.2%

对轨温和环境温度进行统计分析，得到单日温度的最大值和最小值时间分布如图 6.27 所示，单日轨温与环境温度在同一时刻差值最值的时间分布如图 6.28～图 6.30 所示，单日轨温和环境温度的最大变化量时间分布如图 6.31～图 6.33 所示。

由监测结果可以得出：

(1)钢轨温度和环境温度变化趋势相同。

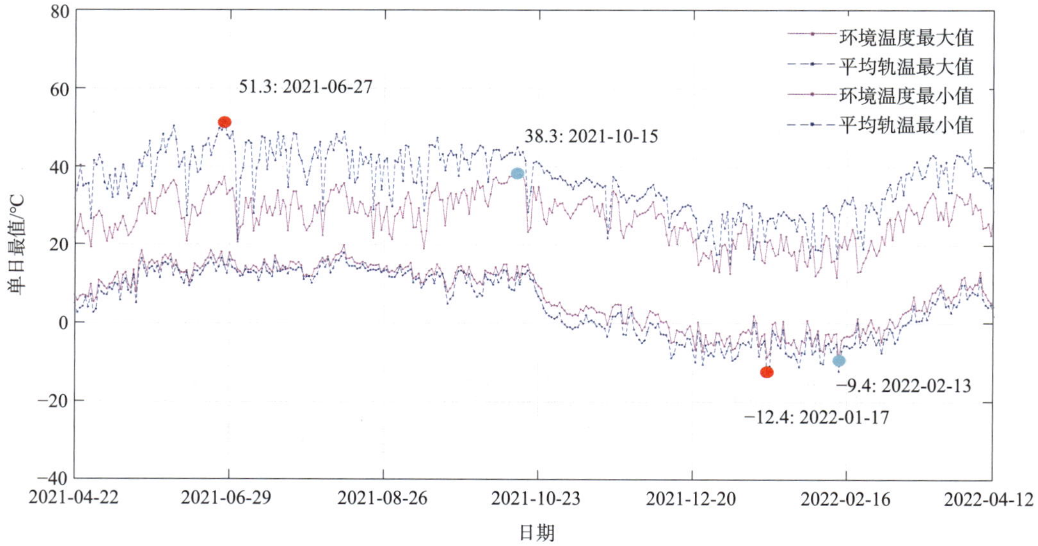

图 6.27　单日温度最大值和最小值

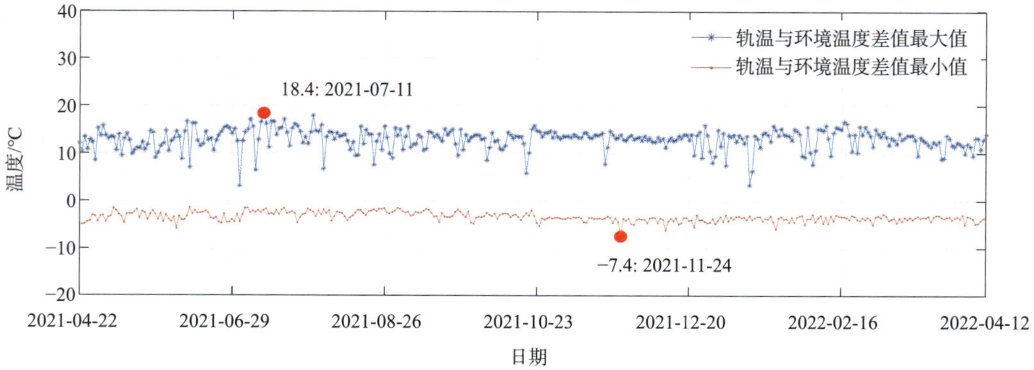

图 6.28　单日轨温与环境温度同一时刻差值最值

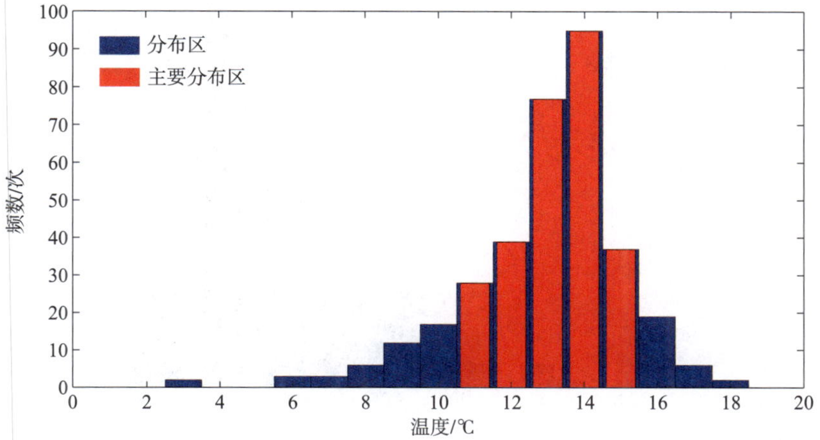

图 6.29　单日轨温与环境温度同一时刻最大差值直方图

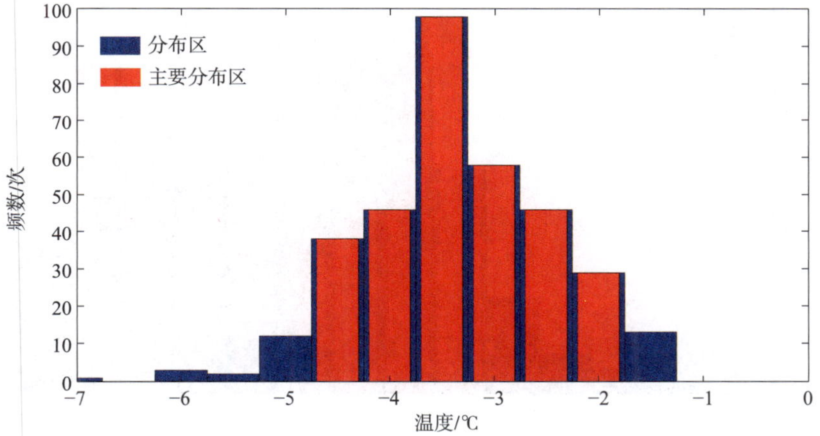

图 6.30　单日轨温与环境温度同一时刻最小差值直方图

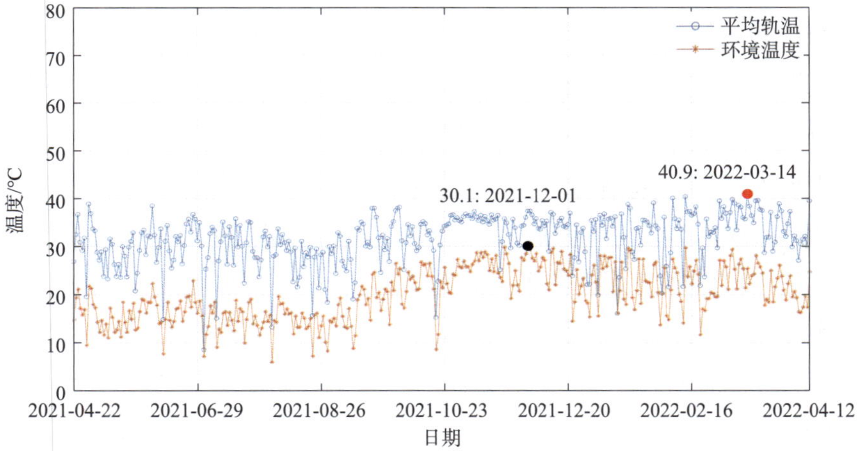

图 6.31　单日温度最大变化量

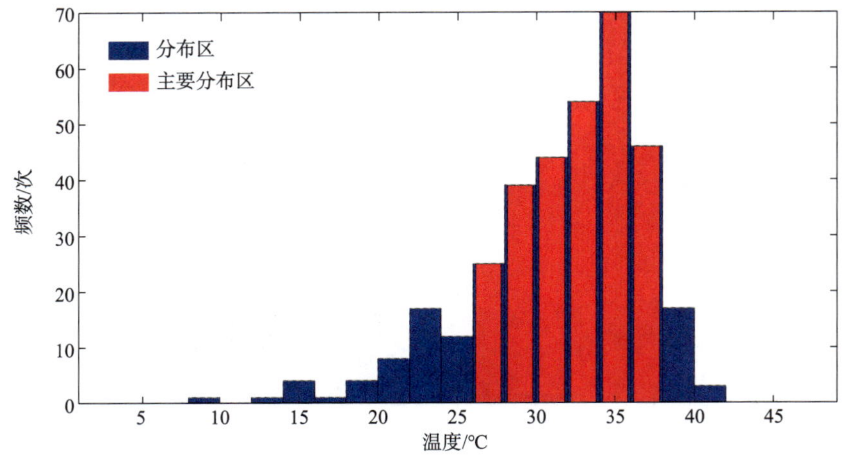

图 6.32　单日轨温最大变化量直方图

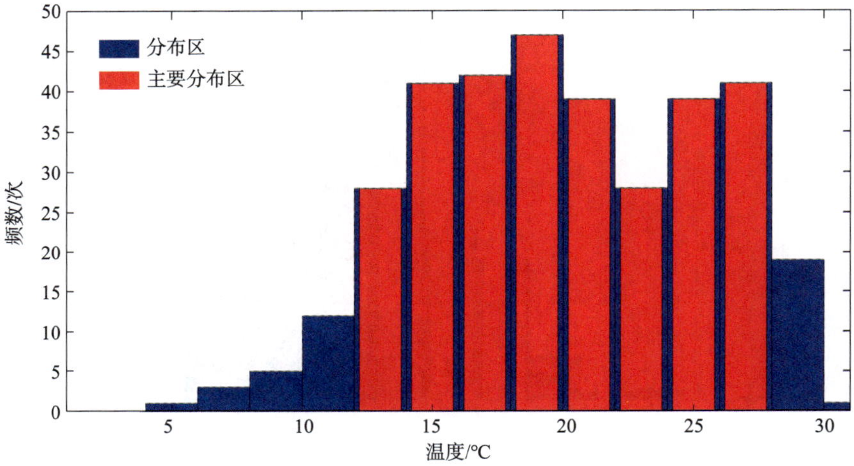

图 6.33　单日环境温度最大变化量直方图

(2)15 个位置的轨温和环境温度的最小值基本一致，轨温明显高于环境温度。

(3)监测期间，轨温最高值为 51.3 ℃，环境温度最高值为 38.3 ℃，两者相差 13 ℃。轨温最低值为－12.4 ℃，环境温度最低值为－9.4 ℃，两者相差 3 ℃。

(4)单日内，轨温与环境温度最大差值为 18.4 ℃，大部分集中在 10.5～15.5 ℃之间，占监测数据总数的 79.8%；轨温与环境温度最小差值为－7.4 ℃，大部分集中在－4.75～－1.75 ℃之间，占监测数据总数的 91.0%。

(5)单日内，轨温最大变化量为 40.9 ℃，大部分集中在 26～38 ℃之间，占监测数据总数的 80.3%；环境温度最大变化量为 30.1 ℃，大部分集中在 12～28 ℃之间，占监测数据总数的 88.2%。

2. 温度力

对道岔内 15 个监测点最高轨温和最低轨温时钢轨温度力进行统计，结果如

图 6.34 所示，最大值为 577 kN，最小值－663 kN。

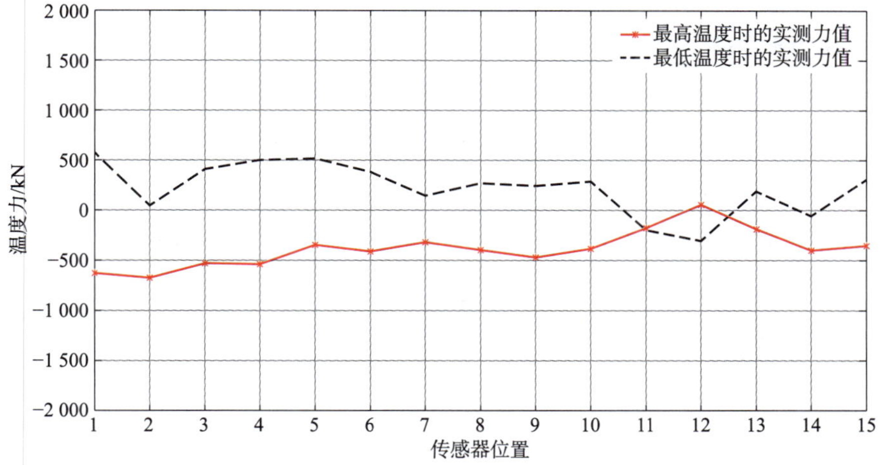

图 6.34　钢轨温度力

3. 尖轨伸缩量

对尖轨伸缩量进行统计分析，结果如图 6.35 所示。历史最大伸长量为 10.9 mm，最大缩短量为 9.2 mm。

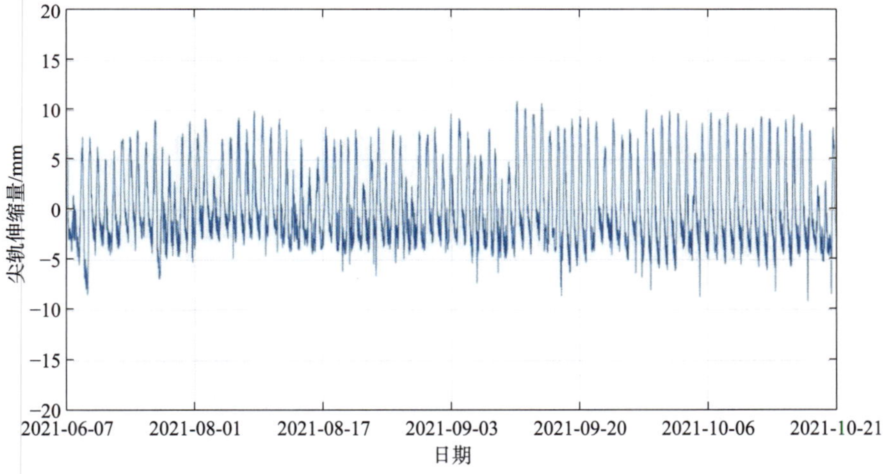

图 6.35　尖轨位移

针对拉林铁路热当车站道岔无缝化的监测需求，研发适用高海拔地区的轨道状态监测系统并进行了现场应用，同时对热当车站的温度监测数据进行了总结分析，得出如下结果：

(1)监测系统实现了对温度、位移和温度力的实时监测，能够自动完成数据采集和分析，实现测试数据自动网络传输。

(2)钢轨温度和环境温度变化趋势相同。

(3)热当车站轨温最大值是 51.3 ℃,在 6 月至 8 月之间;最小值是－12.4 ℃,在 11 月至次年 1 月之间。

(4)热当车站环境温度最大值是 38.3 ℃,最小值是－9.4 ℃。

(5)单日内,热当车站同一时刻轨温与环境温度最大差值为 18.4 ℃,大部分集中在 10.5～15.5 ℃之间,占监测数据总数的 79.8%;最小差值为－7.4 ℃,大部分集中在－4.75～－1.75 ℃之间,占监测数据总数的 91.0%。

(6)热当车站单日轨温最大变化量为 40.9 ℃,主要分布在 26～38 ℃之间,占监测数据总数的 80.3%;环境温度最大变化量为 30.1 ℃,大部分集中在 12～28 ℃之间,占监测数据总数的 88.2%。

参考文献

[1] 潘自立，王树国，谢毅，等. 高原大日温差环境下跨区间无缝线路研究[J]. 铁道工程学报. 2023(2)：12-17.

[2] 潘自立，徐键，刘剑光，等. 高原无砟轨道混凝土抗裂性能提升技术研究[J]. 铁道工程学报. 2021(10)：37-43.

[3] 何娘者，李永亮，曾晓辉，等. 高原无砟道床混凝土减缩阻裂措施研究[J]. 铁道工程学报. 2022(10)：94-99.

[4] 东怀正，曾晓辉，谢永江，等. 弹性支承块式无砟轨道混凝土裂纹控制措施[J]. 铁道建筑. 2021(9)：144-146.

[5] ZENG X H，LAN X L，ZHU H S，et al. Investigation on air-voids structure and compressive strength of concrete at low atmospheric pressure[J]. Cement and Concrete Composites，2021，122：104139.

[6] LAN X L，ZENG X H，ZHU H S，et al. Experimental investigation on fractal characteristics of pores in air-entrained concrete at low atmospheric pressure[J]. Cement and Concrete Composites，2022，130：104509.

[7] AN B Y，WANG P，XIAO J L，et al. Dynamic response of wheel-rail interaction at rail weld in high-speed railway[J]. Shock and Vibration，2017.

[8] 李中华. CRTS Ⅰ型与 CRTS Ⅱ型板式无砟轨道结构特点分析[J]. 华东交通大学学报，2010，27(1)：22-28.

[9] 中华人民共和国铁道部. 客运专线无碴轨道铁路设计指南：铁建设〔2005〕754 号[S]. 北京：中国铁道出版社，2005.

[10] 王森荣，杨荣山，刘学毅，等. 无砟轨道裂缝产生原因与整治措施[J]. 铁道建筑，2007(9)：76-79.

[11] 赵坪锐，邓非凡，丁晨旭，等. 双块式无砟轨道早期温度场模拟[J]. 铁道建筑，2016(5)：10-14.

[12] 闫亚飞. 双块式无砟轨道轨枕连接面损伤行为分析[D]. 成都：西南交通大学，2019.

[13] 李智杰. CRTSⅡ型双块式无砟轨道施工技术与病害处治技术探讨[J]. 铁道建筑技术，2014(3)：48-52.

[14] 刘兴平. 谈双块式无砟轨道及板式无砟道岔离缝冒浆整治[J]. 山西建筑，2013，39(19)：110-112.

[15] 崔国庆. 双块式无砟轨道道床板裂缝控制研究[J]. 铁道标准设计，2010(1)：66-68.

[16] 刘振民，钱振地，张雷. 双块式无砟轨道道床板混凝土裂缝的分析与防治[J]. 铁道建筑，2007(6)：99-101.

[17] 栾永平. 现浇双块式无砟轨道板裂缝控制机理和预防措施[J]. 铁道建筑，2010(1)：21-22.

[18] 陆达飞. 双块式无砟轨道裂缝形式及控制标准研究[J]. 铁道勘察，2011，37(3)：89-92.

[19] 徐光鑫，杨荣山. 双块式无砟轨道裂纹对道床板受力的影响分析[J]. 铁道标准设计，2013(12)：32-35.

[20] 杨永明. CRTSⅠ型双块式无砟道床板裂缝成因分析及控制措施[J]. 铁道标准设计,2015,59(4):16-18.

[21] 黄慧超,徐坤,任娟娟. 双块式无砟轨道连续道床板裂纹修复材料性能分析[J]. 铁道标准设计,2013(12):50-53.

[22] 周会学. 高速铁路双块式无砟轨道道床板裂缝成因及处理措施[J]. 民营科技,2011(7):259.

[23] 杨星智,仲维玲,蒋晓甲. 高铁长枕埋入式无砟道岔施工质量分析与对策研究[C]//《施工技术》杂志社,亚太建设科技信息研究院有限公司. 2021 年全国土木工程施工技术交流会论文集(下册). 中铁二十局集团有限公司,2021:4.

[24] 李莹,杨荣山,钟泽方,等. 高速铁路新型大调整量弹性长枕式无砟轨道结构研究[J]. 铁道标准设计,2021,65(12):12-16.

[25] 刘荷. 客货共线长枕埋入式无砟轨道结构优化[D]. 成都:西南交通大学,2018.

[26] 苏兴,赵代林,钱振地. 长枕埋入式无碴轨道道床板精确控制测量施工技术[J]. 铁道工程学报,2005(1):98-101.

[27] 江系贵. 无砟轨道长枕埋入式高速道岔施工技术[J]. 铁路工程造价管理,2012,27(6):16-19.

[28] 贺庆,杨宏伟. 长枕埋入式整体道床施工技术[J]. 都市快轨交通,2009,22(5):74-76,80.

[29] 吴春,陈宪麦. 改进弹性支承块式无砟轨道力学性能研究[J]. 铁道科学与工程学报,2023,20(4).1337-1346.

[30] 梁庆福. 乌鞘岭隧道弹性支承块式无砟轨道病害整治研究[D]. 成都:西南交通大学,2014.

[31] 常卫华. 客货共线铁路弹性支承块式无砟轨道伤损分析及整治[J]. 铁道建筑,2021,61(5):106-108,114.

[32] 谢露. 客货共线铁路弹性支承块无砟轨道更换支承块特性研究[J]. 铁道勘察,2022,48(3):123-128.

[33] 葛昕. 高原气候条件对混凝土性能及开裂机制影响的研究[D] . 哈尔滨:哈尔滨工业大学,2019.

[34] 夏强,李华,陆安群,等. 掺膨胀剂水泥砂浆的早期约束应力及徐变性能[J]. 硅酸盐学报,2016,44(11):1602-1608.

[35] 彭家惠,董素芬. 减缩剂和膨胀剂对水泥基自流平砂浆收缩开裂性能的影响比较研究[J]. 重庆建筑,2009,8(8):32-35.

[36] 孙诗兵,聂光临,姚晓丹,等. 膨胀剂对普通硅酸盐水泥砂浆性能的影响[J]. 混凝土,2014(9):94-96,101.

[37] 陈美祝,周明凯,吴少鹏,等. 减缩剂对水泥基材料早期水化及收缩变形性能的影响[J]. 武汉大学学报(工学版),2007,40(1):78-82.

[38] 钱晓倩,詹树林,方明晖,等. 高性能混凝土减缩剂的研究和应用[J]. 新型建筑材料,2003(7):42-45.

[39] 党玉栋,钱觉时,乔墩,等. 减缩剂预饱和轻骨料对水泥砂浆自收缩的影响及机理[J]. 硅酸盐学报,2011,39(1):47-53.

[40] 胡如进. 水泥水化热对混凝土早期开裂的影响[J]. 水泥,2007(4):12-15.

[41] 施惠生,黄小亚. 水泥混凝土水化热的研究与进展[J]. 水泥技术,2009(6):21-26.

[42] 王善拔,刘运江,罗云峰. 混凝土的早期开裂和改善途径[J]. 建筑监督检测与造价,2009,2(2):39-42,50.

[43] 郑国清. 不同细骨料对混凝土早期抗裂性能的影响研究[J]. 福建建材,2020(9):10-12.

[44] 杨昊宇. 骨料特征对钢纤维混凝土抗裂性能影响研究[D]. 重庆:重庆交通大学,2023.

[45] 赵鸿飞.抗裂混凝土配合比优化设计浅谈[J].中小企业管理与科技(下旬刊),2011(5):150-151.
[46] 高小峰,胡昱,杨宁,等.低热水泥全级配混凝土断裂试验及尺寸效应分析[J].工程力学,2022,39(7):183-193.
[47] 王斌云,鲍伟平,邹小平,等.具有增强功能混凝土外养护剂的性能研究[J].江西建材,2020(增刊1):83-84.
[48] 郭进军,张世伟,程林.养护条件和膨胀剂掺入方式对混凝土抗裂性能影响试验研究[J].水利水电技术,2020,51(6):172-178.
[49] 章岩,王起才,张粉芹,等.混凝土抗风蚀磨损表面强化处理材料的对比试验研究[J].中国铁道科学,2012,33(2):43-47.
[50] 李路,王文彬,徐文.混凝土高效抗裂剂在徐州轨道交通地下工程中的应用[J].新型建筑材料,2018,45(7):52-54.
[51] 卞桂荣,谷坤鹏,陈剑,等.水化热抑制剂和抗裂剂对混凝土基本性能的影响[J].新型建筑材料,2019,46(10):152-156,161.
[52] 余以明,徐文冰,吴科,等.掺氧化镁抗裂剂的海工大体积混凝土的配制及应用[J].中国港湾建设,2017,37(12):33-36.
[53] 张苹,王坤,李秋义,等.大掺量矿物掺合料混凝土早期抗裂性能研究[J].混凝土,2012(1):71-73.
[54] 高小建,巴恒静,杨英姿.矿物掺和料对混凝土早期开裂的影响[J].建筑科学与工程学报,2006,23(4):19-23.
[55] 唐修生,黄国泓,蔡跃波,等.矿物掺合料高性能混凝土的抗裂性研究[J].公路,2011(10):166-170.
[56] 刘数华,李小进.矿物掺合料对高强度混凝土抗裂性能的影响[J].新型建筑材料,2006(12):7-9.
[57] 卢燕,夏星,井维东,等.大温差盐渍土环境下矿物掺合料混凝土抗裂性能研究[J].混凝土与水泥制品,2022(5):7-11.
[58] 高文.青藏铁路多年冻土地区铺设无缝线路的技术可行性研究[J].铁道科学与工程学报,2010,7(3):77-81.
[59] 张向民,陈秀方.无缝线路稳定性可靠度计算及参数敏感性分析[J].铁道学报.2007,29(4):70-73.
[60] 中华人民共和国铁道部.无缝线路铺设及养护维修方法:TB/T 2098—2007[S].北京:中国铁道出版社,2007.
[61] 中华人民共和国铁道部.铁路无缝线路设计:TB 10015—2012[S].北京:中国铁道出版社,2013.
[62] 尹银艳.无缝线路稳定性极限状态法设计分项系数优化研究[J].铁道建筑技术,2022(9):60-65.
[63] 张磊.青藏铁路格拉段多年冻土区桥上无缝线路设计与检算[J].企业技术开发,2015,34(10):1-3.
[64] 王平,郭利康.线路爬行对无缝道岔受力与变形的影响分析[J].西南交通大学学报,2002(6):615-619.
[65] 窦杨阳.青藏铁路换铺无缝线路设计关键技术研究[D].兰州:兰州交通大学,2014.
[66] 李媛.青藏铁路多年冻土区无缝道岔力学特性研究[D].兰州:兰州交通大学,2021.
[67] 韩峰,王保成.青藏铁路格拉段铺设桥上无缝线路关键问题研究[J].中国建材科技,2013,22(2):91-92.
[68] 李敏,高亮,谷呈朋.重载铁路桥上无缝线路断缝允许值的研究[J].铁道勘察,2014,40(1):110-113.
[69] 颜乐,魏贤奎,王宇,等.拱桥上无缝线路计算软件开发及应用[J].铁道建筑,2014(5):126-130.

[70] 魏贤奎. 铁路拱桥上无缝线路纵向梁轨相互作用与地震反应分析研究[D]. 成都：西南交通大学，2014.

[71] 张向民，高亮，曾志平，等. 青藏铁路风火山隧道气温轨温试验及无缝线路设计[J]. 北京交通大学学报，2013，37(3)：73-78.

[72] 梁新明. 客运专线换轨大修设计、施工中注意的几个问题[J]. 铁道建筑技术，2008(增刊)：20-25.

[73] 刘浩，王源，刘淦中，等. 轨道框架对散粒体道床非线性纵向阻力影响的试验研究[J]. 铁道学报，2017，39(5)：84-89.

[74] 林红松，颜华，刘浩. 川藏铁路跨区间无缝线路适应性分析[C]//中国铁道学会，中国铁道学会工程分会，中国中铁股份有限公司，中铁二院工程集团有限责任公司. "川藏铁路建设的挑战与对策" 2016 学术交流会论文集. 中铁二院工程集团有限责任公司，西南交通大学高速铁路线路工程教育部重点实验室，2016：6.

[75] 王树国，王璞，赵磊，等. 高速铁路轨道技术的现状与发展方向[C]//中国铁道学会工程分会第七届线路专业委员会. 复杂艰险山区铁路勘察设计创新与应用：中国铁道学会工程分会第七届线路专业委员会第四次会议论文集(下册). 中国铁道科学研究院集团有限公司铁道建筑研究所，2020：8.

[76] 杨荣山，王平，刘学毅. 利用有限元软件计算无缝道岔的温度力[J]. 铁道建筑，2003(12)：35-37.

[77] 刘浩. 铁路有砟道床阻力演变机制及其对无缝线路影响研究[D]. 成都：西南交通大学，2019.

[78] 刘伟，刘春明. 12‰坡道上铺设 42 号道岔的理论研究与工程应用[J]. 铁道工程学报，2020，37(10)：37-42.

[79] 杨荣山. 桥上无缝道岔纵向力计算理论与试验研究[D]. 成都：西南交通大学，2008.

[80] 楚琦星. 大风下动车组进出隧道和防风明洞的运行稳定性研究[D]. 兰州：兰州交通大学，2017.

[81] 卢耀荣. 无缝线路研究与应用[M]. 北京：中国铁道出版社，2004.

[82] 广钟岩，高慧安. 铁路无缝线路[M]. 北京：中国铁道出版社，2005.

[83] 佐藤吉彦. 新轨道力学[M]. 徐涌等译. 北京：中国铁道出版社，2001.

[84] TUNG T H. Railroad track[M]. Shanghai Institute of Railway Technology Press, Shanghai，1989.

[85] BERNHARD L. Track compendium[M]. Eurail Press，Germany，2005.

[86] 罗华朋. 地震作用对有砟轨道桥上无缝道岔受力与变形的影响分析[D]. 成都：西南交通大学，2016.

[87] 叶爱军. 桥梁抗震[M]. 北京：人民交通出版社，2002.

[88] 范立础，卓卫东. 桥梁延性抗震设计[M]. 北京：人民交通出版社，2001.

[89] 范立础，胡适德，叶爱军. 大跨度桥梁抗震设计[M]. 北京：人民交通出版社，2001.

[90] HENN W D. System comparison：ballasted track-slab track[J]. Rail Engineering International，1993，22(2)：6-9.

[91] 钱立新. 世界高速铁路技术[M]. 北京：中国铁道出版社，2003.

[92] ESVELD C. Modern railway track[M]Second Edition. MRT-Productions, Zaltbommel，2001.

[93] 李成辉. 轨道工程[M]. 重庆：重庆大学出版社，2014.

[94] 林红松，徐浩，刘浩. 地震作用下连续梁桥上无缝线路的影响因素分析[J]. 高速铁路技术，2018(增刊2)：23-27.

[95] 严猛，魏贤奎，王平，等. 大跨桥上无缝线路纵向地震响应研究[J]. 铁道学报，2014，36(5)：96-102.

[96] 黄艳. 考虑轨道约束的铁路桥梁抗震研究[D]. 北京：北方交通大学，2003.

[97] UIC. Code 774-3 Track/Bridge interaction recommentdations for calculation [S]. Paris: The

International Union of Railways,2001.

[98] 马坤全,陈文艳.轨道交通高架桥合理抗震设计参数及抗震措施研究[J].中国铁道科学,2001(4):66-71.

[99] 马坤全,陈文艳.轨道交通无缝线路对高架桥抗震性能的影响[J].城市轨道交通研究,2002(1):32-39.

[100] 黄艳,阎贵平,刘林.轨道约束对铁路桥梁纵向地震反应特性的影响[J].铁道学报,2002(5):124-128.

[101] 黄艳,阎贵平,鞠彦忠.采用减隔震支座提高桥梁结构的安全性[J].中国安全科学学报,2002(5):75-79.

[102] 张辉.大跨度预应力混凝土铁路连续梁桥地震响应及减隔震研究[D].长沙:中南大学,2008.

[103] 张永亮,陈兴冲,李子奇.轨道约束系统对高速铁路多跨简支梁桥地震反应的影响[J].世界地震工程,2010,26(4):6-12.

[104] 张永亮,陈兴冲.轨道约束对简支梁桥弹塑性地震反应的影响[J].西北地震学报,2012,34(2):121-125.

[105] 谢旭,王炎,陈列.轨道约束对铁路减隔震桥梁地震响应的影响[J].铁道学报,2012,34(6):75-82.

[106] 闫斌,戴公连,徐庆元.行波效应下铁路简支梁桥梁轨系统地震响应[J].振动工程学报,2013,26(3):357-362.

[107] 肖杰灵,刘浩,刘淦中,等.高速铁路有砟道床纵向阻力滞回曲线特征及规律研究[J].铁道学报,2018,40(2):91-99.

[108] 郭书魁.竖向加筋砂土直剪试验的颗粒流数值分析[D].杭州:浙江大学,2013.

[109] 苗倩.高速铁路斜拉桥上无缝线路受力变形特征及结构优化设计研究[D].北京:北京交通大学,2019.

[110] KISH A ,KALAY S, HAZELL A, et al. Rail longitudinal force measurement evaluation studies using the track loading vehicle [R]. Association of American Railroads Research and Test Department. Report No. R-834.

[111] CECCON H. Techniques for measuring longitudinal force in rails[J]. Bulletin 686, American Railway Engineering Association.

[112] 张铭,蒋金洲.无缝线路钢轨纵向力及锁定轨温检测系统(NTS)的试用[J].铁道建筑.2010(8):110-114.